Reinhold Messner

13 Spiegel
meiner Seele

Reinhold Messner

13 Spiegel meiner Seele

Mit 56 farbigen Fotos
und 14 Karten

NATIONAL GEOGRAPHIC   MALIK

Mehr über unsere Autoren und Bücher:
www.malik.de

Von Reinhold Messner liegen bei Malik und im Piper Verlag vor :

- Annapurna – Expeditionen in die Todeszone
- Bis ans Ende der Welt
- Cho Oyu – Göttin des Türkis
- Der nackte Berg – Bruder, Tod und Einsamkeit
- Der Philosoph des Freikletterns: Die Geschichte von Paul Preuß
- Die Freiheit, aufzubrechen, wohin ich will
- Die rote Rakete am Nanga Parbat
- Die weiße Einsamkeit. Mein langer Weg zum Nanga Parbat
- 13 Spiegel meiner Seele
- Everest solo – »Der gläserne Horizont«
- Gasherbrum – Der leuchtende Berg
- Gebrauchsanweisung für Südtirol
- Gehe ich nicht, gehe ich kaputt. Briefe aus dem Himalaja
- K2 – Chogori. Der große Berg
- Mein Leben am Limit
- Mein Weg – Bilanz eines Grenzgängers
- Mord am Unmöglichen – Spitzenkletterer aus aller Welt hinterfragen die Grenzen des Möglichen
- m4 Mountains – Die vierte Dimension (mit Stefan Dech und Nils Sparwasser)
- On Top – Frauen ganz oben
- Pol – Hjalmar Johansens Hundejahre
- Torre – Schrei aus Stein
- Über Leben
- Überlebt
- Vertical – 170 Jahre Kletterkunst (mit Simon Messner)

Aktualisierte und erweiterte Taschenbuchausgabe
ISBN 978-3-492-40454-9
1. Auflage Oktober 2012
3. Auflage Februar 2021
© Piper Verlag GmbH, München 1994
Umschlaggestaltung: Dorkenwald Grafik-Design, München
Umschlagfotos: Peter Rigaud / Laif (vorne), Archiv Reinhold Messner (hinten), Peter von Felbert (Autorenfoto)
Innenteilfotos: Toni Mutter (S. 26), Marisa Hutter-Baron (S. 72), Hans Kammerlander (S. 91), Udo Bernhard (S. 156/157), alle weiteren: Archiv Reinhold Messner
Satz: Kösel Media GmbH, Krugzell
Druck und Bindung: CPI books GmbH, Leck
Printed in Germany

Wenn wir darüber nachdenken,
wissen wir nicht, wer wir sind. Und
wenn wir uns darstellen, zeichnen wir
Wunschbilder. Wir setzen uns
Masken auf.

Seine Seele zeigt der Mensch
nur in seinem Tun. Ich erzähle also,
was ich tue, damit die anderen
begreifen können, wer ich bin.

Für
Sabine,
die eine neue Hierarchie in unserer Familie aufstellte:
mit Kindern

Inhalt

Unser Tun als Widerspiegelung der Seele

Im holzgetäfelten Süderker auf Burg Juval, wo der Blick 500 Meter tief ins Etschtal abfällt und die Berge dahinter die Welt begrenzen, saßen mir in den vergangenen zehn Jahren eine Reihe neugieriger Menschen gegenüber, die mit ihren Fragen alle dasselbe suchten: einen Blick in meine Seele.

Sie alle bekamen Antworten, und ich verriet ihnen vieles, doch meine Seele verriet ich ihnen nicht.

»Ein Grenzgänger wollen Sie also sein, ein Pfadfinder, der die kalten, dunklen, einsamen Winkel seiner Seele erkundet.«

»Ja, ich bezeichne mich als Grenzgänger. Das ist ein Mensch, der am Rande des gerade noch Machbaren in der wilden Natur unterwegs ist. Mit eigenen Kräften. Ich suche das Extreme, bemühe mich jedoch, nicht umzukommen. Mein Tun wäre kein Grenzgang, wenn das Todesrisiko von vornherein ausgeschlossen wäre.«

»Sie setzen Ihr Leben aufs Spiel, um es zu retten?«

»Das ist kein Widerspruch. Für mich ist dieser Zusammenhang logisch. Ja, ich gehe zum Nordpol, weil es gefährlich ist, und nicht, obwohl es gefährlich ist. Aber ich will dabei nicht umkommen. Durchkommen heißt meine Kunst.«

»Können Sie mir erzählen, wann Ihre Neigung zu solchen eher wenig verbreiteten Künsten entstanden ist?«

»Ich kann es nicht genau aufschlüsseln und will auch nicht mein eigener Psychotherapeut sein. Ich vermute aber, dass es unter anderem mit meiner frühesten Jugend zu tun hat.

Ich bin in einem engen Alpeneinschnitt aufgewachsen, ganz

unten im Tal. Ich wollte aus dieser Enge heraus, wollte die Welt von oben sehen, wollte über den Rand des Tales hinausschauen. Als ich mit fünf Jahren meinen ersten Dreitausender bestieg, natürlich nicht alleine, sondern zusammen mit meinem Vater, bekam ich hinterher für meine Ausdauer und Geschicklichkeit viel Lob. Bereits in der Pubertät zeigte ich beim Klettern mehr Geschick als auf jedem anderen Gebiet, sei es in der Schule, beim Sport oder bei den Mädchen. Ein weiteres Moment der Spannung bestand natürlich darin, dass wir Kinder selbständig, ohne Begleitung von Erwachsenen, zum Bergsteigen gingen. Ich habe mich rasch zum fanatischen Kletterer entwickelt. Damit einher ging eine Abneigung gegen Moralapostel und gegen Autorität in jeglicher Form. Die althergebrachte Wahrheit, die Doktrin der Lehrer, das Gehabe der Spießbürger, das Urteil der Masse war mir zuwider. Später kam Ehrgeiz dazu: Ich wollte die extremen Leistungen der anderen übertreffen, zuerst im Alpen-Klettern, dann im Himalaja-Bergsteigen und zuletzt im Eiswandern.«

»Sie muten damit Ihrer Familie eine ganze Menge zu! Ist sie nicht ständig in einer Art Warte- und Abschieds- und Wiederkehrhaltung?«

»Sabine, die Frau, mit der ich seit Jahren lebe, hat mich kennengelernt, als ich ein Grenzgänger war. Sie hat sich trotzdem mit mir zusammengetan. Und sie weiß – das gilt auch für meine Freunde und Verwandten –, dass ich ein vorsichtiger Mensch bin. Trotzdem, es kommen dann und wann Ängste auf. Bei Sabine, bei mir. Nicht jedoch bei den Kindern, denn sie sind noch zu klein. Meine Gefahren sind sichtbar, hörbar, fühlbar. Sie füllen die Welt um mich herum und in mir aus – weil unter mir ein Abgrund klafft oder weil ein Schneesturm tobt oder weil ich am Rande meiner physischen Kräfte bin. Wer mich kennt, weiß, dass das, was ich mache, gefährlich ist. Gefahren aber bedrohen jeden Einzelnen von uns. Sie gehören zum Leben wie der Tod. Viele Menschen sind latent durch Krebs oder Herzinfarkt gefährdet. Die meisten aber sind sich dieser Gefahr nicht bewusst, weil sie noch keine konkrete Gestalt angenommen hat, noch nicht manifest geworden ist, die Auswirkungen noch nicht spürbar sind. Und die globalen Gefahren, die uns alle bedrohen, spüren wir noch weniger. Die globale Gefahr, dass die Menschheit in ihrer Gesamtheit umkommt, ist ebenso groß wie die Gefahr, dass ein Einzelner stirbt. Ich weiß, dass ich früher oder später sterbe. Dass ich aber bei meiner nächsten Expedition umkomme, die ich im Frühling 1995 zum Nordpol unternehmen werde, halte ich für unwahrscheinlich. Ich werde alles tun, um den Gefahren auszuweichen. Wenn ich merke, es wird zu gefährlich, gebe ich auf. Ich habe viele Grenzgänge abgebrochen, kann mir das Scheitern ebenso wie die Kritik, ein störrischer Einzelgänger zu sein, leisten. Mit der Einstellung, Scheitern kommt nicht in Frage, weil es meinem Image schadet, würde ich den Grenzgänger zum Todeskandidaten machen. Stolz und unnachgiebig bin ich nur den Menschen gegenüber, der Natur ordne ich mich unter. Ich bin einem körperlichen Veränderungsprozess unterworfen, werde schwächer, unbeweglicher, aber ich hoffe, dass ich mir die Fähigkeit erhalte, zu wissen, wie weit ich jeweils gehen kann. In diesem Punkt bin ich rechtschaffen bis zur Pedanterie.«

»Sie wollen überleben, sagen Sie. Davon gehe ich auch aus. Und trotzdem behaupte ich, dass hinter diesem Grenzgängertum eine geheime Todessehnsucht steckt.«

»Ich behaupte das Gegenteil, kann es aber nicht beweisen. Todessehnsucht wird von Außenstehenden sehr gern in das Tun des Grenzgängers hineininterpretiert. Aber gerade wenn jemand immer wieder an die äußerste Grenze geht, obwohl er Tragödien zu verkraften hat – ein Bruder von mir ist an einem Achttausender ums Leben gekommen, ein anderer in den Dolomiten tödlich abgestürzt, Freunde sind erfroren, an Erschöpfung gestorben –, lebt er doch Hunger nach Leben vor. Wie oft habe ich mit dem Rücken zur Wand gestanden! Wie oft habe ich keinen Ausweg mehr gesehen! Umzukommen wäre das Leichteste gewesen. Ich habe mich dagegen gewehrt. Also war es nicht Todessehnsucht, die mich antrieb. Mein Spiel heißt Durchkommen. Nicht Umkommen. Jedes Spiel hat Regeln, und die Regeln beim Grenzgang mache ich mir selber. Meine erste Regel dabei heißt: lebend zurückkommen. Wenn ich mich umbringen wollte, müsste ich nicht monatelang bei minus 40 Grad durch Grönland laufen oder unter höllischen Anstrengungen auf den Mount Everest steigen. Ich gehe weiter und behaupte, dass potenzielle Selbstmörder zum Leben zurückfänden, wenn sie sich derartigen Anstrengungen und Gefahren bei ihren Selbstmordversuchen aussetzten. Gefahr weckt Energie und Lebensfreude, wenn wir ihr Schritt für Schritt, in kleinen Dosierungen begegnen. In der Wildnis bemühen wir uns, trotz häufiger lebensgefährlicher Augenblicke nicht umzukommen. Kurz: Wenn ich mich umbringen wollte, dann nicht in der Antarktis, nicht am Nordpol und nicht am Mount Everest. Jetzt und hier wäre es einfacher.«

»Sie sind fünfzig Jahre alt. Wann beginnt für Reinhold Messner der Ruhestand?«

»Mit dem Tod. ›Unsere Natur ist in Bewegung, völlige Ruhe ist der Tod‹, sagt Pascal. Also vorerst kein Ruhestand. Aber ich beginne mich damit auseinanderzusetzen, dass ich all das, was ich jetzt tue, früher oder später nicht mehr tun kann. Zweimal schon habe ich mich von einer Sparte des Grenzgangs in eine völlig andere verändert. Mit fünfundzwanzig bin ich vom Felskletterer zum Höhenbergsteiger umgestiegen. Beim Überleben in sauerstoffarmer Luft brauchte ich weniger Schnellkraft, dafür mehr Ausdauer. Mit fünfundvierzig habe ich nochmals den Beruf gewechselt und als Fußgänger einen Schlitten durch die Antarktis gezogen. Für dieses Unternehmen waren meine psychischen Kräfte in weitaus größerem Maße gefordert als meine physischen.«

»Einen Beruf nennen Sie das?«

»Was sonst. Gehen ist das, was ich am besten kann. Nur darin bin ich kein Dilettant. Gehen hat mit Lust, Wohlbefinden, Erkennen zu tun. Denn die Welt, durch die ich gehe, ist eine andere als die Welt, von der wir reden. Das gilt auch für unsere Innenwelt. Mit 45 Jahren verfügte ich über jenes Maß an Ausgeglichenheit, dass ich mich mir selbst auf einer Laufstrecke von 2800 Kilometern 90 Tage lang ausliefern konnte. Früher wäre ich vor so viel Weite und Leere an Angst erstickt.«

»Und was wollen Sie mit sechzig tun?«

»Ich werde noch einmal umsteigen. Nach der Vertikalen und der Horizontalen bleibt mir nur noch eine geistige Dimension. Dabei kann ich sogar sitzen. Und schlimmstenfalls verrückt werden.«

»Sie vertrauen letztendlich nur auf Ihre eigenen Kräfte. Sind Sie ganz im Innern ein Einzelgänger?«

Wer ich bin, glaubten viele zu wissen. Was ich aber denke und fühle, interessierte sie mehr. Mehr als das, was ich tue.

»Ich bin nicht immer allein unterwegs, und ich bin kein Einzelgänger. Ja, ich habe Alleingänge gemacht, verspüre einen starken Wunsch nach Autarkie und Autonomie, und gleichzeitig brauche ich Freunde. Vertrauensbeweise rühren mich zu Tränen, Vertrauensbrüche erschüttern mich nachhaltig.«

»Die Partner als Versuchskaninchen?«

»Mich interessiert, wie mein Gegenüber wirklich ist. Jede Maske fällt, wenn wir in einer senkrechten Felswand klettern oder der Alltag am Ende der Welt nur noch vom Kampf ums Überleben geprägt ist.«

»Was verbirgt sich hinter Ihrer Maske?«

»Zum Beispiel Kopflosigkeit. Selbstkontrolle musste ich mühsam lernen. Wie oft habe ich mich dabei ertappt, dass ich mich in die Flucht nach vorne rettete, ohne Sinn und Verstand weiterkletterte, weil ich die Übersicht verloren hatte, keinen Ausweg mehr sah. Meine Ausstrahlung als ausgeglichene, souveräne Persönlichkeit steht auf den tönernen Füßen meines Wunschdenkgebäudes.

Auch bin ich ein ungeduldiger Mensch, und ich habe große Probleme, die Leistung anderer anzuerkennen. Ich kann motivieren, aber kritisieren kann ich besser.«

»Haben Sie noch Freunde?«

»Ja. Einen guten Freund kann ich nicht durch Kritik oder kopfloses Handeln verlieren. Sonst ist er kein Freund. Einen Freund verliere ich, wenn ich keine Zeit für ihn habe, wenn *ich* unsere Freundschaft aufgebe. Und wenn er keine Zeit mehr für mich hat, hat *er* unsere Freundschaft gekündigt. Fehlverhalten gibt es in einer Freundschaft nicht. Das Wesen von Freundschaft ist das Annehmen eines anderen Menschen mit all seinen Vorzügen und Mängeln. Wir alle haben positive und negative Seiten. Sie bilden eine Einheit. Und Freundschaften bedeuten für mich, dass ich die anderen als ganze Menschen, wie sie sich zeigen, wie sie sind, mit und ohne Maske, als die akzeptiere und respektiere, die sie sind. Ich habe wenige Freunde, ganz einfach deshalb, weil ich nur begrenzt Energie und Zeit für sie habe.«

»Oder weil Sie Kritik nicht vertragen?«

»Im Gegenteil, ich freue mich über die Kritik eines Freundes, über seine Anregungen. Ein Freund kann mich nicht beleidigen.«

»Müssen die Weggefährten auf Ihren extremen Touren Freunde sein?«

»Nein. Weggefährten sind Partner für eine bestimmte Zeitspanne oder eine bestimmte Tour. Die Seilschaft ist zuallererst eine Zweckgemeinschaft. Das Bild von der Seilschaft als Synonym für Kameradschaft oder Freundschaft ist ein dummes Klischee. Es kann sein, dass sich aus dem Zusammenspiel in schwierigen Situationen eine Freundschaft entwickelt. Aber es muss nicht notwendigerweise so sein. Ich weiß, dass viele die Gemeinschaft am Berg als Zweckgemeinschaft nicht wahrhaben wollen und ein vom Nazismus hochgehaltenes Ideal der Kameradschaft verherrlichen.«

»Ist es Ihre Zielstrebigkeit, die zu so vielen Erfolgen geführt hat?«

»Nein, die Identifikation mit dem jeweiligen Ziel. Und die Fähigkeit, Realutopien zu entwickeln. Ich lebe oft jahrelang mit einer Idee, die sich schließlich zur Realutopie auswächst. Dabei stauen sich Motivation, Energie und Ausdauer an. Der schwierigste Schritt ist das Umsetzen der Idee in die Tat. Das Handwerk ist Voraussetzung, die Identifikation mit dem Ziel Bedingung, das Umsetzen der Idee in die Tat erst der Auslöser für einen Grenzgang.«

»Und Disziplin?«

»Auch Disziplin ist wichtig. Die viel gescholtene und viel strapazierte Disziplin bedeutet, vor allem bei der Vorbereitung Sorgfalt walten zu lassen.«

»Wie geht es einem fünfzigjährigen Halbnomaden?«

»Ich jammere nicht. Meine psychischen Schäden auf die Kindheit abzuwälzen und die physischen auf das Alter nützt nichts. Ich habe damit zu leben. Ich bin ein erwachsener Mensch und bereit, meine Stärken und Schwächen zu akzeptieren. Deshalb habe ich im Moment keine großen Probleme mit meinem Alter. Viele Dreißigjährige, die im Leben nie etwas Höheres als einen Barhocker bestiegen haben, sind – wenigstens was das Körperliche angeht – in schlechterer Verfassung.«

»Sie glauben also an sich. Glauben Sie auch an Gott, den Weltenschöpfer?«

»Ich glaube generell nicht, sondern akzeptiere nur das, was ich sehe. Der Natur als einer unendlich sich verändernden Kraft kommt eine göttliche Dimension zu. Einen Gott außerhalb dieses Kosmos postuliere ich nicht, schließe ihn aber auch nicht aus. Ich würde mein Leben, mein Denken und Fühlen nicht ändern, wenn es diesen Gott, der alles lenken und bestimmen soll, nachweislich gäbe. Mir reicht die Welt um mich herum, um in ihr Teil zu sein.«

»Und Religion als Ausweg, Andacht als Ventil für all die Gefühle dem Erhabenen gegenüber?«

»Sie werden sentimental? Trotzdem, Staunen, Respekt, Ehrfurcht kenne auch ich. In diesem Zusammenhang empfinde ich

mein Tun – das Gehen, das Steigen, das Unterwegssein – als An-
dacht, als ein einziges Gebet. Nicht, indem ich irgendwelche
Naturgötter anbete, sondern indem ich die sinnlich erfahrbare
Wirklichkeit in mich aufnehme, aufsauge. Dabei wachsen mir
Kraft und Lebensfreude zu.«

»Trotzdem sind Sie zum Zerstörer dieses Erhabenen geworden, zum Werbeträger für den Massentourismus, unfreiwillig
vielleicht, aber Vorbild für viele, die in Europa, in Asien, in Tibet
Berge stürmen.«

»Aus diesem Dilemma finde ich keinen Ausweg. Obwohl ich
immer dorthin gehe, wo die anderen nicht sind, hat der Massentourismus den Mount Everest erreicht. Noch steigen weniger
auf den höchsten Berg der Welt als aufs Matterhorn. Dennoch
sind es zu viele. Die Umweltschäden dort sind sichtbar und riechbar.«

»Jeder hat das Recht, klaren Himmel, Stille und Weite zu erleben.«

»Ja, aber Ruhe, Erhabenheit, Harmonie sind Werte, die allesamt
bei den fünf Milliarden Menschen eines voraussetzen: das Ver-
ständnis für diese Werte. Das Wesen von Ruhe ist Ruhe und nicht
Unruhe. Als ich alleine am Mount Everest war, habe ich alle diese
Werte dort gefunden.

Weil ich aber viele Menschen für diese Landschaften begeistert
habe, trifft mich eine Mitschuld, wenn Erhabenheit und Stille auch
im Himalaja verloren gehen.

Es ist völlig abwegig, wenn eine Menschenkarawane in die
›Arena der Einsamkeit‹ aufbricht. Weil sie damit zur ›Arena der
Massen‹ wird. Durch die Multiplikation reduziert sich der Erleb-
nisgehalt, der Grenzgang wird pervertiert und in sein Gegenteil
verkehrt. Ob in der Antarktis, in der Wüste Gobi, in der Sahara
oder im Himalaja, mit dem Massentourismus werden die alten
Götter vertrieben und die wilden Landschaften ihrer Ausstrahlung
beraubt. Sie werden als Orte der Ruhe und Erhabenheit wertlos
und in letzter Konsequenz überflüssig. Es ist vermutlich nur eine

Frage der Zeit, bis sich der Trend umkehrt. So wie der Treibhaus-effekt das Eintreten der nächsten Eiszeit beschleunigen kann.«

»Deshalb haben Sie eine alte Burg in Ihrer Südtiroler Heimat als Reueklause. Was bedeutet Heimat für Sie?«

»›Heimat‹ ist ein viel gebrauchter und viel missbrauchter Begriff. Für mich ist Heimat dort, wo meine Kinder sind.

Menschen, die ganz selbstverständlich da sind, wo sie sind. Kinder und alte Leute beispielsweise tragen das in sich, was ich ›Heimat‹ nenne. Dazu zählen vor allem die Nomaden, die außer diesem Selbstverständnis nichts haben.«

»Sie halten klugerweise die Balance zwischen Bleiben und Gehen. Ihre Expeditionen sind kostspielige Unternehmungen, und die Gelder kommen aus der Wirtschaft und aus dem Verkauf Ihrer Bücher. Sie sind also nicht nur Grenzgänger, Burgherr und Bergbauer, sondern auch Schriftsteller.«

»Erzähler und Sachbuchautor.«

»Ihre Bücher erschöpfen sich durchaus nicht in tagebuchartigen Erlebnisschilderungen. Historische Rückblicke, Ausblicke, Visionen gehören dazu. Können Sie sich vorstellen, das Schreiben in den Mittelpunkt Ihres Lebens zu stellen?«

»Ja. Ich möchte intensiver von den Motiven und Emotionen, die mein Tun bestimmen, erzählen, möchte endlich den Berg und die Wüste draußen als Entsprechung einer inneren Befindlichkeit darstellen lernen.«

»Dort, auf Ihrer Burg Juval, können Sie doch nicht schreiben! Die Landschaft draußen ist verführerisch; der Bauernhof ist kein Garten Eden, aber idyllisch, nur einen Steinwurf weit weg, und immer ist die Familie um Sie herum. Halten Sie sich an Stundenpläne, oder wie gehen Sie arbeitsökonomisch vor?«

»Zurzeit habe ich zwei Arbeitsmethoden. Ich trage Ideen, Notizen, Infos für ein Dutzend Bücher zusammen, die nie erscheinen müssen. Es gibt keine Verträge für diese Buchideen. Dieses Sammeln betreibe ich so lange, bis ich spüre, dass einer der Buchpläne reif ist. Mein Konzept bespreche ich dann mit einem Verleger bis in sämtliche Details: Seitenzahl, Preis, Anzahl der Abbildungen. Wir legen den Terminplan von der Titelgestaltung bis zum Erscheinungsdatum fest. Zuletzt wird der Vertrag gemacht. Nachdem diese Absprachen getroffen sind, setze ich mich ans Schreiben. Das geschieht meist unter Zeitdruck. Entweder schreibe ich mehrere Stunden am Tag diszipliniert von Hand, oder aber ich diktiere, lasse die Bänder abschreiben und überarbeite das Manuskript anschließend zwei- bis dreimal. Bei diesem Vorgang miste ich aus, stelle neu zusammen, ordne die Kapitel. So entsteht der Rhythmus des Buches.«

»Findet dieses Ordnen und Gestalten, Entwickeln und Erarbeiten nur in Ihrem Kopf statt, oder hat die Familie im Gespräch daran Anteil?«

»Ja und nein. Wenn ich daheim bin, bin ich in die Familie integriert. Wir leben gemeinsam hier. Ich komme nicht nur zum Schlafen heim, wie die meisten Familienväter. Oft bin ich wochenlang 24 Stunden am Tag in Juval. Dann bin ich wieder drei Monate lang weg. Ganz weg. Die Kinder erleben mich, wenn ich schreibe, und sie erleben mich, wenn ich die Schottischen Hochlandrinder auf der Weide suche. Auch die Gespräche beim gemeinsamen Frühstück oder Mittagessen bekommen sie mit. Ich kann und will meine Ideen nicht für mich behalten. Selbst das Aufbrechen zu einer Extremtour, wenn ich Skistöcke und Eispickel aus dem Expeditionskeller hole, erleben sie mit. Unmittelbar.

Dadurch werden mein Leben und mein Tun für sie selbstverständlich. Das heißt natürlich nicht, dass die Kinder mich immer gerne ziehen lassen.«

»Wie verhalten Sie sich vor dem Aufbruch zu einer Expedition?«

»Vor Grenzgängen konzentriere ich mich so stark auf das, was ich vorhabe, dass alles andere untergeht. In dieser Phase kann es vorkommen, dass ich die anderen gar nicht mehr wahrnehme. Weil ich im Geiste schon unterwegs bin oder meine Idee so verinnerlicht habe, dass für die Familie kein Platz und keine Zeit mehr bleibt. Es ist müßig, darüber zu diskutieren, was recht ist und was unrecht.

Notwendig ist mein Tun ganz sicher nicht. Ich erlaube mir einfach zu tun, was ich nicht lassen kann. Den Kindern zuliebe als braver Papa zu Hause zu sitzen brächte uns allen keine Freude. Wenn ich ab und zu etwas Verrücktes machen kann, haben meine Kinder vielleicht keinen vernünftigen, aber dafür einen ausgeglichenen und lebenslustigen Vater.«

»Sollen Ihre Kinder in Ihre Fußstapfen treten?«

»Ich werde es nicht fördern. Nicht nur, weil es gefährlich ist, sondern auch, weil meine Kinder nicht an mir gemessen werden sollen. Meine Kinder sollen sich entfalten, ihren Weg finden. Mein Weg war vielleicht für mich richtig, für meine Kinder wird es andere Wege geben. Es gibt so viele Wege, wie es Menschen gibt.«

Ich bin nicht der, der ich mit Worten und Gehabe zu sein vorgebe. Noch weniger bin ich der, der ich in den Vorstellungen der anderen als Reinhold Messner zu sein habe. Vielleicht bin ich erkennbar durch mein Tun. Wie unsere Sprache die Widerspiegelung unserer Welt ist, ist unser Tun die Widerspiegelung unserer Seele. Das behaupte ich. Einfach so.

Indem ich mein Tun beschreibe, offenbare ich meine Seele.

1

Vom Klettern im Fels

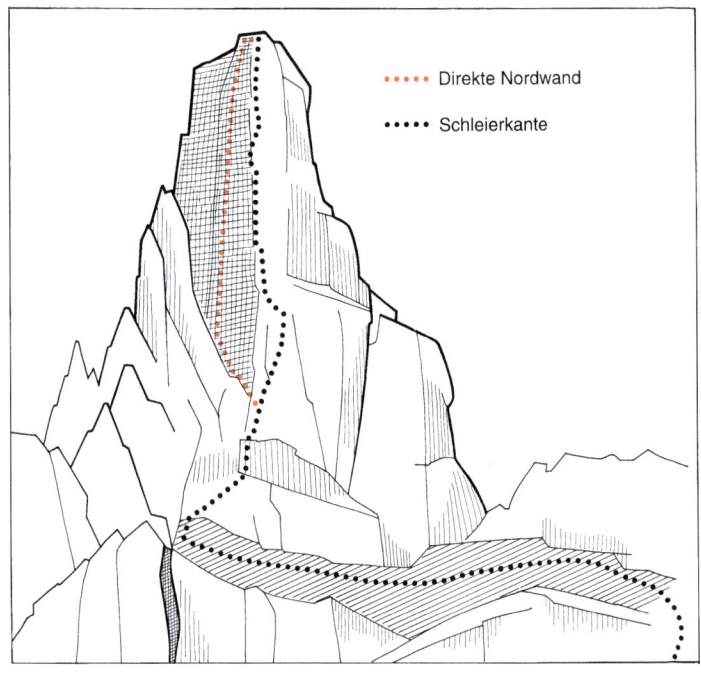

Direkte Nordwand

Schleierkante

Cima Bella Madonna, direkte Nordwand

Am 15. Oktober 1967 durchkletterte ich mit meinem Bruder Günther die senkrechte, wenig gegliederte Wand links der berühmten »Schleierkante«, die – 1920 von Gunther Langes und Erwin Merlet erstbegangen – lange Zeit als die »schönste Klettertour der Dolomiten« galt.

Die direkte Nordwand-Route verläuft etwa 100 Meter links der »Schleierkante« und zeichnet sich wie diese durch griffigen, festen Fels aus. Die Kletterschwierigkeit in der 300 Meter hohen Nordwand wurde von uns um einen Grad höher eingestuft als die in der »Schleierkante«.

Eine senkrechte Felswand, wie die Nordwand der Cima della Madonna,
ist eine aufgestellte Wüste. Eine Wüste ist ein hingestreuter Berg.
In der Steilwand erhöht sich das Ausgesetztsein um ein Vielfaches.

Am Anfang bin ich um die Berge herumgelaufen. Zuerst in den Dolomiten, anschließend in den Westalpen, zuletzt im Himalaja. Und plötzlich war es beschlossen hinaufzusteigen. Dabei gaben mir die Formen der Felsen

meine Art der Besteigung vor. Den Val-di-Roda-Kamm (linke Bildmitte) galt es zu überschreiten, auf die Cima della Madonna (ganz rechts) kletterte ich über verschiedene Routen und zu allen Jahreszeiten.

Günther war Bruder, Freund, Weggefährte und Partner zugleich. Eine Zweckgemeinschaft war unsere Seilschaft auch, weil wir oft dasselbe Ziel hatten und mit der gleichen Lebensfreude im Fels kletterten.

Kein Totentanz an der Senkrechten

Es war Mitte Oktober und in den Morgenstunden so kalt, dass das Wasser in den Rinnen am Fuße »unserer« Nordwand gefroren war. Beim Zustieg zum Anfang der Kletterwand gingen wir nicht am Seil. Günther trug einen kleinen Rucksack, ich das Doppelseil, das ich mir auf den Rücken gebunden hatte.

Ohne viel zu reden, ab und zu nach oben schauend, blieben wir genau im Winkel zwischen der Wand über uns und einem Felsvorbau, der den Berg wie ein gigantischer Schuppenpanzer zu stützen schien. Wir stiegen über Rampen und Kamine schräg nach links aufwärts.

Wie immer vor einer schwierigen Klettertour hatte ich schlecht geschlafen. Es war eine nervöse Aufregung in mir gewesen, die meinen Vogelschlaf ständig mit Bildern und Gefühlen des Fallens zerrissen hatte, eine innere Anspannung, die genährt wurde von Nichtwissen, von Zweifeln am eigenen Können, von Hilflosigkeit. Auf die mir vertrauten Gefahren – fallende Steine, die Knebelposition, die einen durch eine unüberlegte Kletterbewegung fesseln kann, ein ausbrechender Griff – konnte ich im Halbschlaf reagieren. Der Gedanke an all das Fremde aber, das Unvorhersehbare, das Unvorhersagbare, das sich beim Klettern auf dem Weg bis zum Gipfel ereignen konnte, war nur schwer zu ertragen.

Als wir unter die senkrechte Plattenflucht kamen, die in einem leicht vorstehenden, abgerundeten Pfeiler bis zur Gipfelabdachung emporragt, blieben wir stehen. Wir legten die Köpfe weit in den Nacken und schauten die Wand hinauf.

»Zu machen«, war Günther überzeugt.

»Kein Morgenspaziergang allerdings.«

»Nein, bei dieser Kälte nicht.«

Aus unserer Perspektive schien die Wand kurz zu sein und durchgehend senkrecht. Oben, über dem Gipfel, der gleißende Morgenhimmel. Die Lichtflut blendete uns.

Wir waren an der richtigen Stelle, um einzusteigen. Günther holte die »Schlosserei« aus dem Rucksack: zwei Kletterhämmer, einige Haken, ein halbes Dutzend Karabiner. Wir seilten uns an.

Am Vortag beim Aufstieg aus dem Tal hatten wir die Wand genau studiert. Aus der Entfernung von einigen Kilometern war sie viel besser zu überblicken gewesen als jetzt, unmittelbar an ihrem Fuß. Ich hatte mir die mögliche Linie des Aufstiegs genau eingeprägt und verglich dieses Erinnerungsbild mit der tausendfach größeren Realität.

Aus der Struktur der Felsen ließen sich kaum Anhaltspunkte entnehmen, doch ermöglichte ihre Farbe Rückschlüsse auf Festigkeit und Steilheit. Es war eindeutig zu erkennen, dass die gesamte Wandflucht frei kletterbar war.

»Alles Freikletterei.«

Auch Günther war von der Begehbarkeit der Wand überzeugt.

»Frei« hieß für uns nicht, ohne Seil und Sicherung zu klettern. Beim Freiklettern, das damals viel mehr als heute als Gegensatz zum technischen Steigen stand, wurden Schlingen und Strickleitern niemals in Haken gehängt, um so Griff- und Trittersatz zu schaffen. Die meisten Kletterer fanden nichts dabei, wenn sie sich zwischendurch an Haken festhielten. Es sollte später jedoch eine Stilfrage werden, Sicherungspunkte nicht mehr als Griff- oder Trittersatz zu benutzen.

Die Freikletterei ist seit einem Jahrhundert als das Emporklettern an naturgegebenen Halte- und Stützflächen in möglichst steilen Felsformationen definiert. Zu jener Zeit, in den 60er Jahren, hätten wir über eine so trockene Erklärung nur gespottet, obwohl wir uns gegenseitig danach beurteilten, wie viele Haken einer einsetzte. Je weniger, umso besser. Ja, unser Ehrgeiz saß auf einem unberechenbaren Pferd, und seine Sporen waren die Schwierigkeiten und die Absturzgefahr. Wir wollten nicht nur klettern, indem wir darauf verzichteten, uns an in Ritzen und Löcher getriebenen Eisenstiften, sogenannten Fiechtelhaken, wie wir sie damals noch benutzten, hochzuziehen. Wir wollten auch mit möglichst wenig Zwischenhaken auskommen. Stürzen war lebensgefährlich, Klettern im Fels nicht nur Sport.

Am Einstieg fanden wir eine Sanduhr und eine Ritze, in die ich mit zehn Hammerschlägen einen Haken trieb. Günther band sich mittels Karabiner an diesem Haken und über eine Reepschnur, die ich durch die natürliche Öse im Felsen gefädelt hatte, am ersten Standplatz fest. So konnte er mich am Doppelseil sichern. Er wäre im schlimmsten aller Fälle – wenn ich als Vorauskletternder gestürzt wäre – nicht aus der Wand gerissen worden.

»Alles fertig?«

»Ja, du kannst losklettern.«

Es war immer noch eisig kalt. Kaum war ich die ersten Meter emporgestiegen, waren meine Finger starr und gefühllos. Der feuchte, kalte Fels entzog den Händen die Wärme. Ich blieb stehen. Beim Blick zurück zu Günther fiel mir auf, dass die Hänge unter dem Kar in der Sonne lagen. Ich kletterte ohne Handschuhe, weil der Fels kleingriffig war – und außerdem hatten wir gar keine dabei. Die ersten dreißig Meter brauchte ich, um mich an die Kälte zu gewöhnen und mir die Morgenstarre aus Beinen und Armen zu schlenkern. Die Wand war viel griffiger, als ich beim Studium von unten geahnt hatte. Senkrecht zwar, aber gegliedert wie ein Korallenriff. Bei jeder Bewegung nach oben fand ich für die eine Hand, die weitergriff, oder für einen Fuß, den ich nachzog, sofort einen weiteren Haltepunkt. Ich stieg nicht wie ein Mensch, der auf einer Leiter steigt, sondern bewegte mich wie ein wildes Tier, das sich unbeobachtet fühlt, senkrecht nach oben.

Alle meine Sorgen und Ängste waren verdrängt. Ich war völlig konzentriert: auf die Griffe, die ich prüfte, bevor ich sie belastete, auf die Tritte, auf den Weg vor mir. Es waren nur einige wenige

Quadratmeter Fels, die ich aus meiner Perspektive überschauen konnte. Immer wieder kombinierte ich im Geiste, ohne es bewusst als Antizipation zu empfinden, jeweils eine Serie von Griff- und Trittfolgen, die mich zum nächsten bequemen Standpunkt bringen sollten. Klettern und Denken bildeten eine Einheit – das Klettern als die konkrete Ausführung meiner geistigen Vorstellungen.

»Noch zehn Meter Seil.« Günther rief mir die Information mit kräftiger und überzeugt klingender Stimme zu. Es gab mir Sicherheit. Wir kletterten mit 50-Meter-Seilen. Ich hatte noch zehn Meter Spielraum. Die ersten 40 Meter war ich ohne Zwischensicherung geradewegs nach oben gestiegen. Ich sah mich nach einer größeren Nische um und kletterte sie an. Dort angekommen, brauchte ich einige Minuten, um mich selbst an zwei Haken zu sichern. Dann erst konnte ich meinen Bruder nachkommen lassen.

»Stand!«

»Seil ein.«

Ich zog das Seil durch einen Karabiner, bis es spannte. Jetzt konnte Günther von mir am Seil gesichert nachklettern.

»Seil aus.«

»Nachkommen.«

Günther wurde langsam warm. Ich spürte es an seiner Geschwindigkeit. Bald schon hatte ich Mühe, das Seil so rasch einzuziehen, wie er nachstieg.

Es schien ein guter Tag zu werden. Die Ängste und Zweifel, die mich in den frühen Morgenstunden geplagt hatten, waren verflogen. Mein Denken kreiste nur noch um einen einzigen Punkt: Würden wir durchkommen?

Sicherheit beim Klettern war bei mir nie eine Frage der reinen Technik, also der perfekten Sicherung, sondern eine Frage des Gefühls, das mit Vergessen zu tun hatte: Jetzt waren alle Todesängste verflogen. So, wie sich Alltagsängste beim Sex auflösten.

In den Nächten vor dem Aufbruch sehnte ich mich stärker als sonst nach Frauen und Sex. Als müsste ich das haben, um die Schwerkraft des Todes aufzuheben.

Eine Art Kletterfieber hatte uns nach der ersten Seillänge gepackt. Als Günther bei mir stand, band er sich an meine beiden Haken. Ich band mich gleichzeitig aus, gab ihm mein Seil, und er nahm es über die Schulter. Zögerlich kletterte ich weiter. Die ersten Bewegungen nach dem Standplatz waren wie immer die unangenehmsten. Ich brauchte ein paar Züge, um wieder in den Rhythmus des selbstverständlichen Kletterns zu kommen, dieser harmonischen Abfolge von Steigen, Vorausschauen, Hinabschauen, Vorausschauen, die ich nicht als getrennte Bewegungen wahrnahm. Ich hatte die Wand vor mir so verinnerlicht, dass ich an ihr emportänzelte. Als gäbe es nichts auf der Welt als diese paar Quadratmeter Felsen, an denen ich aufrecht stand: der Berg als Ebene, horizontal, die Schwerkraft wie aufgehoben. Der Gedanke, dass nur ein Fehler genügte, um abzustürzen, existierte nicht.

Drei Wochen vorher waren Günther und ich an der »Schleierkante« gewesen, ohne Seil, jeder wie ein Alleingeher. An dieser berühmten Felstour weiter rechts von der direkten Nordwand steckten so viele Haken, dass wir am Seil kaum hätten abstürzen können. Wir stiegen also seilfrei empor, jeder für sich, zuerst hintereinander, bald parallel. Wir kletterten schnell, ohne Schwierigkeiten, obwohl die Route aufgrund der häufigen Begehungen damals schon glasige, schlüpfrige Griffe aufwies. Nach dem Vorbau begannen wir, ohne es abgesprochen zu haben, alte Haken zu entfernen. Da und dort schlugen wir welche heraus und nahmen sie mit. Nicht um Haken zu sammeln, sondern einfach so, weil wir übermütig waren, in guter Form und die Route als »übernagelt« empfanden. Nach einer anderen Rechtfertigung für unsere Säuberungsaktion fragten wir nicht.

Die »Schleierkante« war 1920 von Gunther Langes und Erwin Merlet erstbegangen worden. Jahrelang hatte sie als eine der klassischen Freikletterrouten in den Dolomiten gegolten, und es gab keinen Zweifel, sie war eine faszinierende Felstour. Immer noch. Allerdings reichten ihre schwierigen Passagen nicht annäherungsweise an die Kletterschwierigkeiten heran, die von Könnern inzwischen frei geklettert werden konnten. Seit Jahrzehnten nicht mehr.

Weil es an der Kante mehrere Varianten gab, trennten Günther und ich uns ab und zu. Wir kamen oberhalb der oft nur wenige Dutzend Meter auseinanderlaufenden Kletterstrecken wieder zusammen, wie bei einem konspirativen Treffen, und zeigten uns jedes Mal die Hakenausbeute, die wir an den verschiedenen Passagen hatten mitnehmen können. Unsere Schadenfreude dabei galt nicht den Erstbegehern, sondern der Dekadenz des alpinen Kletterns. Wenngleich Günther und ich jetzt ohne Seilsicherung über die nur leicht angelehnten grauen Felssäulen stiegen, empfanden wir aufrichtigen Respekt vor den Erstbegehern.

Die Zeit kurz nach dem Ersten Weltkrieg hatte für die Dolomitenkletterer eine Phase des Aufbruchs bedeutet. Ihre Ausrüstung war kaum anders als die der Vorkriegsgeneration gewesen, jedenfalls nicht annähernd so gut und so leicht wie die unsere. Langes und Merlet waren 1920 mit Hanfseilen geklettert. Ihre Kletterschuhe waren mit einer Art Filz besohlt, der sich rasch abnutzte, nicht mit Gummisohlen, die je nach Härte und Zusammensetzung eine Haftung auch an winzigen Trittflächen garantieren. Der Rucksack damals war unförmig und schwer.

Von mehreren Stellen der »Schleierkante« hatten Günther und ich nach links in die Nordwand schauen können, jene Wand, in der wir jetzt kletterten. Von der Seite hatte sie steil ausgesehen, senkrecht, wenig gegliedert, aber griffig. Wir hofften damals trotzdem, dass sie machbar wäre.

Wir brauchten eine Stunde, um die »Schleierkante« zu klettern. Bis zum Gipfel hatten wir 36 Haken erbeutet, alles Haken, die zu viel in der Wand gewesen waren. Dort auf dem Gipfel fällten wir den Entschluss, die Nordwand zu versuchen.

Gunther Langes war ein alter Herr, als ich ihn kennenlernte. Er überarbeitete seine Dolomitenführer, die er nach dem Zweiten

Weltkrieg herausgegeben hatte, und er bat meinen Bruder und mich, ihm als Zuträger zu helfen. Wir hatten viele der modernen Dolomitentouren wiederholt, hatten eine Reihe eigener Routen erstbegangen und konnten bei vielen Wegbeschreibungen behilflich sein. Bei den Arbeitsgesprächen in seiner Bozener Wohnung haben wir mit Gunther Langes natürlich auch »philosophiert«, wie alle Bergsteiger, die nicht nur mit Händen und Füßen klettern.

Insider hatten das Klettern nie nur als eine rein körperliche Tätigkeit verstanden. Jeder Kletterer hatte seine eigene Philosophie, die er seinem Tun zugrunde legte, und ich selbst habe mit meinen eigenen Vorstellungen dazu nie gegeizt.

»Die Kletterer heute sind Techniker, nicht Turner«, lautete Langes' Kritik an unserer Generation. Trotz meines großen Respekts für das Kletterkönnen vor und nach dem Ersten Weltkrieg musste ich Gunther Langes widersprechen.

»Aber sie klettern schwierigere Passagen.«

»Nein, die ›Schleierkante‹ bleibt unübertroffen«, lautete sein kategorisches Urteil. Weil Langes damit behauptete, dass das Kletterkönnen, das reine Freikletterkönnen wohlgemerkt, das er und Merlet an der »Schleierkante« erreicht hatten, niemals übertroffen werden könnte, wollte ich widersprechen, aber Günther zwinkerte mir ein »Lass ihm den Glauben« zu. Ich blieb still. Günther und ich lachten Langes nicht aus, wir empfanden Respekt.

»Alles, was nachher kam, von der Civetta-Nordwestwand bis zur Großen-Zinne-Nordwand, ist nichts als Nagelei.«

Mit dieser Behauptung verwickelte mich Gunther Langes in einen Disput über die jüngere Geschichte der Dolomitenkletterei, und diesmal musste ich widersprechen.

»Comici hätte an der Zinnenwand vielleicht sogar gebohrt«, sagte ich, »Solleder aber, dann Vinatzer, später Rebitsch sind frei geklettert.«

»Mit genügend Haken unterm Hintern vielleicht«, höhnte Langes.

»Nein«, sagte ich. »Solleder hat bei der ersten Begehung der

Civettawand nur ein Dutzend Zwischenhaken geschlagen, keine Fortbewegungshaken. Die Freikletterstellen dort sind mindestens um einen Grad höher als die in der ›Schleierkante‹. Die Vinatzer-Routen sind um zwei Grad schwieriger und weniger abgesichert als eure ›Schleierkante‹.«

»Unfug«, antwortete Langes. »Unfug. Schwieriger als die ›Schleierkante‹, die wir vollkommen frei erstbegangen haben, kann niemand klettern. Unmöglich. Niemals.«

Ich lächelte. Günther schüttelte den Kopf. Wir wussten, dass das Freiklettern weiterentwickelt worden war, und mussten uns das nicht von einem alten, kranken Mann ausreden lassen. Natürlich hatte Langes in einem Punkte auch recht: Absicherung durch Haken oder was auch immer – alle zwei Meter ein Fixpunkt – war immer auch Technologie. Aber er irrte, wenn er sagte, dass der Höhepunkt im Freiklettern ein für alle Mal erreicht war. Mit mehr Training, mehr Erfahrung und leichterer Ausrüstung sollte schwieriger geklettert werden, als wir es uns alle damals überhaupt vorstellen konnten.

Obwohl ich mich selbst vor 25 Jahren schon von der extremen Kletterszene zurückgezogen habe, bin ich von Erstbegehungen immer noch fasziniert. Die reine Schwierigkeit interessiert mich dabei viel weniger als die gekletterte Linie und das Erlebnis zwischen Einstieg und Gipfel. »Du sammelst immer noch Erstbegehungen?«, fragte mich kürzlich einer dieser jungen Kletterstars.

»Ja, ich bin so veranlagt. Als Kletterer bin ich Sammler und Künstler. Und ich werde Sammler bleiben.«

»Die Erstbegehung als Kunstwerk, der Kletterer als Künstler, das ist doch nur als Provokation gedacht?«

»Nein, jede neue Route bringt Kreativität zum Ausdruck. Der Kletterer, der sich eine Linie durch eine Wand ausdenkt und diese mit Händen und Füßen kletternd realisiert, ist ein Künstler. Sein Talent drückt sich primär in der Linie, in seinem Empfinden für seine Linie aus. Die Wahl seiner Linie sagt viel über ihn aus.«

»Zum Beispiel?«

»Wie er sich einschätzt und was er unter Struktur von Natur versteht. Oder welches Verhältnis er zum Nichtexistenten hat, zu der Felswand als weißer Leinwand. Ein Kletterer, der unter einer tausend Meter hohen Bergflanke steht und eine imaginäre Linie zieht, über die er hochklettern will, hat genau den gleichen Blick wie der Maler vor der weißen Leinwand. Während er steigt, realisiert er Griff für Griff, Tritt für Tritt, seine Linie. Er arbeitet nicht mit Meißel und Messer oder Pinsel und Farbe, sondern setzt all seine Ausdauer, Kraft, Geschicklichkeit ein. Seine Mittel sind die Aktion, das Klettern. Und wenn er zurückkommt ins Tal und hinaufschaut in ›seine‹ Wand, ist sie für ihn nicht mehr dieselbe wie vorher. Es zieht sich eine Linie hindurch, wenngleich unsichtbar. Diese Linie existiert nur im Kopf des Kletterers. In der Wand bleibt im Idealfall nichts, aber dieses Nichts ist ein Kunstwerk.«

»Wie bitte?«

»Künstler setzen Erkenntnisse, Ideen, Gefühle in Sichtbares, Greifbares, Hörbares um. Der Kletterer hinterlässt nichts in ›seiner‹ Wand, die aber trotzdem eine andere geworden ist.«

Günther und ich stiegen nicht ohne Zwischenhaken durch die Nordwand der Cima della Madonna. Aber viele schlug ich nicht, und ich kletterte eine Seillänge nach der anderen aus. Wie programmiert, fand ich nach jeweils 45 Metern einen Standplatz, oft nur einen winzig kleinen Felsvorsprung. Die Seile schlingerten frei durch die Luft, wenn ich sie einholte. Unser Übermut wich mehr und mehr dem Erstaunen, dass es an dieser senkrechten Dolomitenwand, die von unten so kurz ausgesehen hatte, immer wieder weiterging. Auch wenn unsere Lage manchmal hoffnungslos schien, fand ich genügend große Haltepunkte, um ohne jedes Sturzrisiko höher steigen zu können.

Wir waren überzeugt durchzukommen. Und wir hatten keine Spuren von Vorgängern gefunden. Damit wussten wir, dass wir uns auf einer Erstbegehung befanden, denn diese Wand hätte früher kaum jemand ohne Stand- oder Zwischenhaken klettern können. Günther war fasziniert.

»Diese Kletterei hier ist ›Schleierkante‹ hoch zwei«, jauchzte er.

In der Pubertät waren Günther und ich daheim keine Seilschaft gewesen. Zwischen zwölf und sechzehn Jahren war ich lieber mit meinem älteren Bruder Helmut oder mit dem Vierten in der Reihe, Erich, geklettert. Günther war ein Einzelgänger gewesen und störrisch dazu. Später dann, als sich Helmut und Erich stärker der Schule und dem Studium widmeten, wurde Günther mein bevorzugter Kletterpartner. Er zeigte mehr als Begeisterung, wenn es um die Berge ging. Wie selbstverständlich er sich dabei in die Rolle des Seilzweiten fand, ist mir erst später, nach seinem Tod am Nanga Parbat, klar geworden. Konditionell war er mir überlegen, in der Kletterkunst ebenbürtig. Vielleicht fehlten ihm die beiden Jahre Erfahrung, die er jünger war als ich, und die Besessenheit, die mich umtrieb.

Als Fanatiker bezog ich damals eindeutig Stellung fürs Freiklettern, ordnete die Geschichte der Kletterkunst nach der Zahl der geschlagenen Haken – je weniger Sicherungshilfen, desto wichtiger die Tour – und kletterte viel allein.

Günther und ich wurden zwangsläufig eine Seilschaft, bald die ideale Seilschaft. Wenn es Günthers Zeit erlaubte – er arbeitete als Bankkaufmann zuerst im Gadertal, dann in Bruneck –, kletterten wir zusammen. An jedem Wochenende, den ganzen Sommer über. Wir haben nie im Jahresrückblick gezählt, wie viele Touren wir zusammen gemacht hatten, wir haben aber immer wieder von Erstbegehungen geträumt, haben geplant, Wände studiert, trainiert. Wir dachten nur in die Zukunft.

Die Sommer 1967 und 1968 waren unsere erfolgreichsten gemeinsamen Kletterjahre, getragen von einem Gefühl der Unverwundbarkeit, das uns ungebrochen überallhin begleitete. »Uns passiert nichts« oder »Wir kommen durch« waren unsere Standardantworten auf die Zweifel und Warnungen der anderen. »Wenn wir nicht bis zum Gipfel kommen, werden wir eben abseilen. Ganz einfach.«

Unser Bruder Siegfried war nicht nur jünger, er war auch anders. Ihm fehlte dieser instinktive Orientierungssinn in großen Wänden, dieses Selbstverständnis in der Wildnis, mit dem Günther und ich uns bewegten. Bei späteren Klettertouren mit Siegfried habe ich nie dieses tragende Vertrauen empfunden wie zu Günther. Siegfried kletterte ordentlich, seine Kondition war gut. Aber er war nicht so überzeugt vom Durchkommen, dass ich ihn bei Erstbegehungen hätte mitnehmen wollen. Bei Günther war es genau umgekehrt gewesen. Erstbegehungen machte ich am liebsten mit ihm. Er war der beste Partner.

Siegfried ist später Bergführer geworden, ein erfahrener, ausgeglichener Mann. Aber das Klettern als Selbstzweck war seine Sache nicht. Am Stabeler-Turm in den Dolomiten wurde er während einer Tour als Bergführer vom Blitz getroffen und aus der Wand geschleudert. Er starb an den Folgen. Sein Tod als Arbeitsunfall war für mich leichter zu verkraften als Günthers Tod am Nanga Parbat.

Klettern war für mich nicht einfach eine Fortbewegungsart, um vom Einstieg bis zum Gipfel zu kommen. Ich kletterte weniger der Kletterkunst wegen als vielmehr wegen der Spannung vor und während der Tour, die mich antrieb und ängstigte zugleich. Diese Spannung wirkte wie eine Droge.

Das Klettern füllte mich aus. Ich kletterte selbst im Traum, und ich träumte davon, so schwierig zu klettern, dass niemand meine Routen wiederholen könnte. Auch dabei interessierte mich nur das freie Klettern. Die Haken am Standplatz und die wenigen Zwischensicherungen sollten den Totalabsturz ausschalten helfen, nicht aber das Stürzen an sich. An der Grenze des Kletterbaren steigen und doch nicht stürzen, das war es, was ich unter Kletterkunst verstand. Bis jetzt bin ich als Seilerster in schwierigem Klettergelände nie gestürzt.

Im obersten Schwierigkeitsbereich gehört heute das Stürzen zum Klettern dazu. Ohne die Freiheit, stürzen zu können, sind Schwierigkeiten im zehnten und elften Grad nicht kletterbar. Deshalb die vielen Zwischensicherungen, die vielen Speeds, die allerorts an modernen Sportkletterrouten stecken. Der Unterschied zwischen dem heutigen Sportklettern und dem damaligen Freiklettern liegt nicht nur in einer besseren sportlichen Vorbereitung der Akteure, sondern auch in der Absicherung der Wege, ob in der Halle, im Klettergarten oder im Gebirge. Nachdem ich aber als ein Kletterer groß geworden bin, der nicht stürzen wollte, weil er nicht stürzen durfte, kann ich mich mit dem vom Training her weiterentwickelten, perfekt abgesicherten Klettersport nicht anfreunden. Mein Weiterkommen in der Wand entsprach weniger einem sportlichen Verhaltensmuster als vielmehr einem affenartig instinktiven. Trotzdem, auch als kletternder Neandertaler erlaube ich mir höchsten Respekt vor der physischen Leistungsfähigkeit der jungen Verrenkungskünstler an der Wand.

Als ich den Grödner Kletterer Gioam Batista Vinatzer de Val zu seinem 80. Geburtstag zu mir nach Juval einlud, tat ich es aus Hochachtung vor einem der besten Kletterer aller Zeiten. Vinatzer erzählte noch einmal von der Erstbegehung der Furchetta-Nordwand. Das war 1932 gewesen. Mit Gioani Rifesser. Die beiden waren an einem einzigen Tag über die 800 Meter hohe Kante der Furchetta geklettert, wobei sie in der Gipfelwand eine neue Route eröffneten, die heute noch zu den schwierigsten im Dolomitenraum zählt. Schwierig nicht nur wegen der steilen und hakenabweisenden Felsen, sondern vor allem wegen der Brüchigkeit des Gesteins.

Vinatzer erzählte also, warum er kletterte und dass er kletterte, ohne viel stehen zu bleiben. Aber er wusste nicht mehr, wie. Er konnte mir auch nicht sagen, wo genau er hochgestiegen war. Er wusste nur noch, dass er gestiegen war, immerzu weitergeklettert. Er sei so konzentriert gewesen, erinnerte er sich, dass er alles um sich herum vergaß. Das, was hinter ihm lag, und das, was weit vor beziehungsweise über ihm lag.

»Ich sah nur die Felsen unmittelbar vor mir. Ich sprach mit den Griffen, mit den Tritten. Mir war, als wäre ich Teil des Felsens geworden.«

»Und wie habt ihr euch gesichert?«

»Oft konnte ich dreißig, vierzig Meter weit keinen Zwischenhaken schlagen«, erzählte der alte Vinatzer aufgeregt, als wäre die Sturzgefahr noch da. »Ich bekam einfach keine Hand frei. Ich kletterte und kletterte und kletterte.«

»Und beim Standplatz?«, fragte ich.

»Da haben wir uns schon irgendwie angebunden. Aber das Seil hätte einen Sturz von sechzig oder siebzig Meter sowieso nicht gehalten.«

»Ein Stück über der ›Dülferkanzel‹ ist die Wand doch völlig geschlossen«, sagte ich.

»Vor allem ist sie brüchig. Wenn die Tritte unter den Zehenspitzen anfangen zu bröckeln, musst du leicht werden, ganz leicht, und du musst daran glauben, dass die Griffe dich halten. Sonst geht nichts.«

Vinatzer de Val war zwischen 1932 und 1936 mit Sicherheit der beste Felskletterer der Welt. Das lag jetzt 60 Jahre zurück. Und doch spürte ich aus jedem seiner Worte, aus jeder Handbewegung, dass die einzelnen Kletterpassagen, die Details, die Wandstruktur in seiner Erinnerung gespeichert geblieben waren. Er erzählte, als hinge er in der Wand.

Trotz all seiner Erstbegehungen war dieser Vinatzer fast völlig vergessen worden. Auch in der Szene. Als er im Herbst 1993 starb, erinnerten nur einige wenige Redakteure in alpinen Fachzeitschriften an seine bahnbrechenden Künste. Auch für Vinatzer war das Klettern ein Abenteuer gewesen, weniger Sport. Eine 500 Meter hohe senkrechte Felswand reichte ihm völlig, um sich der Natur bedingungslos auszuliefern. Die Fähigkeit, ohne Zittern einzusteigen, über Tage hinweg ausgesetzt zu sein, barfuß zu klettern, Routen für gangbar zu halten, die niemand sonst auch nur sah, und sie zu gehen, ohne dabei zu denken oder zu stürzen, machte seine Kletterkunst aus.

Es war um die Mittagszeit, als wir in die Gipfelzone der Cima della Madonna kamen. Acht oder neun Seillängen lagen hinter uns. Wir waren jetzt warm geklettert, nicht mehr voll konzentriert, übermütig. Ich kletterte zügig und schnell und so selbstvergessen, dass ich nicht merkte, dass das Seil bald aus war. Als Günther »noch fünf Meter« rief, suchte ich nach einem Standplatz. Wenig über mir erkannte ich eine Einbuchtung, in der ich glaubte, einen Haken anbringen zu können. Als ich die Stelle aber erreichte, entpuppte sich das, was ich als seichte Nische gedeutet hatte, als winzige, völlig glatte Rampe, die nach rechts oben leitete. Weit und breit keine Hakenritze. Ich hoffte, am oberen Ende der Rampe Stand machen zu können, und ging das Seil bis zum letzten Zentimeter aus. Die Finger an einer abschüssigen Leiste, die Fußspitzen auf Gegendruck an die glatte Felswand gepresst, stieg ich langsam aufwärts. Es war sehr anstrengend. Vor allem für die Fingermuskulatur.

Als ich am oberen Ende der Rampe angekommen war, konnte ich wieder keinen Standplatz ausmachen. Höher oben schien es noch schwieriger zu sein. Ich wurde unruhig. Hektisch suchte ich die paar Quadratmeter Fels vor mir nach Ösen, nach Ritzen, nach Löchern ab.

»Seil aus.«

Nichts. Öfter schon hatte Günther »Seil aus« gerufen.

»Ja, ich weiß es«, brüllte ich aufgeregt zurück.

In diesem schwierigen Gelände ohne einen einzigen Zwischenhaken weiterzusteigen und Günther nachkommen zu lassen war nicht nur gegen jede Bergsteigerregel, es war Wahnsinn. Aber wie sollte ich mich retten? Ich stieg über die Rampe zurück bis in die Mulde, dorthin, wo ich vorher auch keinen Standplatz hatte bauen können. Nichts.

Beim Abstieg plagten mich Krämpfe in der linken Hand. Verzweifelt suchte ich nach Ritzen. Nichts, nichts, nichts. Nicht einmal den Anseilknoten hätte ich lösen können. Ich spürte, ich würde mich nicht mehr lange halten können, und setzte in einer Art Flucht nach oben alles auf eine Karte. Ohne meinen Bruder einzuweihen, kletterte ich los. »Nachkommen«, brüllte ich. »Nicht ausnageln, sofort nachkommen.«

Ich wartete nicht auf eine Antwort. Ich stieg. Zuerst die Rampe nach rechts aufwärts, dann senkrecht empor. Ich konnte mich wegen der Fingerkrämpfe kaum noch an den winzigen Griffen festhalten. Günther musste sich inzwischen vom Standhaken losgebunden haben, denn die Seile wurden leichter.

»Ich komme«, schrie er, und ich wusste, dass wir in diesem Augenblick nur an zwei fünfzig Meter langen Perlonseilen hingen, beide vierhundert Meter über dem Kar und ungesichert. Nur Hände und Füße am Fels, sonst nichts. Wäre einer gefallen, hätte er den anderen mitgerissen.

Mein Vertrauen in Günther war unendlich groß. Aber meine Fingerkraft war zu Ende. Mit einem letzten verzweifelten Griff rettete ich mich an das obere Ende einer fünf Meter hohen senkrechten Wand, hinter der es leichter wurde. Ich fand einen Felszacken, legte das Seil herum und atmete durch.

»Warten!«

»Ja.«

»Ich baue Stand.«

Keine Antwort.

Also hatte Günther verstanden, was ich getan hatte. Er wartete. Ich schlug einen Haken, band mich an und ließ meinen Bruder nachkommen. Als er bei mir stand, verloren wir kein Wort über die dramatische Situation. Die restlichen Seillängen zum Gipfel waren leicht. Und trotzdem blieb ein Zittern in meinen Fingern. Das Zittern jener Schrecksekunde, als wir unter Lebensgefahr geklettert waren.

Ich machte mir Selbstvorwürfe. Ich hätte früher Standplatz machen sollen. Ein kleiner Fehler und noch ein kleiner Fehler sind nicht zwei kleine Fehler, sondern ein riesiger, oftmals tödlicher. In einer solchen Situation bleibt einem nur noch das Glück.

Ich hätte am Ende nicht einmal eine Hand frei gehabt, um mir die Seile vom Leib zu schneiden.

Jahre vorher hatte ich in der Nordwand der Großen Fermeda eine ähnliche Situation erlebt. Wir waren zu viert geklettert und befanden uns knapp unter dem Gipfel. Eine konkave, senkrechte Rinne führte offensichtlich in leichtes Gelände. Und weil ich keinen Haken schlagen konnte und über einen letzten Felsbauch ohne Zwischensicherung nicht klettern wollte, verharrte ich mitten in der Seillänge zu lange an ein und derselben Stelle, bis mir die Kraft ausging. Ich wusste, der Standplatz darunter war nicht gut, und mein Sturz hätte für alle ein hohes Risiko bedeutet. In dieser aussichtslosen und lebensbedrohlichen Situation wuchsen mir Kräfte zu, von denen ich vorher nichts geahnt hatte. Ich überwand die Stelle, und wir erreichten wenig später den Gipfel. Beim Blick ins Tal wurde mir übel. Ich wandte mich vom Abgrund weg, als ob nichts geschehen wäre.

Im Traum kletterte ich kürzlich bis in den Winkel unter ein etwa vier Meter weit ausladendes Felsdach, das mir den Weg zur Wand darüber versperrte. Ganz draußen an der Kante des Felsdachs hing eine Schlinge. Wenn ich bis dorthin komme, dachte ich, ist es geschafft. Also packte ich den Überhang an. Und langsam, mit den Füßen einmal frei in der Luft baumelnd, dann wieder waagerecht an die Felsdecke gepresst, schwang ich mich nach draußen. Als ich die Schnur an der Dachkante erwischte, klammerte ich mich an ihr fest. Ich verspürte keinerlei Angst, nicht die geringste Unruhe. Ich fragte mich auch nicht, ob die Schnur hielt. Tausend Meter über dem Abgrund blieb ich ganz ruhig. Das Kar unter mir wirkte flach. Plötzlich sah ich mich ein Messer aus der Hosentasche ziehen. Wie in Trance setzte ich zum Kappen an. Während ich mich mit der linken Hand an der Schnur festhielt, schnitt ich sie mit der rechten durch, und in dem Moment, als ich fiel, begann ich zu fliegen, und ich flog weit hinaus in die morgendliche Dolomitenlandschaft.

2

Vom Sammeln als Trieb

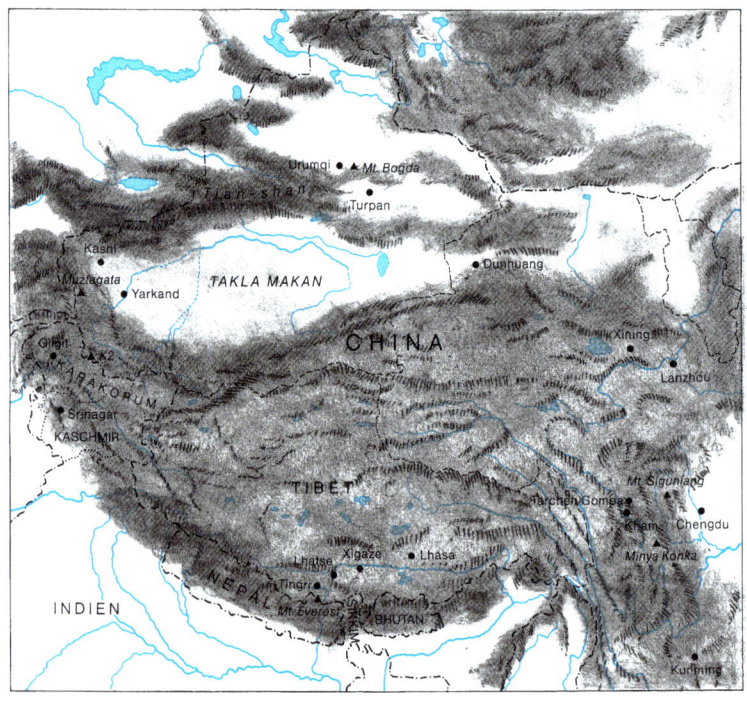

Der tibetische Sagenheld Gesar

Im Herbst 1981 kaufte ich bei der Galerie Koller in Zürich eine feuervergoldete Bronzefigur aus Tibet, die Ling Gesar darstellt. Die Entdeckung dieser Figur war einer jener Zufälle, denen wir später gerne eine schicksalhafte Bedeutung zuschreiben.

Meine beiden ersten Tibetreisen hatten einen tiefen Eindruck vom Glauben und von der Ausstrahlung der Menschen auf dem »Dach der Welt« hinterlassen. Noch aber wusste ich vom Gesar-Epos nichts, wenngleich ich seit zehn Jahren Tibetica gesammelt hatte. Nachdem ich die Figur erworben, zu Hause aufgestellt und verinnerlicht hatte, begann ich in Tibet nach ihrem Ursprung zu forschen. Und ich sammelte alles zu Gesar. Als ginge es um sein Erbe.

In Tibet lebt Gesar immer noch, nicht nur in Erzählungen, in Kunstwerken und an bestimmten Orten, sondern vor allem in den Köpfen der Menschen. Denn nur dort ist er vor dem Zugriff der Chinesen sicher.

Ob die Gesar-Geschichte geträumt, erfunden oder nacherzählt war, blieb unwichtig. Ihre Gestalten begleiteten mich in Tibet, plagten mich in meinen Träumen und zwangen mich, alles zu sammeln, was ich zum Thema fand.

Die Überlieferung jener Legende verfolgte mich bis nach Juval, als wäre es Gesar selbst, der auf seinem Falben meteoritenhaft einmal da und einmal dort auftauchte, um meine Burg als die seine einzunehmen.

So chaotisch das Leben Gesars gewesen sein mochte, das Umherwandern vieler Khampas auf der tibetischen Hochfläche war verworrener: Ihr Lebensweg führte durch ein Labyrinth von Schluchten, Pässen und Wüsten.

Ling ist überall

Im Sommer 1986, bevor ich die beiden Achttausender Makalu und Lhotse besteigen wollte, reiste ich für drei Monate nach Tibet. Mein Ziel war unter anderem Kham im ehemaligen Osttibet, wo ich hoffte, Ling zu finden, jenen Ort, den Gesar in seinem Adelstitel geführt hatte. Zusammen mit Sabine und dem Khampa Tarchen, der Tibetisch und Englisch sprach, reiste ich nach Lhasa. Von dort sollte es im Jeep weiter nach Norden gehen. Tarchen, der mir als Übersetzer wertvolle Dienste leistete, erzählte von den Befreiungskämpfen der Tibeter in den 50er und 60er Jahren. Um näher an die Gesar-Geschichte heranzukommen – mein Tibetisch reichte gerade aus, um mich nach einem Weg zu erkundigen –, wollten wir uns später von Golmud aus auf den Weg nach Tarchen Gompa machen, wo unser Dolmetscher einst eine Klosterschule besucht hatte und die Mönche alles über Gesar wussten.

Ling wird in der Gesar-Legende immer wieder als der Ort genannt, an dem der Königssohn Gesar seinen Sitz gehabt haben soll. Der Legende nach Held, König und Weiser, ist er, wie alle Religionsstifter, denen Macht auch über den menschlichen Geist zugesprochen wird, nicht nur von dieser Welt.

Gesar ist Gottes Sohn. Und er kommt auf die Erde, weil die Menschen in Bedrängnis sind, der tibetische Adel sich im Kampf um die Macht zerfleischt, Not und Verzweiflung herrschen. Im Gegensatz zu Buddha und Jesus ist Gesar freilich kein Pazifist, sondern ein Krieger. Seine Mission macht er davon abhängig, dass ihm der Göttervater seine Wunderwaffen mitgibt. Er wird sie brauchen.

Jahrhundertelang, so erfuhr ich in Lhasa, soll das überlieferte Epos zu dieser widersprüchlichen Lichtgestalt aus dem tibetischen Sagenkreis aufgeführt worden sein: in Kham, der nächsten Nähe von Ling, hoch oben in den Bergen, in einem gigantischen Naturtheater.

Seit ich die drei Spannen hohe Bronzefigur des Gesar besaß, hatte ich mich in die Geschichte des Königs von Ling eingelesen und vertieft. Ich kannte das Gesar-Epos zwar nur aus der Literatur, war aber trotzdem fasziniert vom geschichtlichen, mythologischen und religiösen Hintergrund. Gesar symbolisierte das Tibetische schlechthin.

Es war daher nur allzu verständlich, dass die chinesischen Besatzer das Spielen des Stückes in Tibet seit drei Jahrzehnten zu verhindern wussten. Zwischen 1960 und 1985 soll das Epos nie mehr aufgeführt worden sein. Mehr noch: Viele Wandmalereien und Bronzen mit der Figur des Helden waren verschwunden. Wer also die Kultur der Tibeter an den Rand drängen wollte, musste nicht nur den Dalai Lama vertreiben, Gesar sollte aus den Köpfen der Menschen verbannt werden. An dessen Stelle versuchten die Machthaber einen neuen Helden zu setzen: Mao Tse-tung.

Die Kunde, dass das Epos im Sommer 1986 wieder aufgeführt werden sollte, war nicht bis Lhasa oder Nepal gedrungen, sodass ich, als ich in die Gegend kam, von den Vorbereitungen zu einem Fest noch nichts wusste.

In Lhasa begegnete ich einem Amerikaner chinesischer Herkunft, der Tibet erstmals bereiste. Sein Wissen über dieses Land war beeindruckend, seine Neugierde, auch zu Gesar, gefiel mir. Wir kamen ins Gespräch.

»Haben die chinesischen Machthaber in Tibet wirklich ein politisches Interesse, das Gesar-Epos zu unterbinden?« Er zweifelte daran.

»Ja. Weil die Figur des Gesar politischen Zündstoff enthält. Sie ist mit Visionen und Prophezeiungen verbunden. Die Zentralregierung in China will die tibetische Kultur auslöschen. Das Gesar-Epos ist Teil dieser Kultur. Wer ein Land erobert und dessen Menschen über lange Zeit ihre Kultur vorenthält – ihre Epen, ihre Lieder, ihre Sprache und ihre Religion –, hat auch die Menschen besiegt. Die Chinesen wollen nicht nur das Land, sie wollen auch die Menschen in Tibet verändern. Es gibt schon heute wesentlich mehr Chinesen in Tibet als Einheimische. Niemand weiß, wie viele Tibeter von den neuen Machthabern umgebracht worden sind; Hunderttausende sind geflohen, fast alle Kulturdenkmäler wurden zerstört. Die unzähligen Menschenrechtsverletzungen in Tibet sind in den reichen Industrieländern kaum beachtet worden. Weil alle demokratischen Industrieländer mit China ins Geschäft kommen wollen. «

»Die Freiheit, seine Religion auszuüben, seine Epen aufzuführen, ist doch nicht so wichtig wie politische Eigenständigkeit. «

»Das sehe ich als Südtiroler anders. Während des Faschismus haben die italienischen Machthaber unter Mussolini in Südtirol versucht, die Kultur auszulöschen. Die deutsche Sprache war natürlich nicht verboten. Daheim wurde Deutsch geredet, aber in der Schule, in den Ämtern, vor Gericht durfte nur Italienisch gesprochen werden. Hätte die Zentralregierung diese Einschränkung bis heute durchgehalten, wären wir jetzt italienisiert. Denn wir Südtiroler sind zu wenige, um eine Sprache gegen Repressalien von außen zu verteidigen. «

»In den nächsten Jahrzehnten sollen angeblich 700 Sprachen auf der Welt verschwinden. «

»Umso notwendiger ist es, sich dafür einzusetzen, dass das Gesar-Epos wieder aufgeführt wird. Die tibetische Sprache lebt auch in diesem Epos weiter, das zwischen Baltistan und Kham, zwischen Solo Khumbu und Seidenstraße gesungen wurde. Es muss wieder gezeigt werden und wachsen, wie es über die Jahrhunderte hinweg entstanden ist. «

»So viel Begeisterung hätte ich Ihnen nicht zugetraut. «

»Vielleicht geht Gesars Pferd mit mir durch. Aber ich liebe diese

Figur. Die Gesar-Sage ist den Tibetern das, was den Deutschen das Nibelungenlied, den Griechen Ilias oder Odyssee und den Briten die Artus-Sage bedeutet.

Niemand weiß, wann die Gesar-Legende entstanden ist, ob im 7. Jahrhundert vor oder nach Christus, ob der Name Gesar vielleicht sogar eine Abwandlung des römischen Cäsar ist. Wir wissen nicht einmal, ob Gesar wirklich gelebt hat oder nur die Traumvorstellung dessen ist, was sich ein bedrücktes Volk von einem wirklichen Erlöser erhoffte. Mündlich war die Sage weitergegeben, immer aufs Neue ausgeschmückt und der Zeit angepasst, ergänzt und erweitert worden, bis in späterer Zeit tibetische Mönche sie niedergeschrieben haben. Noch viel später, in der Mitte des 19. Jahrhunderts, kam die Kunde von Ling Gesar bis zu uns. Endlich hatte auch das Abendland Kenntnis von einem Heldenlied, das zur Weltliteratur gehört. «

» Davon habe ich bis heute nichts gemerkt. «

» Das Gesar-Epos ist für mich der Angelpunkt der tibetischen Kultur geworden: für die Geschichte des Landes, für seine Weite, seine Menschen. Mich fasziniert dieser Held als Spiegelbild eines Volkes, auch wenn es ihn so nur erfunden hätte.

Ich würde mich freuen, wenn mehr Menschen die Legende kennen würden. Wie die Göttliche Komödie von Dante oder den Faust von Goethe. «

Auch ich wusste lange nichts von Gesar. Vielleicht weil die Chinesen diese Sagengestalt vor Touristen versteckten, vielleicht weil mein Tibetisch nur zum Feilschen reichte. Und im Basar kam Gesar nicht vor. In keinem Kloster, auf keiner Thanka, nicht im Potala und nicht in den Museen im Westen. Nicht einmal am Parkor, beim großen Rundgang um den alten Dschokang-Tempel in der Mitte von Lhasa, hatte ich den Namen je gehört. Als ich dem Helden erstmals in jener Kunstgalerie in Zürich, die sich unter anderem auf Tibetica spezialisiert hat, begegnete, war es Liebe auf den ersten Blick. Die feuervergoldete bronzene Reiterfigur sprach mich so stark an, dass ich sie um jeden Preis gekauft hätte. Trotzdem feilschte ich, weil das Handeln bei mir wie bei den Khampas immer als Ritual zum Erwerb dazugehört: Feilschen als Zeremoniell meiner Sammelleidenschaft.

Die Besitzerin des Ladens, eine feingliedrige alte Dame, versuchte mich über den Kunstwert der Figur aufzuklären, doch ich hörte kaum hin. Ich hatte erkannt, dass die Bronze aus Tibet kam, dass sie einzigartig war, doch was mich viel mehr interessierte, war die Geschichte, die zu ihr gehörte.

Ich erwarb die Figur, nahm sie mit nach Hause und begann, über Gesar zu forschen und zu lesen. Als ich 1985 von Villnöß nach Juval umzog, wurde Gesar einer meiner Bauberater. Den großen Saal, den die Einheimischen »Rittersaal« nannten, taufte ich nach Gesars erster Frau um in »Saal der Tausend Freuden«. Diesen Raum wollte ich einzig mit Sammelstücken zur Gesar-Legende dekorieren: Thankas, einer Lanze, Skulpturen. Die feuervergoldete Bronze, die anfangs im Zentrum stand, stellte ich später in den tantrischen Raum, denn Gesar war auch ein Tantriker gewesen. Bon po und Lamaist, König und Kommunist.

Für mich war es mehr als nur purer Zufall, dass meine Reise nach Osttibet mit der ersten Wiederaufführung des Gesar-Epos zusammenfallen sollte. Wenn es mir auch nicht gelingen sollte, das Schauspiel zu beobachten und zu fotografieren, so war ich doch völlig zufrieden, im richtigen Augenblick unterwegs zu sein. Gesar gehörte inzwischen wie mein Schatten zu meinem Leben.

Von einem chinesischen Freund in Lhasa erhielt ich ein Schriftstück, eine Art Bitte, dass man mir auf dem Weg nach Tarchen Gompa helfen solle, dem Kloster, das angeblich in der Nähe des Ortes Ling angesiedelt war. Außerdem stellte er uns einen Jeep mit Fahrer zur Verfügung, der uns in das Gebiet bringen sollte. Damit hatten wir eine mehr oder weniger offizielle Möglichkeit, dorthin zu reisen, wo mein Held Gesar, der auch den Zunamen »von Ling« getragen hatte, seine Burg unterhalten haben soll.

Tarchen, genannt Tarzan, hatte ich in Kathmandu als Führer angeheuert. Er lebte seit bald zwanzig Jahren in Nepal im Exil. Er hatte einst zu jenen kriegerischen Khampas gehört, die im Westen des Landes mit Waffen aus der Schweiz und amerikanischer Unterstützung gegen die Chinesen gekämpft hatten. Den Beinamen Tarzan hatte er sich später in Nepal selbst gegeben und so verraten, dass die Fernsehkultur stärker war als das Gesar-Epos. Seinen wirklichen Namen Tarchen verdankte der moderne Held dem gleichnamigen Kloster, in dem er erzogen worden war.

Tarchen hatte sich bereit erklärt mitzukommen, weil er seine Heimat und einige Verwandte wiederzusehen hoffte. Die Chinesen würden ihn nicht erwischen, und wer sonst würde ihm seine Guerillatätigkeit vorwerfen?

Von Lhasa aus fuhren wir durch Wüsten und Hochsteppen mit dem Jeep nach Norden bis Golmud, an Konzentrationslagern vorbei, durch schwarze Gebirge und weiter Richtung Osten. Zuletzt ging es nach Süden, Richtung Tarchen Gompa, das zum alten Tibet gehört hatte. Früher hatte die Gegend einfach Kham geheißen, jetzt wies die Landkarte sie als Provinz Sichuan aus. Die Khampas stammten von dort, und auch die Sherpas waren von dort gekommen. Sherpa bedeutet: der Mensch aus dem Osten.

Etwa 400 Kilometer vor dem magischen Ort Ling geriet unser Fahrzeug ins Schleudern, kam von der schneebedeckten Straße ab, überschlug sich ein paar Mal und blieb auf dem Dach liegen. Im Nu war ich im Freien und roch, dass das Benzin – wir hatten 120 Liter als Reserve in einem Fass dabei – auszurinnen begann. Instinktiv riss ich Sabine aus dem Auto, Tarchen und der Fahrer kletterten selbst heraus. Wir rannten davon. Bevor der Jeep explodieren würde, mussten wir weit genug weg sein. Es passierte nichts. Nach einer Weile schlichen wir uns zurück, um den Schaden zu begutachten. Das Fahrzeug war unbrauchbar, doch wir wollten unsere Reise trotzdem fortführen. Der Fahrer ging fort, um Hilfe zu holen. Wir anderen nahmen unsere Habseligkeiten und versuchten uns zuerst per Autostopp, später zu Fuß und unsere Sachen auf

Karren ziehend bis Kham durchzuschlagen. Es war zuerst schwierig, später schier unmöglich weiterzukommen.

Unser Papier war wenig wert. Bei jeder Kontrollstelle – Tarchen gelang es immer wieder, sich rechtzeitig zu verstecken – wurden wir verhört, manchmal tagelang festgehalten. In den Ämtern wurde geschimpft, gezögert, taktiert, gezweifelt. Unser Papier war zwar echt, aber es galt nicht. Offiziell gab es für dieses Gebiet keine Genehmigung. Wo sollte die unsere also her sein? Mit viel Mühe, nicht ohne Risiko und gegen alle Reisebeschränkungen schlugen wir uns in zwei Wochen bis nach Tarchen Gompa durch. Im Kloster versteckten wir uns.

Tarchen kam bei seinen Verwandten unter. Er hatte mehr Angst vor den Chinesen als wir und tauchte immer seltener auf.

Sabine und ich gingen in die Berge, erkundeten die nähere Umgebung. Oft brachen wir früh auf, in der Dämmerung kamen wir ins Kloster zurück. Dabei beobachteten wir, wie Hunderte von Reitern in der Gegend zusammenströmten, Pferde geschmückt wurden, ein Fest beginnen sollte. Was hatte das zu bedeuten?

Nicht unweit von uns, westlich vom Kloster, fanden wir die Stelle, ein etwa sieben Hektar großes Feld, die natürliche Bühne also, wo das Spiel von Gesar aufgeführt worden war: mit vielen Statisten, tausend Reitern, Felsen wie Burgen. Und jetzt sollte das Gesar-Epos wieder gezeigt werden, an der altbewährten Stelle.

Ich war völlig hingerissen. Ich musste dabei sein, es sehen, fotografieren, wenn das Schauspiel erstmals seit der Kulturrevolution wieder gezeigt wurde. Ein gigantisches Naturtheater lag vor uns, mit einer riesigen Hochfläche als Bühne, Bäumen und Felszacken als zeitlosen Statisten, einem See als Kulisse und dem über allem aufragenden 6000 Meter hohen vergletscherten Berg als Vorhang hinter allen Vorhängen. Eine ähnliche Bühne hatte ich nirgendwo auf der Welt gesehen. Im Vergleich zu dieser natürlichen Szenerie war eine Opernaufführung in der Arena von Verona ein Puppentheater.

Das Gesar-Epos verlangte nach großen Räumen. Der Held

konnte nicht nur reiten, er konnte fliegen und mit seinem Pferd – einem Goldfuchs – senkrecht die Berge hinaufklettern, sich in Nichts auflösen. Immer und immer wieder ließ ich den Blick über die Landschaft schweifen. Gesar war immer noch da, spürbar in jedem Winkel dieser Ebene, die mit ihrer Weite das Gefühl für Entfernungen aufhob, sichtbar in den Wolkenbäuschen, die oft wie Gesichter auf den Bergspitzen hockten.

Gesar ist ein widersprüchlicher Held. Geboren wird er nicht von der Göttinnenmutter des Windes und auch nicht von einer Jungfrau. Seine Mutter ist die Frau eines Fürsten, die bis dahin unfruchtbar gewesen war. Sie hat das gebärfähige Alter bereits überschritten, als sie Gesar empfängt, und gerät in einen schweren Erklärungsnotstand. Wie ist es zur Schwangerschaft gekommen? Ihre Antworten bleiben unglaubwürdig, und wenig hilft ihr dabei, dass der göttliche Gesar bereits aus dem Mutterleib mitredet. Auch die Geburt verläuft menschlich. Zwar entwickelt der zum Heldenleben Geborene schon als Kind Riesenkräfte, sein Aussehen aber ist derart abstoßend – »Rotznase« ist sein Spitzname –, dass ihm niemand den göttlichen Ursprung ansieht. Sehr zum Leidwesen seiner Mutter.

Trotzdem hat der unansehnliche Junge Glück bei den Frauen. Früh heiratet er eine Dame, deren Name Aralgho Goa »Tausend Freuden« bedeutet. Seiner Lust folgend, ergänzt er diese leidenschaftliche Verbindung sogleich um die Jagdgenossin Adschu Mergen, die, eine tibetische Amazone, vortrefflich mit Pfeil und Bogen umzugehen versteht.

Die große Stunde des Helden bricht an, als eine fremde Prinzessin, Rogmo Goa, nach Tibet kommt, weil sie in ihrer Heimat keinen ihr ebenbürtigen Mann gefunden hat.

Was jetzt mit Gesar geschieht, der dieser tibetischen »Brunhilde« begegnet, ist in der klassischen Erzählung vom Entlein, das zum Schwan wird, weil es auserwählt ist, zusammengefasst. Rogmo Goa kämpft nicht selber, sie hat je drei unbesiegbare

Bogenschützen und Ringkämpfer mitgebracht. Keiner der zusammengelaufenen 10 000 Tibeter, keiner der 30 Helden, die sie heiraten wollen, kann ihre Krieger besiegen. »Rotznase« aber, der unscheinbare, hässliche Gesar, schafft es.

Rogmo Goa ist über den abstoßenden Anblick des Siegers dermaßen entsetzt, dass sie sich sofort eine weitere Prüfung ausdenkt: Gesar soll Essen für alle herbeizaubern. Diese »Brotvermehrung« erinnert stark an die Speisung der 5000 im Neuen Testament. Während jedoch Jesus über fünf Brote und zwei Fische verfügte, muss Gesar – wir sind in Tibet – mit 70 Schafsrippen und einer Branntweinflasche arbeiten. Es gelingt ihm nicht nur, diese Aufgabe zu lösen, sondern auch noch die flüchtende Rogmo Goa einzufangen. Die Prinzessin hat zwar ihren Prinzen gefunden, aber partout keine Lust, mit diesem Ausbund an Hässlichkeit zu leben.

Im Abendland müsste sich nun die Gattin bewähren, bis sie für ihr stilles Ausharren belohnt wird. Nicht so im »Land der Mitte«. Rogmo Goa klagt so lange, bis Gesar, des Gejammers überdrüssig, ihr in strahlender Heldengestalt erscheint und ihrer beider Liebe nichts mehr im Wege steht. Dabei zeigt sich leider auch, dass Gesar in sexueller Hinsicht von eher schlichtem Gemüt ist. Zu der auf ihm liegenden Rogmo Goa spricht er: »Es ist Sitte, dass der Mann auf der Frau liege, nicht aber die Frau auf dem Manne.«

Mit drei Frauen hat Gesar jetzt ein befriedigendes Privatleben. Drei Burgen richtet er seinen Frauen ein, reist von einer zur anderen und erledigt zwischendurch Aufgaben, wie sie eines Helden würdig sind. Mitten in dieser Idylle erreicht ihn der Ruf, nach China zu eilen, um der Bevölkerung dort zu helfen.

Den Chinesen ist von ihrem Kaiser, der sich über den Tod seiner Frau nicht beruhigen kann, Dauertrauer verordnet worden. Der Herrscher selbst sitzt da wie eine Statue, den Blick ins Leere gerichtet, den Leichnam seiner Gattin in den Armen haltend. Gesar schleicht sich in den Palast, stiehlt dem schlafenden Herrscher die Leiche und ersetzt sie durch einen Hundekadaver.

Ungerührt lässt Gesar sich am nächsten Morgen von dem tobenden Kaiser in die Schlangengrube werfen. Dank seiner göttlichen Wunderwaffen tötet er alle Giftschlangen, benutzt eine eingeringelte Riesenschlange als Kopfkissen und erwacht ausgeruht am anderen Morgen. Wütend probiert nun der Kaiser das restliche Folterrepertoire an Gesar aus, der aber dank seiner Magie unversehrt Ameisen-, Wespen- und Läusehöhle passiert und den Kampf mit wilden Tieren und Meereswogen überlebt. Selbst den »kupfernen Esel«, auf dem Delinquenten einst zu Tode geglüht wurden, bringt er zum Erkalten.

Gesar hatte erreicht, was er wollte. Der chinesische Herrscher ist endgültig geheilt. Er ist mit Gesar und dessen Demütigungen so beschäftigt, dass ihm zum Trauern keine Zeit bleibt. Also lässt er es ganz sein und gibt Gesar zuletzt seine Tochter zur Frau. Der Held ist glücklich.

Nach drei Jahren im Ausland beschließt Gesar, nach Tibet zurückzukehren. Drei geliebte Frauen warten dort auf ihn. Seine vierte Gemahlin aber, die sich wie alle chinesischen Frauen durch ausgesprochene Willensstärke auszeichnet, bringt sein Leben durcheinander. Sie will mit Gesar fort, er hingegen will ohne sie weg. Was zu viel ist, ist auch für Gesar zu viel. »Entweder bleibst du hier oder nimmst mich mit«, spricht die Tochter des Kaisers beim Aufbruch – und nur mit großer Mühe gelingt dem Helden ein starker Abgang.

Damit beginnt, in der Mitte des Lebens, für Gesar ein Kampf mit sich selbst. Seine Feinde sind nicht mehr draußen zu finden, sondern in seinem Innern. Gesar fühlt sich wie fast alle Männer: zerrissen, eifersüchtig, in seiner Liebe nicht eindeutig orientiert. Was soll er tun?

Nichts wäre langweiliger, als wenn der Dichter der Gesar-Sage auf dieses Leben nun weiterhin Heldentat auf Heldentat gehäuft hätte. Er tut es nicht, sondern schafft den edlen Krieger erst einmal beiseite, in das Schloss der Riesen, die er alle erschlägt, weil sie seine erste Gattin »Tausend Freuden« entführt haben. Die beiden so lange voneinander Getrennten sinken sich in die Arme, und Aralgho Goa, die ihren Gesar jetzt länger für sich haben will, verabreicht ihm Bak, den Trank des Vergessens. Damit ist Gesar vorerst bei ihr und für alle anderen aus der Welt.

In Gesars Abwesenheit kann der Khan der Mongolen in Tibet einfallen. Dieser glaubt, dass es nur eine Frau gibt, die würdig sei, seine Gattin zu werden: Rogmo Goa, die Lieblingsfrau Gesars. Da er weiß, dass Gesar nicht im Lande ist, bricht er mit seinem Heer auf, um sie zu holen. Es entbrennt der sogenannte Schiraigholsche Krieg, der zu einem fürchterlichen Gemetzel wird. Viele Mongolen fallen, Gesars Helden fallen. Am Ende halten nur noch Gesars Frauen durch: Adschu Mergen, die Bogenschützin, entwickelt eine neue Abwehrtechnik. Indem sie mit jedem Pfeil gleich zehn Mann durchschießt, kann sie ihre Rivalin verteidigen. Rogmo Goa selbst kämpft mit Gesars Schwert. Doch umsonst. Es nützt nichts, dass sie mit den Wunderwaffen ihres Mannes streitet wie ein Mann. Am Ende entführen die Feinde sie doch. Unser Held ruht derweil sanft in den Armen von » Tausend Freuden «.

Aber nicht mehr lange. Rogmo Goa lässt ihm eine magische Botschaft zukommen. Ihr Pfeil landet in Gesars Pfeilkasten und rüttelt ihn aus seinem Zustand des Vergessens wach. Bestürzt stellt er fest, dass er zu lange abwesend war. Seine Waffen sind mittlerweile verrostet, sein Pferd ist langsam geworden.

Macht nichts, es geht um alles: Rache, Ehre, Liebe und die Geliebte, die immer dort ist, wo der Held sich verstecken muss. Also wird abgerechnet. Nachdem er Vater und Mutter befreit, die Verräter im eigenen Land bestraft und die Feinde verfolgt hat, zieht Gesar ganz allein – Helden sind einsam – an den Hof des Khans. » Auf dem magischen Braunen, seinen tauschimmerglänzenden Harnisch angelegt, seine blitzfarbene Schulterbedeckung umgelegt, seinen als wie aus Sonne und Mond zusammengesetzten weißen Helm auf sein edles Haupt gesetzt, seine dreißig weißen Pfeile mit den Kerben aus Türkis und seinen straffen schwarzen Bogen eingesteckt und sein drei Klafter langes Schwert aus schwarzem Stahl umgegürtet«, reitet er durch das pastellfarbene Tibet.

In der Gestalt eines Knaben schleicht er sich ein am Hof des Mongolenherrschers. Geduldig wartet er dort ab, bis seine Rachestunde gekommen ist. Der Khan wird zuerst erwürgt, dann geköpft, sein Kind, das Rogmo Goa ihm gebar, getötet. Der Exgattin, die in ihrer Einsamkeit den Khan schätzen gelernt hat, werden Hand und Fuß abgehauen. Die Verstümmelte wird zu ihrer Schande noch mit einem 80-jährigen Schafhirten verheiratet, was sie zum Selbstmord treibt.

Nein, wir sind nicht bei Shakespeare gelandet. Das Drama nimmt eine tibetische Wendung. Der weise Sagendichter muss die moralische Beschädigung seines Helden bemerkt haben: Er lässt Gesar bereuen. Durch magische Kräfte wird alles rückgängig gemacht, und Rogmo Goa bleibt seine Gattin. Undankbarerweise aber – Liebende sind nachtragend – stellt sie ihm eine Falle: Sie lockt ihn zu einem Lama, der Gesar in einen Esel verwandelt. Fortan ist der Transport von Müll seine Hauptaufgabe. Um dem Verrat die Krone aufzusetzen und den Langohrhelden zu verhöhnen, heiratet Rogmo Goa auch noch den Lama. Wie gut, dass wenigstens Sagengestalten mehrere Frauen haben können, ohne in Gewissensnöte zu kommen. So bleibt Rettung möglich. Jetzt ist Gesars zweite Gattin gefordert. In der Gestalt der Schwester des Lamas besucht sie dessen Klosterburg und schmeichelt sich bei dem Ehepaar ein. Als kurzzeitige Leihgabe erbittet sie den Esel, um bequemer nach Hause reiten zu können. Die Flucht gelingt. Mit einer List wird Gesar rückverwandelt und nimmt Rache an dem Lama. Danach trennt sich Gesar endgültig von Rogmo Goa, die er einem einäugigen hinkenden Bettler überlässt.

Gesar wird älter, die Zahl seiner Frauen schrumpft, er bestellt sein Haus. Nachdem er im Reich für Ordnung und Frieden gesorgt und seine Mutter aus der Hölle gerettet hat, darf er alt und weise werden. Er kommt jetzt oft ins Grübeln. In der Unterwelt hat er festgestellt, dass der Mensch nicht nur für seine Taten verantwortlich ist. Er kann auch wegen seiner Gedanken verurteilt werden. Nicht nur Handlungen, auch Vorstellungen können konkrete Gestalt annehmen und somit Kraft und Energie freisetzen: Gesar sucht seine Weltformel.

Um weiter darüber nachzudenken, zieht er sich in die Einsamkeit zurück. In den Grotten eines Berges, »dessen Spitze den Himmel berührt«, meditiert und lehrt er. Seine Getreuen sind bei ihm, behüten und beflügeln sein Denken.

Nach drei Jahren der Meditation kommt er zu einem Ergebnis, das uns den Helden Gesar vergessen und den Menschen Gesar achten lässt. In Form eines Wunsches hinterlässt er seine Botschaft an die gesamte Menschheit und für alle Zeiten:

> »Auf dass von den Bergen die einen nicht hoch und die andern nicht niedrig seien;
> auf dass unter den Menschen die einen nicht mehr mächtig und die andern nicht mehr machtlos seien;
> auf dass an Gütern bei den einen nicht Überfluss herrsche und bei den andern Mangel;
> auf dass das Hochland keine Täler und keine Erhebungen habe;
> auf dass die Ebene nicht überall flach sei;
> auf dass alle Lebewesen glücklich seien!«

Nach dieser Aussage, Jahrtausende vor Marx und Mao gedacht, stirbt er und kehrt in den Himmel zurück, von wo er gekommen ist.

Als Sabine und ich den Festplatz wieder verließen, waren die Reiter noch nicht da. Zurück im Kloster aber machten uns die Mönche Hoffnung, beim Volksfest dabei sein zu dürfen. Wir waren im richtigen Moment vor Ort, um das Gesar-Epos in natura mitzuerleben, ein Schauspiel, das eine ganze Woche lang dauern sollte.

Alles kam anders.

Kurz bevor es so weit war, rückte die Polizei an. Die Verantwortlichen im Kloster drängten zum Aufbruch. Tarchen war verschwunden. Es wurde auch mir zu brenzlig, denn ich verfolgte neben dem Gesar-Fest ein zweites Ziel: Ich wollte den Weg der Sherpa-Wanderung gehen, von Kham bis nach Lhasa. Den Weg von Lhasa nach Solokumbu kannte ich schon. Um die Völkerwanderung der Sherpas nachvollziehen zu können, musste ich den ersten Teil dieser historischen Reiseroute finden, nachgehen und zurückdenken. Für dieses Unternehmen aber konnte ich die chinesische Polizei am allerwenigsten gebrauchen. Ich musste verschwinden, bevor sie mir mit ihren Verboten einen Strich durch die Rechnung machte.

Wie Gesar begab ich mich auf die Flucht, um mein Ziel zu erreichen. Sabine wollte und konnte nicht dabei sein. Die Strecke zu Fuß über die Berge, über Flüsse ohne Brücken, durch Wälder, über das schier endlose Hochland war lang und schwierig. Sabine sollte sich, während ich weg war, zum Schauplatz des Gesar-Epos vorschleichen, Fotos machen und später dann mit Tarchen nach Chengdu reisen, um von dort nach Lhasa zu fliegen. Wir hatten verabredet, dass sie in unserem Hotel auf mich warten würde.

Als ich am Tag des festlichen Einzugs der »Gesar-Reiter« ins Freilichttheater in aller Herrgottsfrühe vom Kloster losging, waren die Chinesen schon unterwegs nach Tarchen Gompa, um uns »Spione« außer Landes zu bringen. In keinem Fall durfte einer von uns Augenzeuge des Schauspiels werden. Ich war bereits weit fort, Tarchen hielt sich weiterhin versteckt, also schnappten sie sich Sabine, verfrachteten sie in einen Bus und schickten sie nach Chengdu. Das Gesar-Schauspiel, sagten sie ihr, würde so wenig aufgeführt, wie es ein Gesar-Schloss in der Gegend gäbe.

Sabine gehorchte, sagte nichts und tat so, als ob auch ich ihr abhanden gekommen wäre.

Wir beide hatten die Höhlen besichtigt, in die der alte Weise sich der Sage nach zum Meditieren zurückgezogen hatte, und wir hatten auch die Felszinnen gesehen, hoch oben am Bergsaum, wo sein Schloss gewesen sein soll. Gesar war also immer noch da. Warum vertrieben uns sonst die neuen Besatzer? Die Geschichte von der »Rotznase« störte die chinesischen Machthaber nicht. Aber ein pubertierender Held, der magische Kräfte entwickelt, alle seine Kameraden im Zweikampf besiegt, die Chinesen und Mongolen überlistet und vertreibt, durfte nicht sein. Noch weniger ein Weiser, dessen Prophezeiungen von einem Heer auf Eisenrädern und in Riesenvögeln sprachen, die auf die brutalen Eroberungsmethoden der Chinesen von heute verwiesen. Diese Voraussage musste unterbunden werden.

In Juval habe ich nicht nur einen Saal nach »Tausend Freuden« benannt und die größte Sammlung zu Ling Gesar angelegt, ich trage alles zu dieser Sagenfigur zusammen: das Schwert, das ihm zugeschrieben wird; eine Lanzenspitze mit einer Inschrift, die er einem Kloster vermacht hat; Türklopfer jener Burgen, wo seine Frauen gelebt haben sollen; Bücher. Gesars fliegendes Pferd ziert als Bronzerelief die Tür zum »Saal der Tausend Freuden«. In Tibet, Nepal, Bhutan und sogar in der Wüste Takla Makan fand ich Abbildungen zur Gesar-Legende. Und ich suche weiter. Ich sammle alles, was ich zu Gesar bekommen kann, am Schwarzmarkt und bei Auktionen, im Osten wie im Westen. Die Händler wissen es und rufen mich an, wenn auch nur ein Steigbügel im Basar aufgetaucht ist, der einem seiner Krieger gehört haben könnte.

Das häufigste Motiv ist Gesar auf seinem Goldfuchs mit Lanze, Schwert und dem Köcher mit Pfeilen. Überall, wo es vorkommt, war einmal Tibet oder umgekehrt: Die ursprüngliche Größe Tibets war identisch mit dem Verbreitungsraum der Gesar-Legende.

Heute noch wird diese Geschichte mit tausend Varianten nacherzählt: im ehemaligen Hunza-Königreich, in Singkiang, in Nepal, in Bhutan. Ein Balti-Träger in Pakistan hat mir Stücke aus dem Epos vorgesungen, als gehörte er selbst zu Gesars Kriegern, und in einer verlassenen Klosterfestung mitten in der Takla Makan gruben wir Reste von Gesar-Terracottas aus dem Sand. In Kham, der Heimat Gesars, wird er immer noch als Gesar-Ling oder Ling-

Gesar vorgestellt, und ich war mir sicher, diesen Ort Ling, der in seinem Adelstitel benannt ist, zu finden. Ich kam bei meinem Marsch nach Lhasa noch an mehrere Orte, wo seine Burg gestanden haben soll. Aber den einen bestimmten Ort Ling fand ich nicht. Ling bedeutet übersetzt »Ort«, und wenn jeder Platz auch Ling hieß, war Ling überall. Wenn Ling also kein bestimmter Ort war, dann war Gesar geographisch nicht einem einzelnen Ort zuzuordnen. Er füllte den gesamten tibetischen Raum. Gesar war überall zu Hause, wo man ihn kannte.

Die Tibeter haben in ihre liebste Legende alle Eigenschaften des Menschen hineingelegt, positive und negative, und jede Generation hat ein Stückchen Gesar, der jeweiligen Zeit entsprechend, dazuerfunden. Natürlich klingt Gesar bei den Balti-Trägern in Pakistan anders als im Epos in Lhasa. Oft habe ich im Karakorum stundenlang dem Singsang des Little Karim gelauscht, eines kleinen, quirligen Hochträgers aus Hushe, der das Epos auswendig konnte. Ohne ein Wort zu verstehen, wusste ich, welche Teile der Geschichte er vortrug. Seine Gesten, Grimassen, Töne verrieten es. Er liebte seinen Helden, und ich mochte beide, Gesar und Little Karim, so gern, dass ich sie auch ohne Worte verstand.

Also musste mein Sohn Gesar heißen. Ich wollte es so. Sabine aber war dagegen und bestand darauf, ihn Simon zu nennen. Mit Gesar als zweitem Namen war sie einverstanden. Ich aber wollte ihn Gesar nennen und war damit einverstanden, dass er im zweiten Namen Simon hieß.

Ich habe das Kind gleich nach der Geburt als Gesar Simon angemeldet, und alle rufen ihn heute Simon, obwohl er Gesar Simon heißt. Als ich der um drei Jahre älteren Magdalena erklärte, dass er nicht Simon, sondern Gesar heiße, antwortete sie lapidar: »Nein, er heißt Simon. Gesar ist kein Wort.« Sie hat recht. Gesar ist kein Begriff. Unser Held ist nicht greifbar, nicht vorstellbar, vielleicht als Name zu einer erdachten Figur erfunden worden. Trotzdem habe ich eine Burg mit ihm und den Nebenfiguren aus seinem Leben gefüllt und werde weiter seine Spuren suchen. So, als hätte es ihn wirklich gegeben.

»Tausend Freuden« hatte ihren Dzong im Norden von Tibet, eine uneinnehmbare Burg am Südfuß des Kun-Lun-Gebirges. Reste der Ruine sind heute noch da, und ich möchte in meinen späteren Jahren dorthin aufbrechen. Mit Gesar Simon vielleicht und meinem Freund Christoph. Mit einer Salzkarawane werden wir von Xigaze nach Norden ziehen, um diese Ruine zu finden. Früher oder später muss ich in Ling ankommen.

Irene Nießen, die dieses Buch lektorierte, stellte mir am Ende dieser Geschichte ein paar Fragen, die mein Verhältnis zur Gesar-Figur und ihrer Mythologie berührten.

»Fühlen Sie sich deshalb von Ling Gesar so angezogen, weil diese Figur etwas verkörpert, das Sie selbst auszeichnet?«

»Irgendwie ja. Innere Zerrissenheit, Vielschichtigkeit – Merkmale, die Gesär charakterisieren – empfinde auch ich. Für meine Person habe ich mir meinen Gesar zurechtgelegt. Ich würde mich zum Beispiel gerne – wie Gesar – in eine Höhle zurückziehen, mich von der Außenwelt abschirmen.«

»Trotzdem, Gesar ist historisch nicht festzunageln?«

»Ist es wichtig, wann, wo und wie er gelebt hat? Die Figur lebt nicht nur von den Fakten, sondern auch von all dem, was jeder Einzelne von uns dazuerfindet. Eine Figur, die in der Phantasie der Menschen entsteht und wächst, verrät die Seele dieser Menschen.«

»Daher Ihre Begeisterung für die Tibeter?«

»Vielleicht. Am liebsten würde ich für immer nach Tibet gehen.«

»Um mit Gesar nach Ling zu reiten?«

»Ja. Denn Gesar ist jeder, und Ling ist überall.«

3

Vom Gestalten meiner Heimat

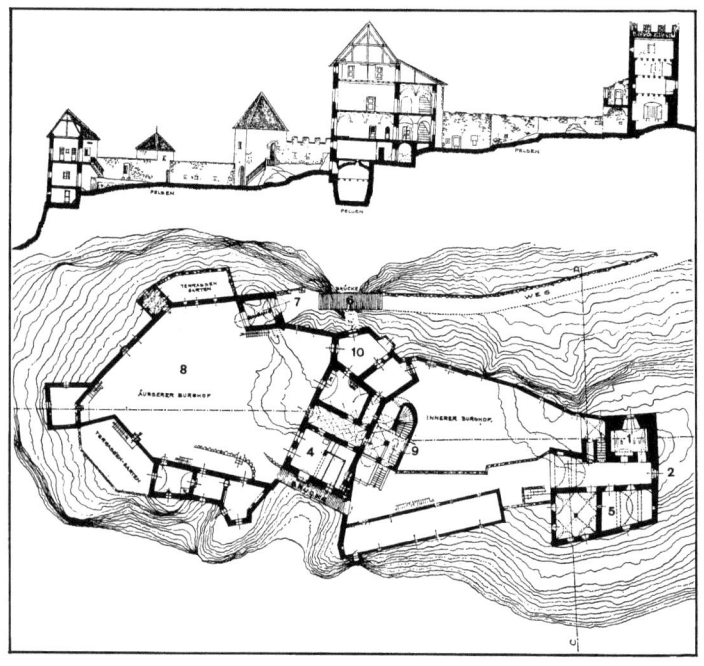

Halbruine Juval

Im Sommer 1983 erwarb ich für einen Kaufpreis von 100000 Mark die Halbruine Juval auf dem gleichnamigen Bergrücken zwischen dem Schnalstal und dem Vinschgau. Während der zehnjährigen Restaurierungsarbeit lebte ich mit meiner Familie in der warmen Jahreshälfte in der Burg, die nach und nach wiederhergestellt wurde, wobei die früheren drei Bauphasen respektiert wurden: die Anlage der Burg durch Hugo von Montalban im 13. Jahrhundert, der Umbau zwischen 1540 und 1548 durch den Kellermeister der Herren von Tirol, Hans Sinkmoser, und der Wiederaufbau in den zwanziger Jahren des 20. Jahrhunderts durch den Kolonialherrn William Rowland.

Trotzdem habe ich der Burganlage meinen Stempel aufgedrückt, und ich habe sie zu meiner Behausung gemacht.

Zehn Jahre lang ließ ich auf Juval Mauern flicken, Dächer richten, Keller instand setzen, um auf der Burg sesshaft zu werden. Ihre Bedeutung lag für mich darin, dass ich dort sammeln und gestalten konnte.

Aus dem Felsen wächst die Burg Juval über der Landschaft des Vinschgaus und der Enge der Schlucht am Beginn des Schnalstals. Kühn, spröde und sicher stehen die Mauern: ein Ort der Ruhe und der Harmonie. Lange hatte ich nach einer geeigneten Ruine gesucht, die ich zu meiner Fluchtburg gestalten wollte. Juval war Liebe auf den ersten Blick. Juval würde meine Burg. Für eine lange Zeit. Inmitten dieser Ruhe aber war immer Bewegung zu spüren: Der Wind wehte, Wolken zogen vorbei, Wasser rann in Bächen von den Bergen. Und ich sollte bleiben?

Der »Spielturm« auf Juval ist nicht viel größer als ein Zelt. Die Farben der Hänge dahinter, die Bergspitzen, das Blau des Himmels zeigen die Jahreszeiten und das Wetter an wie eine Weltenuhr.

Meine Fluchtburg

Das erste Haus, das ich mir im Leben geschaffen habe, stand auf einer Alm, meiner Lieblingsalm, auf Gschmagenhart. Dort hatte ich als Kind die Sommermonate verbracht.

Zehn Sommer lang spielte ich mit meinen Brüdern auf diesem Platz unter den Geislerspitzen, und so konnte ich mir später mein Haus nur dort vorstellen. Ich war naiv genug, mir auszumalen, da oben auch leben zu können. Ohne Straßenverbindung, ohne Telefon und Strom: ins Tal zum Einkaufen und auf den Berg zum Bleiben.

Ich war fünfundzwanzig, als ich mir auf Gschmagenhart ein Blockhaus baute. Aus altem Holz und Steinen von der Alm schichtete ich mit Freunden und ein paar Zimmerleuten eine feste Behausung, einstöckig, sechs mal sieben Meter im Grundriss. Sie bestand nur aus einer Kochnische, einem Wohnraum, einem Schlafzimmer und einer Toilette. Geduscht wurde im Freien unter einer Regenrinne.

Keine ganze Woche habe ich damals in meiner Hütte gelebt. Und auch später wurde sie nicht zu dem, was sie einstmals in meinen Gedanken war: mein Wohnsitz. Denn ich bin ein wandernder Mensch und nur glücklich, wenn ich in Bewegung bin. Bleibe ich zu lange an einem Ort, schlafe ich zu oft im selben Bett, werde ich träge. Ich verliere meine geistige Balance. Wie ich meinen Weg durch die Wildnis finde, weiß ich nicht zu erklären, aber ich weiß, dass ich ganz ruhig dabei bin und mein inneres Gleichgewicht dabei wächst.

Der Mädchenname meiner Mutter ist Troi, und Troi bedeutet, aus dem Ladinischen übersetzt, der Weg. Ihr Vater, mein Großvater, kam aus Colle Santa Lucia im ehemaligen Buchenstein. Er hat lange Wege zurückgelegt zwischen Europa und Amerika, bevor er in Pitzak im Villnößtal sesshaft wurde, zuerst als Gerber, später als Kaufmann.

Auch der Vater meines Vaters war ein halbes Leben lang unterwegs gewesen – als Hirte, Holzfäller, Jäger –, bevor er als Kleinhäusler in St. Magdalena in Villnöß sein Auskommen fand.

Keiner meiner Großväter hat das Reisen verherrlicht, mein Vater hat es vermieden, und doch habe ich es nie zur Sesshaftigkeit gebracht. Mein Leben wurde das eines Halbnomaden: ein paar Monate lang auf Expedition, dann daheim, wo ich Bücher schrieb, dann wieder auf Vortragsreise. Weil ich auch beim Arbeiten, beim Geldverdienen abrufbar sein musste, hinderten mich schon rein praktische Gründe daran, auf einer entlegenen Alm meine Zelte aufzuschlagen. Damit wurde mein Häuschen auf Gschmagenhart ein Stiefkind.

Mein zweites Haus bezog ich 1973, wieder in Villnöß, auf dem Hügel von St. Magdalena. Es war ein altes Objekt, ursprünglich ein Pfarrhaus aus der Mitte des letzten Jahrhunderts. Zusammen mit meiner damaligen Frau hatte ich es unserem Geschmack und unseren Geldmitteln entsprechend renoviert und eingerichtet. Als ich in St. Magdalena einzog, glaubte ich, es sei für immer. »Hier bringt mich niemand mehr weg.«

Dann, 1977, zog meine Frau aus. Wir ließen uns scheiden, und das Haus stand häufig leer.

Getrieben von einer inneren Unruhe und aufgestört durch die Neugierde der Touristen und Dorfbewohner, fand ich in meinem Haus keine Ruhe mehr. Es wurde eine Belastung für mich, in St. Magdalena zu wohnen. Im Sommer kamen die Leute in Bussen in den Ort, und sie schauten mir ungeniert und hemmungslos mit dem Fernglas ins Schlafzimmer. Als ob die Besichtigung meiner Bleibe zum Ferienprogramm gehörte wie die Apfelblüte im Frühling und die Törggelpartie im Herbst. Weil ein Weg vor dem Haus vorbeiführte, wurde mir aufgelauert, wurde ich abgefangen, gestellt. Ich wurde nicht nur unzufrieden, ich wurde scheu. Ich fühlte mich immerzu beobachtet, verfolgt, eingeengt. Es war so unangenehm, beim Verlassen meines Hauses gleich vor der Tür Autogramme geben zu müssen, dass ich anfing, von einer Fluchtburg zu träumen. Mein erster Gedanke an eine Burg als meine Behausung war ein Tagtraum: Hoch oben am Berg, hinter Mauern geschützt, stellte ich mir einen Ort zum Bleiben vor. Mit dem Hintergedanken, mich zu verstecken, zu verschanzen, wie einstmals die »Ritterdeut« auf ihren Burgen, begann ich die Suche nach einer Ruine. Eine intakte Burg hätte ich nicht kaufen können, höchstens eine Halbruine! Ich konnte sie ja wiederherrichten. Dies entsprach auch meinem Bedürfnis, etwas zu gestalten. Auch damals kam es mir primär nicht darauf an, etwas zu haben, zu besitzen, ein Leben lang zu besetzen.

Landauf, landab suchte ich nach meiner Fluchtburg. Für mich als inzwischen »verwurzelten« Südtiroler musste sie in Südtirol stehen, nicht in Österreich, nicht in Bayern und auch nicht in der Schweiz. Bald schon stieß ich auf Angebote. In der Schlucht zum Sarntal war eine Burg zum Verkauf ausgeschrieben, halb Ruine, halb wiederhergerichtet. Sie war nicht nach meinem Geschmack, und es war mir zu schattig dort. Als Nächstes kam ein faszinierendes Anwesen in den Dolomiten auf den Markt, Schloss Prösels unterm Schlern. Zwar war es düster dort und fünf Monate lang Winter. Trotzdem hätte ich es sehr gern bewohnt. Wegen der Lage. Aber meine Geldmittel reichten für den Kauf nicht aus.

Ich hatte die Verhandlungen um dieses Objekt endgültig aufgegeben, da fand ich eine Burgruine im Pustertal. Die Michelsburg in St. Lorenzen. Sie bestand damals nur noch aus nackten Mauern. Kein Dach, kein Fenster, nichts. Aber sie sah so kühn und abweisend aus, so herausfordernd, dass ich neugierig wurde und meine Phantasie Flügel bekam. So stellte ich mir Gesars Burg vor, die Festungen, in denen sich mein Lieblingsheld aus Tibet nach seinen Abenteuern erholt hatte: hoch aufragende Mauern aus Urgestein, dahinter Berg und Wald und Schnee. Diese Burg vor den Gletschern der Zillertaler Alpen war die erste, die ich gestalten wollte. Im Geiste nahm ich sie mit in den Himalaja und malte mir aus, wie ich sie ausbauen würde. Später lernte ich die Besitzerin kennen, und sie wollte mir die Ruine verkaufen. Während einer mehrjährigen Verhandlungsphase – die immer wieder durch meine Expeditionen unterbrochen wurde – entstand die Idee zu Um- und Ausbau, die mir Raum gab zum Kommen und Sammeln und Gehen. Ich stellte mir das Heimkommen vor und das Weggehen. Auch wie ich im Innenhofgelände eine Art Freilichttheater gestalten würde. Aber ich konnte mir die Michelsburg nicht mit einer Frau vorstellen, und deshalb habe ich mich von dem Projekt wieder verabschiedet. Ein Leben ohne Frau konnte ich mir noch weniger vorstellen als ein Leben ohne Burg. Es wäre mir zu kalt gewesen. Waltraud Pizzinini aber, eine warmherzige Hoteliersfrau aus dem Gadertal, besaß neben den ruinösen Mauern der ehemaligen Michelsburg noch ein Objekt, das mich wieder als Gestalter faszinierte: Colz, auf Ladinisch »Gran chasa« genannt. Keine Burg, eher ein Ansitz, ein ummauerter Palast. Colz steht im Herzen der Dolomiten über dem Dorf in Stern im Gadertal. Zwischen Sass Songher und Conturines. Unmittelbar unter dem Heiligkreuzkofel, wo ich 1968 zusammen mit meinem Bruder Günther meine schwierigste Klettertour gemacht hatte. Von den Ostfenstern aus konnte ich den »Mittelpfeiler« sehen, den ich damals in einem gewagten Balanceakt geklettert hatte. Ich hatte mich im letzten Wanddrittel befunden, und der Fels war so glatt, dass ich weder vor noch zurück kam. Auch abseilen konnte ich nicht, denn an der Stelle, wo ich auf einer schmalen Leiste stand, vermochte ich unmöglich einen Haken unterzubringen. Weil ich mich nicht traute, ins Seil zu springen, riskierte ich einen letzten, verzweifelten Versuch und kletterte in einer waghalsigen Aktion nach oben. Sie glückte.

Colz hatte nur einen großen Nachteil: Es stand zu nahe am Dorfkern, und meine Bedenken hinsichtlich der Touristen saßen tief. Wie schon zuvor bei der Michelsburg habe ich verhandelt, aber nicht zugeschlagen. Colz wurde später von Waltraud Pizzinini selbst wiederhergestellt. Sie hat aus dem Ansitz ein Hotel gemacht. Die Michelsburg wurde verkauft und von dem neuen Besitzer mit viel Mühe restauriert.

Schon während dieser Verhandlungen suchte ich auch im Vinschgau nach einer Burgruine. Dieser westliche Teil Südtirols war mir immer der fernste Winkel des Landes gewesen. Ich war oft durchgefahren, um zum Ortler oder in die Ötztaler Alpen zu gelangen, aber nie länger geblieben. Es war mir alles zu weit dort, auch zu weit weg. Nachdem ich mich für die Umsetzung meines Burgtraums zunächst mit dem Pustertal und dann mit dem Eisacktal angefreundet hatte, gefiel mir plötzlich sogar der Vinschgau. Dort gab es nicht nur das intensivste Licht, sondern auch die widerspenstigsten Bürger und die schönsten Objekte. Ich verhandelte mit Privatpersonen und Gemeinden und zuletzt mit den Besitzern um ein riesengroßes Anwesen, Schloss Goldrain. Diese Anlage war in gutem Zustand und weiträumig. Wir wurden uns über den Kaufpreis einig. Trotzdem musste ich am Ende Nein sagen. Ich hätte Goldrain nicht erhalten können.

»Ich will nicht ein Leben lang nur dafür arbeiten, meine Dächer in Ordnung zu halten«, erklärte ich meinen Entschluss.

»Es müsste öffentliche Gelder dafür geben.«

»Für einen persönlichen Spleen?«

»Sie könnten die Burg ja teilweise vermieten.«

»Nie.«

»So eine Burg gibt es kein zweites Mal.«

»Ich weiß, es wäre ein kostspieliger und sicherer Gefängnistrakt für mich. Goldrain ist für meine Verhältnisse einfach zu groß.«

Ich fuhr wieder nach Hause, Richtung Meran und Bozen. Von der Talsohle aus spähte ich nach oben, hielt Ausschau nach Türmen und Zinnen. Das Suchen nach einer Burg war zwanghaft geworden.

Die Schlosstürme von Juval erkannte ich aus dem fahrenden Auto nicht sofort als Teil einer Burganlage. Ich ahnte nur etwas

Besonderes hinter den ruinenhaften Mauern. Ich fragte die Leute, was das für ein Gebäude sei, und sie sagten mir, es handele sich um eine alte, halb verfallene Burg. Mehr wussten sie auch nicht darüber, und nur einer nannte ihren Namen: Schloss Juval. Ich hatte ihn nie gehört. Ohne zu zögern, fuhr ich über eine Schotterstraße, die gerade angelegt wurde, den Berghang hinauf. Kehre um Kehre. Ich erinnerte mich, dass über diesen Weg eine Auseinandersetzung in der Zeitung gestanden hatte: Umweltschützer gegen Bauern, die da oben am Berg eine Straßenverbindung wollten. Auf halbem Weg hörte die Straße auf. Ich ging zu Fuß weiter. Ich kam zu einem Bauernhof, dann zu einem zweiten und schließlich zur Burg. Sie war verriegelt. Um zum Haupteingang zu gelangen, musste ich über einen Eisenträger balancieren, der einen Abgrund überbrückte. Die ehemalige Zugbrücke war zusammengefallen. Ich rief. Niemand antwortete. Lange wartete ich nicht, ehe ich schnurstracks über die Felsen kletterte und weiter über die Schlossmauer empor, bis ich darübersteigen konnte. Als ich in einem ersten engen Schlosshof stand, wusste ich, dass ich fündig geworden war.

»Das ist meine Burg.«

Ich war berührt. So wie beim ersten Zusammentreffen mit der Bronze von Gesar Ling, von dem ich nie vorher etwas gehört hatte, so wie ein Jahr später beim Anblick eines jungen blonden Mädchens vor der Karlsbader Hütte in den Lienzer Dolomiten. So wie später Sabine und vorher die Gesar-Figur mich gefangen nahmen, faszinierte mich jetzt diese Burg. Ich ging durch die Höfe, schaute durch zerborstene Fenster nach innen. Alle Türen waren zugenagelt. Ich fand eine Luke, groß genug, dass ich durch sie in den Palas steigen konnte. Alles war kaputt und staubig und seit vielen Jahren verlassen. Und doch sagte ich zu mir: »Diese Räume kenne ich. Das habe ich alles schon gesehen. In meiner Phantasie. Meine Fluchtburg könnte harmonischer und perfekter nicht sein.«

Juval entsprach meinem Wesen, meiner Stimmung, meiner Vorstellungswelt.

Über Treppen und Gänge drang ich immer weiter ins Innere der

Burg vor. In der gesamten Anlage gab es keinen bewohnbaren Raum mehr. Ich war über ihren Zustand aber nicht enttäuscht, nur ein bisschen erschrocken. Am gleichen Tag noch bat ich den Organisator Paul Hanny, der kurz vorher mit mir im Himalaja gewesen war, mit dem Besitzer von Burg Juval, der erst noch ausfindig gemacht werden musste, Kontakt aufzunehmen.

Es wurde nicht lange verhandelt. Ich konnte Juval kaufen, obwohl der Besitzer, Hans Klotzner, viele Angebote ausgeschlagen hatte. Dieser kauzige alte Mann mochte mich. Trotz meiner kritischen Aussagen zum historisch-politischen Südtirol oder gerade deswegen. Ich sollte in Juval die Verantwortung übernehmen.

Ein Jahr lang ließ ich die Burg, wie sie war. Ich veränderte fast nichts, wollte abwarten, Klarheit gewinnen. Ein paar Freunde führte ich hin und eine Handvoll Handwerker. Alle waren sich darüber einig: Juval war faszinierend, aber nicht machbar.

Auf meinen Reisen, im Zelt, wenn ich die Augen geschlossen hatte, richtete ich meine Burg ein. Weil ich mir jeden Raum vorstellen konnte, war er bewohnbar. Erst nachdem ich wusste, wie Juval werden sollte, wie ich dort leben konnte, begann ich mit der Sanierung. Sie erfolgte im besten Einvernehmen mit dem Landesdenkmalamt und mit Hilfe der tüchtigsten Handwerker aus der Umgebung. Ich wollte von vornerein nur im Sommer auf Juval leben, weil der Winter dort in den großen Räumen unzumutbar ist. Also wurde lediglich ein kleines Häuschen, das Gesindehaus, winterfest gemacht. Gegen alle anderslautenden Vorschläge der Architekten ließ ich in der Burg keine Zentralheizung einbauen. Ich hätte dafür die Fresken kaputt machen müssen und die hohen Räume trotzdem nicht warm genug bekommen.

Nach und nach also wurden die Dächer saniert, Fenster wieder eingesetzt, Türen geflickt, soweit sie zu retten waren. Bei der Innengestaltung und der Anlage der Schlosshöfe hatte ich mich an drei frühere Bauphasen und Architekturrichtungen zu halten: erstens an den Ursprung. Obwohl die Anlage offensichtlich auf die Karolingerzeit zurückgeht, ist von dieser Epoche nur da und dort eine Grundmauer und ein in Felsen gemeißeltes karolingisches Kreuz übrig geblieben. Aus dem 13. Jahrhundert dürften ein paar Kellerräume, romanische Bögen und gotische Gewölbe sein, die nicht angetastet wurden. Die zweite Bauphase, späte Renaissance, hat Juval gerettet und verändert. Zwischen 1542 und 1548 erweiterte Hans Sinkmoser, ehemals Verwalter der Herren von Tirol, der die Burg gekauft hatte, Juval und gestaltete es im Sinne der Renaissance um. Der Charakter der heutigen Anlage geht auf diese Zeit zurück, und ich habe vor allem diese herrschaftliche Bauphase respektiert. Als dritten Baumeister hatte ich William Rowland zu berücksichtigen, der die Burg 1913 in einem fürchterlichen Zustand von Bauern gekauft hatte. Nach der Mode der damaligen Zeit, romantischen Vorstellungen der Jahrhundertwende entsprechend, hatte er sie zehn Jahre später, Gotik und Renaissance berücksichtigend, wiederhergestellt.

Selbst bei der Wiederbelebung der Innenhöfe hielt ich mich an die Vorgänger. Ich habe nur meine Tibetica eingebracht, neben meiner Lebensvorstellung natürlich, die sich eher in einem tibetischen Kloster als in einem Renaissanceschloss widerspiegelt.

Der Bergfried, in dem meterdick Erde, Bauschutt und faules Holz lagen, wurde zuerst gesäubert. Dann ließ ich jeweils drei Decken mit einem in der Mitte viereckigen Lichtschacht einziehen. Auch das hinter den Zinnen versenkte Dach sollte einen verglasten Lichtschacht erhalten, sodass die Bilder, die ich später in diesem Gemäuer ausstellen wollte, zusätzlich von oben Licht bekamen. Eine spiralförmige Holztreppe – ähnlich wie im Guggenheim-Museum in New York – erschließt die einzelnen winzig kleinen, viereckigen und mit kleinen Fensteröffnungen versehenen Etagen. Je nach Wetter und Wolkenstimmung ist die Wirkung der Bilder, die heute dort hängen, alle Tage anders.

Der Nordtrakt, offensichtlich schon seit 400 Jahren Ruine, wurde gesichert, die Mauerbänke oben so weit abgedichtet, dass die Verwitterung gebremst werden konnte. Ob es mir gelungen ist, sie so abzudecken, dass sie nicht weiter verfallen, muss abgewartet werden. Erst im Frühling 1994 suchte ich beim Landesdenkmalamt in Bozen um die Erlaubnis an, ein Dach aus Stahl und Glas auf diese Ruine zu setzen.

Mein Vorschlag wurde genehmigt, aber seine Realisierung ist so schwierig, dass sich dieser Bau über Jahre hinziehen kann.

Eine Käserei, die William Rowland im oberen Innenhof gebaut hatte, brach ich eigenhändig wieder ab. Ich empfand sie als Fremdkörper, und sie verengte den Raum zwischen Palas und Ruine zu sehr.

Zusammen mit ein paar Bergsteigern, die sich an Kletterseilen vom Dach abseilten, flickte ich die Risse an den Außenmauern des Palas. Diese Technik war um ein Vielfaches preiswerter, als wenn ich ein Gerüst hätte anliefern und aufbauen lassen.

Da die Zufahrt nach Juval eng ist, musste ich bei sämtlichen Arbeiten auf größere Maschinen verzichten: auf Bagger, Kräne, Lastwagen.

Nach und nach fing ich damit an, alle Örtlichkeiten in der Burg zu benennen, den Türmen und Gärten Namen zu geben. Bei zwei Türmen bin ich – wie durch einen Zufall und ohne es zu ahnen – auf genau jene Benennung gekommen, die sie früher schon gehabt hatten. Der heutige »Spielturm« hieß, wie ich inzwischen herausgefunden habe, am Beginn des Jahrhunderts ebenfalls so. Ihn so zu taufen war nur logisch, ja gerade zwingend, bot er sich doch im unteren Schlosshof als Nische an, in der man zusammensitzt, ein Glas Wein trinkt und Karten spielt. Dieses Türmchen, in dem oben Platz für Kinder ist – sie können über eine Leiter und eine Hängebrücke hineinklettern – und unten Platz für Erwachsene, war einst zum Spielen erdacht worden. Auch der »Schreiberturm«, den ich als Künstlerturm in meinen Namenskatalog einführte, war früher schon ein Ort gewesen, an dem Künstler wohnten, wenn sie eingeladen waren, auf Juval zu leben oder zu arbeiten. Der Künstlerturm ist der Ostturm, und er ist heute als eigenständige Wohnung angelegt.

Die Bezeichnung »Gesindehaus« übernahm ich aus dem früheren Sprachgebrauch. Dort hatte wohl das Gesinde gewohnt, als Mägde, Köche und Zofen auf einer Burg noch etwas Selbstverständliches waren. Im Haupthaus legte ich einen Maskensaal an, der tibetisch eingerichtet ist und meine Maskensammlung aus fünf Kontinenten beherbergt. Den »Saal der Tausend Freuden«, benannt nach Gesars erster Frau, habe ich als Festsaal eingerichtet, mit Kamin, einem neun Meter langen Tisch und einem halben Dutzend Wandmalereien aus Tibet, die das Leben Gesars darstellen. Eine Bibliothek zum Thema Berg und Abenteuer ist der dritte Raum im Festtrakt des Palas.

Ich habe für alle meine Expeditionen immer auch die Vorgänger studiert, und so kamen in meiner Bibliothek ein paar Tausend Bücher zusammen, die meisten älteren Datums, die Aufschluss geben über Süd- und Nordpol, den Himalaja, die Alpen, Patagonien und die Wüste Gobi. Nicht selten, wenn ich eine Information suche, bleibe ich bei einer Geschichte hängen und lese und studiere Karten und lasse mich gedanklich in ferne Regionen tragen.

Der praktische Wohnbereich mit Esszimmer, Wohnzimmer, Küche, Bad und einem Schlaftrakt wurde von mir genauso übernommen, wie wir ihn vorgefunden hatten. Dort wurden lediglich elektrische Leitungen und Wasserleitungen verlegt, Fenster ersetzt, Türen geflickt und Fresken geputzt. Den Teil der Burg, der Ruine geblieben ist, möchte ich nicht wiederherstellen. Diese Nordruine gemahnt mich tagtäglich an die Vergänglichkeit allen Seins.

Das Leben auf Juval gestaltete sich einfacher, als ich angenommen hatte. Nach der Geburt unserer beiden Kinder baute ich einen Spielplatz für sie, knapp vor dem Tor und für die Nachbarskinder leicht erreichbar. Obwohl es überall Felsen und Abgründe gibt, ist bisher kein Unfall passiert.

Im letzten Winkel des Ruinenteils gab es einen überdachten Raum ohne Namen. Nicht viel mehr als eine Nische. Ich wusste nicht, was ich in ihm anfangen sollte. Eines Tages kam Christoph Ransmayr zu Besuch. Wir kannten uns damals nur vom Telefon her. Als er ins Haus kam, waren Sabine und ich gerade mit den Hunden weggegangen. Zu seinem Glück, denn die Tiere behandelten Neuankömmlinge meist unsanft. Christoph ging in den unteren Burghof, dann in den oberen Burghof. Unentschlossen, ein wenig ratlos suchte er weiter. Schließlich kam er zur Ruine. Dort stieg er überall herum. Bei meiner Rückkehr fand ich ihn in diesem unbenannten Raum, am Ende der Burg. »Das hier wäre mein Lieblingsraum«, sagte Christoph, nachdem wir uns begrüßt hatten. Er hatte damals gerade seinen Roman »Die letzte Welt« veröffentlicht. Nachdem ich dieses Buch wenig später gelesen hatte, taufte ich Christophs Lieblingsplatz in Juval »Die letzte Welt«. Damit war der letzte Raum meiner Fluchtburg benannt und belebt.

Zehn Jahre lang wohnte ich mit meiner Familie während der warmen Jahreszeit in Juval. Zehn Jahre lang stellte ich Möbel um, ergänzte ich Sammlungen, konzipierte ich Räume. Zuletzt die »Höhle der Verwandlungen« mit einer Tantrasammlung. Nur solange ich es umgestalten konnte, war Juval mein Zuhause. Praktisch, wenn ich da war, und im Geiste, wenn ich unterwegs war.

Meinen Marsch durch die Antarktis muss man sich auch als einen Marsch durch Zimmerfluchten vorstellen, durch die sich unendlich oft wiederholenden Räume von Juval. Und immer wieder hingen andere Bilder an den Wänden, ungezählte Male standen andere Möbel im Raum. Während ich durch die scheinbar unendliche Weite ging, bewegte ich mich gleichzeitig durch Juval. Wenn das Wetter gut war und ich nicht aufpassen musste, wenn also alle paar Minuten ein flüchtiger Blick auf den Kompass genügte, lief ich tagelang durch Zimmerfluchten. Ich stellte mir die Burg immer wieder vor, und mit jedem Objekt, das ich verschob, lief ich durch alle Räume, um die Veränderung, die wie eine Kettenreaktion andere Veränderungen nach sich zog, zu beobachten und anschließend auf sie zu reagieren. Indem ich eine einzige Veränderung vornahm, veränderte sich das Ganze.

Von meinen Reisen kam ich vielfach mit einer neuen Vorstellung von Juval nach Hause und stellte Stück für Stück um. Auf den

Zentimeter genau, wie ich es mir ausgemalt hatte. Innenarchitektur als Hilfe, wenn ich völlig verloren unterwegs war, als Therapie. So groß aber meine Freude gewesen war, Juval gefunden zu haben, so groß die Begeisterung, es wiederherzustellen und zu beleben, es blieb ein Versuch, der zum Scheitern verurteilt war.

Auf die kritische Feststellung eines Architekten, Juval sei so maniriert wie ein neugotischer Bahnhof, hatte ich keine Antwort.

»Ist es nicht Kitsch, Türklopfer aus Tibet in eine Burg in den Alpen zu integrieren?«

»Auch Kitsch gehört zur Kunst. Wer bewertet, was Kitsch ist und was Kunst? Der Anspruch ist der gleiche: etwas zu gestalten, etwas auszusagen, Ideen auszudrücken. Sich selber auszudrücken.«

»Und dann der Bergsteiger als Schlossherr. Einen größeren Gegensatz kann ich mir nicht vorstellen. Den Bergsteiger verbinde ich mit Nomadentum. Er ist unterwegs, lebt im Zelt. Der Schlossherr ist der Inbegriff des Sesshaften.«

»Das ist richtig. Der Widerspruch ist aber nur vordergründig. Ich bin ein Halbnomade, einer, der weggeht und wieder heimkommt. Wer aber weit weggeht, unter härtesten Bedingungen lebt – extremer Kälte, extrem sauerstoffarmer Luft, dem Fehlen von Wasser, wenn ich durch die Wüste laufe, oder von Licht, wenn ich durch die arktische Nacht tappe –, braucht ein warmes Zuhause.

Der Tibeter, der im Sommer von Hochalm zu Hochalm zieht, hat irgendwo im Tal ein festes gemauertes Haus, wohin er sich im Winter zurückzieht. Er ist Halbnomade. Ähnliches gilt für mich. Ich kann nur weit gehen, wenn ich ein starkes Zuhause habe. Juval ist mein Fixpunkt in Europa und mein imaginärer Fixstern, wenn ich weit weg bin. Dort schwingt mein Leben aus. Wenn ich unterwegs bin, schlafe ich im Zelt oder unter einem Überhang, in einer Höhle. Und ich fühle mich wohl dabei. Wenn ich daheim bin, will ich mich nicht wieder um Zeltschnüre oder um sauberes Trinkwasser kümmern müssen. Dort gibt es anderes zu tun. Und ich muss mich ausrasten können. In einem sicheren Bett zu schlafen, nicht Angst haben zu müssen, dass der Sturm nachts das Zelt wegreißt, ist Teil meiner Erholung zu Hause. Für Außenstehende mag es als Widerspruch erscheinen, dass einer, der hoch oben am Mount Everest kampiert, eine Burg braucht, um sich ein Zuhause zu schaffen. Für mich ist es selbstverständlich. Gerade weil ich von einem Extrem ins andere falle, brauche ich dieses gemütliche Heim. Als Ruhepol.«

» Das klingt zwar nicht nach Spießbürger, aber bürgerlich ist Ihr Denken schon.«

» Der Wunsch, eine Burg zu haben im Sinne von *besitzen,* ist bei mir viel kleiner als der, sie zu beleben. In erster Linie bin ich auf Juval, weil ich gerne gestalte.«

» Juval ist wie ein Adlernest, das ganz oben auf dem Felsen klebt. Spielt der Weitblick eine Rolle? Muss der Bergsteiger Messner auf der Spitze des Felsens wohnen? Nicht irgendwo auf halbem Weg zwischen Tal und Gipfel, sondern ganz oben?«

» Juval ist nicht ganz oben. Die Burg liegt knapp tausend Meter über dem Meeresspiegel. Wir haben viel und steil aufragendes Gestein über uns. Die spröde Schönheit von Juval ist in dieser Zwischenlage begründet: auf der einen Seite der Tiefblick in den Vinschgau, auf der anderen Seite der Anblick der Berge. Unten Weiler, die aussehen wie Spielzeugdörfer, auf Moränenkegeln, mit den Obstgärten rundherum und dem filigranen Straßennetz. Zum Schnalstal hin eine fast senkrecht aufragende Felsmauer, grau, menschenabweisend, bis in den Himmel. Alte Malereien aus China stellen solche Landschaften oft dar. Durch solche Wandfluchten ist der Mensch nie gestiegen, und er wird nie dort leben. Vielleicht verirrt sich einmal jemand dorthin, um Gämsen zu jagen oder Schafe zu suchen.

Über einem kleinen Sattel, der den Burgfelsen mit den höher gelegenen Steilhängen und Wiesen verbindet, steigt die Bergflanke bis fast dreitausend Meter hoch an und verliert sich oben in bizarren Felszacken.

Über dem Etschtal sehe ich auf die Ausläufer der Ortlerberge mit der Orkenspitze, auch Orgelspitze genannt, als beherrschender Vorburg, als eine Art Eingang zur Hochgebirgswelt. Über dem Schnalstal stehen die Ötztaler Alpen mit dem Similaun, der Finailspitze, lauter Gletscherberge, hohe Eisgipfel, Dreieinhalbtausender.«

»Sie sind also stolz auf Juval?«

»Diese Landschaft entspricht meinem Lebensgefühl. Ich bin nicht nur Bergsteiger, ich lebe auch im Gebirge. Ich könnte mir ein Leben in der Stadt auf Dauer nicht vorstellen. Vom Blick auf Häuserdächer werde ich krank. Ich muss mich an Bergen orientieren können. Als ich in Padua studierte, lebte ich im Studentenheim, und ich konnte von keinem Fenster meines Zimmers Hügel oder Berge sehen. Das machte mich verrückt. Ich konnte nur ahnen, wo Norden ist und Süden, wo die Sonne aufgeht und wo sie untergeht. Ich brauche die Berge nicht als Klettergerüst. Ich brauche sie ringsum mich herum, um mich an ihnen festhalten zu können. Mit den Augen, mit dem Instinkt für Entfernungen, den Ohren. Ich höre den Widerhall meiner Stimme, und ich weiß, wo ich bin.

Ja, Juval ist ein besonderer Platz.«

»Könnten Sie weggehen von dort?«

»Ich werde weggehen.«

»Wann?«

»Wenn die Anlage ganz saniert ist.«

»Und wann wird das sein?«

»1995, 1996 vielleicht.«

»Und was dann?«

»Vielleicht öffne ich sie dem Publikum. Als Museum. Zurzeit wird im ehemaligen ›Baumannhäusl‹ vor der Burg ein Empfangsraum eingerichtet, wo sich Besucher versammeln können. Sollte die Burg tatsächlich zum Museum werden, müsste ich den schmalen Weg absichern, der von Norden her zur Ruine führt. Dort würde der Ausgang sein. Zehn Räume würden zu sehen sein: der

Spielturm, die Yeti-Höhle, die Hauskapelle, das Maskenzimmer, der Saal der Tausend Freuden, die Bibliothek, der Expeditionskeller, die Gompa, die wie das Herz eines tibetischen Klosters eingerichtet ist, die Ruine als Haus der Trolle und der Gnome und die Bildergalerie. Dazu beide Schlosshöfe, in denen eine Reihe von Sammelstücken stehen, in Nischen und leeren Fensterhöhlen.«

»All das wollen Sie den Massen ausliefern?«

»Soll ich meine Sammlungen verstauben lassen? Ich bin kein Menschenfeind. Ich möchte aber meinen Liebhabereien nachgehen können, ohne mich dauernd rechtfertigen zu müssen, ohne belästigt zu werden, ohne Erfolgsdruck.«

Ein zweites Mal bin ich also dabei, eines meiner Lieblingsobjekte zu verlassen, weil ich es für gelungen halte und mir klar geworden ist, dass ich ein Gestalter bin. Das Gestalten füllt mich aus, macht mich zufrieden, macht mich lebendig. Haben empfinde ich auf Dauer als Belastung.

Das war nicht immer so. Früher – vor 20 Jahren – war ich sehr hungrig nach mehr. Dabei besaß ich, rein materiell gesehen, außer einer Bleibe nahezu nichts. Aber ich hatte den Kopf voller Ideen und viel Energie. Und ich wollte mehr haben. Ich konnte mir gar nicht vorstellen, meine Habe fallen zu lassen, mein Haus zu verlassen. Heute weiß ich, dass mir das Finden, das günstig Erwerben, das Umgestalten, das intensive Leben mit einer Sache viel wichtiger ist als das Haben. Heute weiß ich, dass mich das Machen reizt. Fertiges interessiert mich nicht. Nicht mehr.

Noch suche ich nicht, aber es gibt Objekte in Südtirol, die mich faszinieren. Ehe ich den Prozess des Gestaltens beginne, ordne ich das Objekt gedanklich ein. Liebe ich es, versuche ich es zu erwerben. Ich kann nicht gestalten wie ein Hofmaler oder Architekt. Ich muss ganz frei dabei sein. Ich stelle mir mein ganzes Umfeld vor, überlege, wo genau ich was platziere. Ich sammle dann für bestimmte Räume. Wenn ein Objekt in meiner Phantasie seinen Platz gefunden hat, beginnt das Zeremoniell des Handelns: Feilschen als

Spiel. Lieblingsstücke kaufe ich nicht, sie fallen mir zu wie der Ball dem Jongleur. Der Erwerb ist Teil meiner Sammelleidenschaft, das Ergebnis auf ein Gesamtkunstwerk ausgerichtet. Weil bei all meinen Sammelleidenschaften – ob Erstbegehungen, Achttausendern, Wüsten, Tibetica, Masken, Bildern – der Sinn des Tuns wie aufgehoben ist, während ich tue, gestalte, finde, gehe, verliert das, was am Anfang das Wichtigste ist, am Ende seine Bedeutung. So war es auch mit Juval. Als ich mich am Ende fragte, was diese Burg eigentlich soll, gab ich ihr einen Zweck: als Museum.

Anders in Villnöß. Das Haus war mir zu klein geworden. Meine Sammlungen waren mir über den Kopf gewachsen. Ich hatte dort zu wenig Ruhe und zu wenig Platz. Das Fortgehen war die logische Konsequenz.

Zehn Jahre lang war ich in Juval daheim, auch wenn ich in dieser Zeitspanne lebte wie die Arktische Seeschwalbe, die vom Nordpol zum Südpol fliegt und wieder zurück. Ich kam gerne heim, ging gerne fort. Juval ist immer noch groß genug, ruhig, harmonisch. Besser kann eine Bleibe nicht sein. Und trotzdem will ich weg. Auch weil die Anlage nicht mehr besser machbar ist. Ich kann nicht weiter gestalten, nicht nochmals umstellen, nicht weitersammeln, ohne die geschaffene Harmonie zu zerstören.

Ich werde mich also von Juval zurückziehen. Spätestens dann, wenn meine Kinder in die Schule gehen müssen. Ob die Burg dann einer breiten Öffentlichkeit zugänglich gemacht wird oder nicht, ist zweitrangig. Für mich wird Juval nicht mehr wichtig sein.

4

Vom Niederschreiben
einer Idee

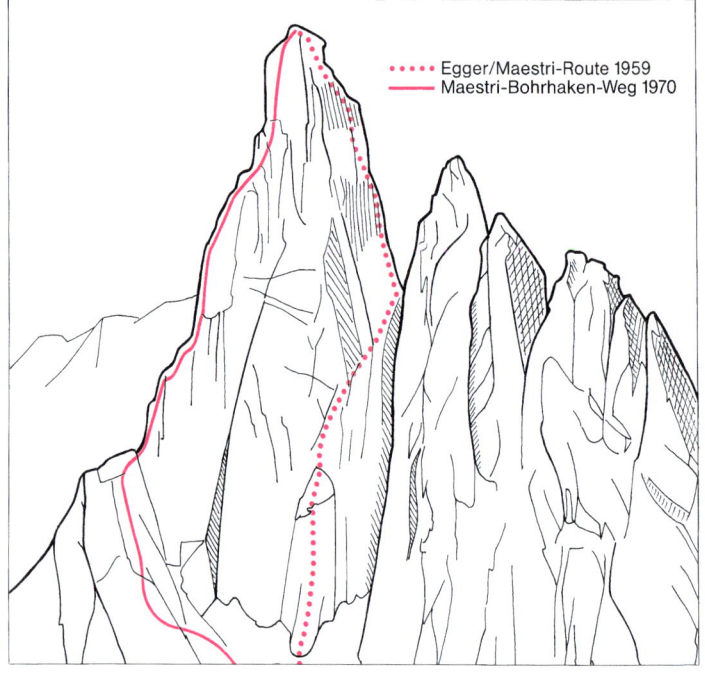

····· Egger/Maestri-Route 1959
——— Maestri-Bohrhaken-Weg 1970

Der Bergfilm als Erzählform

1959 kehrte Cesare Maestri von einer tragischen Cerro-Torre-Expedition zurück. Sein Kletterpartner, der Osttiroler Toni Eggen, war beim Abstieg von einer Lawine mitgerissen worden. Seine Leiche blieb unauffindbar. Weil Maestri keine Gipfelbilder vorlegen konnte, wurden Zweifel an seiner Erstbesteigung laut. Der Italiener – beleidigt, wütend, verletzt – ging 1969/70 zu »seinem Berg« zurück und bestieg ihn mit einer anderen Methode und auf einer anderen Route als 1959. Und er ließ den 40 Kilo schweren Kompressor, mit dem er eine Bohrmaschine betrieben hatte, knapp unter dem Gipfel zurück. Zweifelsohne hatte Cesare Maestri beim zweiten Mal die Gipfelfelsen des Torre erreicht – nur war damit seine erste Besteigung nicht bewiesen.

In der freien Natur, wo das Unerwartete alltäglich und das Unfassbare zur Gewohnheit wird, war es besonders schwierig, einen Spielfilm herzustellen, in dem die Menschen aus dem Gebirge ausgewiesen, vertrieben erschienen.

Eine Aktion, eine Stimmung, ein Gefühl atmosphärisch so zu visualisieren und so lange auf der Leinwand zu lassen, wie die Hoffnung auf Rettung es verlangt, oder eine Wolke so lange am Himmel, wie sie braucht, um

den Schatten des Unheils auf der Erde vorauszuwerfen, war weit kompli-
zierter, als das nackte Überleben zwischen allen Abgründen im Granitfels
von Cerro Torre und Fitz Roy zu zeigen.

Mehr als jeder andere Berg konzentriert der Cerro Torre die Sehnsüchte und Ängste der Bergsteiger auf sich. Meine Geschichte sollte die Leiden, Ängste und Hoffnungen eines breiten Publikums wecken.

Schrei aus Stein

Cesare Maestri und der Cerro Torre: eine Tragödie. Weil ich über die wahren Hintergründe allzu wenig wusste, überlegte ich mir eine Geschichte, wie die Begegnung hätte gewesen sein können, und ich schrieb sie nieder. 1974 erschien mein erster Artikel dazu.

Als ich 1984 erstmals von Rio Gallegos zur Fitz-Roy-Gruppe fuhr, tauchten ganz plötzlich, wie aus dem Nichts, die filigranen Granitzacken von Cerro Torre und Fitz Roy auf. Die Berge waren weit weg und winzig klein unter dem tiefliegenden Himmel, der von unablässig vorüberziehenden Wolkenmassen verdunkelt wurde. Trotzdem war ich erregt wie beim Anblick der Achttausender.

Ich ließ den Fahrer anhalten, stieg aus und suchte mit dem Fernglas den nördlichen Horizont ab. Ein kräftiger Windstoß riss mir die Mütze vom Kopf, noch ehe ich das Fernglas hatte scharfstellen können. Ich hechtete ihr nach. Beim zweiten Versuch, an das Fahrzeug gelehnt, erblickte ich den Cerro Torre in seiner ganzen Größe vor mir. Ich stand inmitten einer idealen Filmkulisse: Dieser Cerro Torre war kein Berg, er war ein zu Stein gewordener Schrei. Mehr als 2000 Meter ragte er an allen Seiten senkrecht über den dunklen Hügeln empor, mit mächtigen Eisgeschwulsten an seinem rötlichen Granit. Hier war der Mensch verloren, ausgeliefert, ein Narr. Und während ich noch den Berg betrachtete, wie er sich mir erhaben und abweisend präsentierte, nahm plötzlich eine Geschichte Gestalt an, die nichts mehr mit wahren Begebenheiten zu tun hatte. Noch am gleichen Abend begann ich mit der Niederschrift. Der Cerro Torre sollte die Hauptrolle spielen, der Mensch ausgeschlossen bleiben, trotz seiner wiederholten Versuche, sich einen Platz dort zu ertrotzen. So entstand die Idee zu einem Film, der später als »Schrei aus Stein« in die Kinos kommen sollte.

Durch Schneeböen und Nebelfetzen hindurch sehen wir nur eine Silhouette – wir ahnen einen Menschen: ein Kletterer an der eisgepanzerten, senkrechten Granitwand. Der Mann steht auf einer handbreiten Felsleiste und sichert. Er ist an einen Felshaken gebunden und versucht krampfhaft, das Seil, das nach unten läuft, zu umklammern. Das Seil läuft ihm quer über die Brust, droht ihm die Luft abzuschneiden. Der Mann ist verzweifelt. Regen und Schnee sind an seinen Kleidern gefroren. Die Kälte schüttelt ihn. Langsam erweitert die Kamera das Blickfeld. Wir halten den Atem an! Unwillkürlich versuchen wir uns irgendwo festzuhalten. Die Tiefe erschreckt. Zehn Meter unter dem Sichernden hängt ein zweiter Mann. Offensichtlich ist er ins Seil gestürzt. Wie eine Marionette wird er vom Sturm hin und her geschleudert. Verzweifelt versucht er, mit den Füßen an die Wand zu kommen, sich am Seil hochzuziehen. Vergebens. Seine Bewegungen haben etwas von einem Hampelmann.

Erneut kommt ein Schneerutsch von oben. Eisstücke prasseln den beiden Kletterern auf Kopf und Schultern. Sie schnappen nach Luft! Der Sichernde versucht, sich aus der beklemmenden Schlinge zu befreien. Dabei rutscht ihm das Seil noch näher an seinen Hals. Wie hypnotisiert starrt er auf dieses Seil, das wenig unter seinen Füßen über eine scharfe Felskante scheuert: hin und her, hin und her, ein Geräusch wie bei einer gespannten, angezupften Saite. Das Seil hängt nur noch mit einigen Fasern zusammen.

»Joe.«

Sekunden der Verzweiflung verstreichen.

»Joe – lebst du noch?«

»Ja.«

Es sind Schreie wie von zu Tode erschöpften Tieren. Schreie, die im Orkan sofort ersticken. Schrecken, Verzweiflung, lähmende

96

Angst, nackter Wahnsinn steht den Kletterern in den Gesichtern geschrieben.

Plötzlich fingert der Sichernde das Taschenmesser aus dem eisstarren Anorak und schneidet das straff gespannte Seil in Kniehöhe ab, einen Meter oberhalb der durchgescheuerten Stelle.

Ein Angstschrei durchschneidet Sturm und Schneetreiben. In dem Augenblick, als der fallende Körper als winziger dunkler Punkt im Gletscher am Wandfuß aufschlägt, sehen wir den Cerro Torre in der Totalen vor uns: 2000 Meter hoch, eine Granitsäule, die den Himmel berührt. Ein atemberaubendes, ein irreales Bild.

Martin, der »befreite Kletterer«, hängt mitten am Berg. Seine Augen sind fiebrig. Sie liegen in tiefen Höhlen und sind doch weit aufgerissen. So wie bei zum Tode Verurteilten.

Offensichtlich beginnt Martin mit dem Abstieg. Er fädelt das Seil durch die Schlinge. Dann seilt er sich langsam, ruckartig über die lotrechte Wand ab.

Martin ist allein. Er bewegt sich aber so, als ob ihn jemand anleitete, wie ferngesteuert. Seine Bewegungen führt er verzögert und unbeholfen, aber mit traumwandlerischer Sicherheit aus. Martin spricht auch ab und zu jemanden an, obwohl niemand da ist.

»Joe.«

Für Martin ist Joe also noch da. Wie ein Schatten steigt er hinter ihm her.

Martin seilt sich Seillänge um Seillänge weiter ab. Wie ein Roboter. Er wirkt gleichgültig und ist zugleich zum Letzten entschlossen. Seine Chancen stehen fünfzig zu fünfzig: Entweder kommt er durch, oder er kommt um. Nur eines darf er nicht: stehen bleiben.

Er treibt sich selbst an. Stehenbleiben bedeutete das Ende. Er würde erfrieren. Auch könnte er beim Abwarten die Einsamkeit nicht ertragen. Und nicht die Schmerzen, nicht den Hunger, nicht den Durst.

Als Martin nach stundenlanger Abseilerei am Gletscherboden steht, führt er in seiner Verzweiflung Freudentänze auf.

»Ich bin durch. Gerettet!«

Plötzlich glaubt Martin am Rande seines Blickfeldes Joe zu sehen. In dem Bewusstsein, dass der andere noch lebt, hinter ihm hergeht, steigt Martin über zerklüftetes Eis abwärts.

Eine riesige Landschaft von hellblau geborstenem Eis, und mittendrin – ein winziger Punkt – geht Martin. Einsamkeit als Verlorensein. Weit unten erstreckt sich das pastellfarbene Hügelland von Patagonien. Die Bergflächen sind mit Schnee bedeckt, die Täler hinunter nur graues Gestein.

Es ist nasskalt. Auf den Felsen liegt Schnee. Martin geht wie im Delirium. Sein Blick ist in die Ferne gerichtet, irr und ausdruckslos. Er stolpert immerzu weiter, durch einen toten Wald. Äste sind ihm im Wege, wie schräggestellte Gerippe. Am Himmel graues Gewölk, schwer und feucht und so dicht, dass man sich ducken möchte. Manchmal ist ihm schwindlig, und er kriecht auf allen vieren, oder er legt sich hin. Er möchte in die Erde verschwinden.

Der tote Wald über ihm tanzt. Es ist alles so klein, so eng, so nahe. Aber es drängt ihn weiter.

Der Sturm treibt das Gewölk abwärts. Es dreht sich dabei wie ein Kreisel über den mit Calafate-Sträuchern bewachsenen Hügeln. Die Berggipfel wirken scharf und fest.

Martin steht da: den Leib vornübergebeugt, keuchend, Augen und Mund weit offen. Plötzlich weicht die Erde unter ihm zurück, er taumelt, fällt hin. Er setzt sich auf. Eine Zeitlang hockt er nur da. Dann kriecht er weinend vorwärts. Die Verzweiflung tut gut.

Gegen Abend steigt Martin in die Ebene nach Westen. Er weiß von nichts mehr. Die Welt: unberührbar, als hätte sie sich ihm entzogen. Er geht wie im leeren Raum, und in diesem Nichts fällt ihn namenlose Angst an. Alles ist so still, grau, unheimlich. Es dämmert.

Martin will schreien, aber er kann nicht. Er wagt kaum zu atmen. Zum Weinen fehlt ihm die Kraft. Er ist entsetzlich einsam.

Es ist finster geworden. Martin flüchtet durch die Nacht, rennt vor sich selbst davon. Der Wahnsinn verfolgt ihn.

Endlich sind Stimmen zu hören, Lichter zu sehen. Martin bleibt stehen. Da sind Menschen. Er schluckt.

»Estancia?«, fragt er.

Sie führen Martin in ein Hüttendorf mit Schafpferchen, Schuppen, einem kleinen weißen Haus. Die Fenster sind erleuchtet. Im Vorbeigehen sieht er hinein: Kinder am Tisch, ein altes Weib, lauter ruhige, stille Gesichter. Martin geht ins Haus. Er ist gerettet. Er ist unter Menschen. Sein Gesicht ist jünger geworden. Schwarze Locken hängen ihm in die Stirn. Die Hände sind blutig. Auch seine Kleider sind zerrissen. Fragende Gesichter. Martin erzählt vom »Torre«. Er sucht nach Worten, erzählt rasch, wobei seine Hände die knappen Aussagen mit Gesten unterstreichen. »La morte« und »Joe« ist zu verstehen und »Torre«, immer wieder »Torre«. Martin redet gebrochen Spanisch. Alle hören mit offenem Mund zu. Sie sind voller Mitgefühl, auch der Patron. Begreifen tun sie nichts. Nur eine Ahnung bleibt: Der »Torre« ist das Schicksal dieses Fremden.

Martin sitzt da, trinkt Mate. Das Licht, die Stimmen haben ihn wieder zu sich gebracht. Wir sind überrascht, wie zerbrechlich dieser Mann wirkt: seine schmalen Hände, sein blasses Bubengesicht, seine verängstigten Augen.

Es ist Zeit zum Schlafengehen. Der Patron fordert Martin auf, mit ihm zu kommen. Er führt ihn über den Hof. In einem Nebengebäude steht sein Bett.

Die niedrige Stube ist leer. Martin starrt auf ein hohes Eisengestell. Der Patron stellt die Petroleumlampe auf den Tisch daneben und geht hinaus. Martin legt sich mit den Kleidern aufs Bett. Aber er kann nicht schlafen. Er fühlt eine vollkommene Leere in sich, und er kann diese Leere mit nichts ausfüllen. Einzelne Erinnerungsfetzen tauchen auf, er hält sie fest, kann sie aber nicht zu einem schlüssigen Bild zusammenfügen.

Er lebt. Joe ist tot. Das macht ihn verrückt. Er ist sich selbst fremd.

Tagsüber geht es Martin besser. Er weiß, wo er ist. Er sieht sich in der Estancia um, als ob er immer da gewesen wäre. Die Bergkette, die von Norden nach Süden zieht, gläsern; Geröllmassen, die sich nach unten ausbreiten; wenig Wald.

Manchmal überfällt ihn die Angst wie ein Kind, wenn es allein im Dunkeln schlafen muss.

Martin muss nach Hause, zurück nach Europa. In der Estancia leihen sie ihm zwei Pferde. Er reitet davon. 400 Kilometer sind es nach Rio Gallegos, zur Magellanstraße.

Martin kommt nach Europa zurück. Pressekonferenz. Er wirkt sichtlich erholt. Wie selbstverständlich erzählt er von der Tragödie. Er, der internationale Kletterstar, hat den schwierigsten Berg der Welt bestiegen. Er hat den »Torre« bezwungen. Sein Partner ist tot. Die Kamera inklusive Gipfelfilm ist mitsamt Joe verschwunden. Die erste Besteigung des Cerro Torre wird allerorts diskutiert, aber noch nicht angezweifelt.

Wir erleben den Heimgekehrten in einem TV-Gespräch. Der 25-jährige Martin beginnt eine Profikarriere als Bergsteiger. Er ist jung, sieht gut aus und strahlt jene Portion Gutgläubigkeit aus, die naive Künstler oft an sich haben. Ein Mann für die Titelseiten.

»Sie verdienen Ihr Geld mit der Kletterei?«, fragt der Talkmaster.

»Nicht direkt, ich lebe von den Abfallprodukten des Bergsteigens, verkaufe mein Image, Vorträge, Bilder.«

»Die Bilder vom Cerro Torre, zum Beispiel?«

»Ja, und auch andere.«

»Wo sind die Bilder vom Gipfel?«

»Diese Frage verbitte ich mir.«

Man glaubt ihm plötzlich nicht mehr. Zweifel um die Besteigung des Cerro Torre verträgt Martin nicht, und Beweise hat er keine.

»Wie ist Joe gestorben?«

»Das Seil ist gerissen.«

Die Antwort, zum hundertsten Mal wiederholt, wird unglaubwürdig. »Das Volk verlangt von seinen Gladiatoren immer Antworten und immer neue Höchstleistungen. Was ist Ihr nächstes Ziel?«

Martin kündigt etwas an, zögert aber später, die Idee auszuführen.

Der Entertainer, Werbeträger und Bergsteiger Martin ist ein gehetzter Star, er erscheint wie gelähmt, verkrampft wie eine geballte Faust.

»Du bist out«, sagt einer seiner Sponsoren am Telefon. Martin soll an der Weltmeisterschaft im Klettern teilnehmen.

»Ja«, sagt Martin. Es bleibt ihm nichts anderes übrig. Er will beweisen, dass er der Beste ist.

Gäbe es die Zweifel um die erste Besteigung des Cerro Torre nicht, Martin wäre längst vergessen. Aber er will nicht nur im Geschäft bleiben, er will auch gut sein und reist in die Hochburg des Felskletterns: in die Provence. In der Verdonschlucht trainiert er.

Eines Morgens trifft er dort Roccia und Patrick, die Freunde sind. Die beiden haben eine Erstbegehung gemacht, die die schwierigste Kletterei in Europa sein soll. »Butterfly« heißt die Route, eine Wahnsinnstour!

»Wie ist sie?«, fragt Martin im Vorbeigehen.

»Machbar«, erwidert Roccia zugeknöpft.

Patrick ist skeptisch. Er kennt Martin nur vom Namen her, sieht aber in ihm den schärfsten Konkurrenten bei der Weltmeisterschaft. Beide, Roccia und Patrick, sind früher mit Joe geklettert.

Roccia ist ein mittelgroßer, schlanker Mann. Seine Haare sind schulterlang, rötlich braun, mit blonden Strähnen dazwischen. Gesicht und Hände verraten den Asketen. Er ist älter als die anderen, das Überbleibsel einer früheren Klettergeneration. Sein Blick ist ernsthaft, ironisch und sanft in einem. Irgendwo in den tiefliegenden dunklen Augen ahnen wir den kompromisslosen Spieler. Aber hinter diesem Ausdruck von Entschlossenheit versteckt sich eine nimmersatte Neugierde. Sind seine Augen blau oder grau? Blaue Blume oder Stahl? Roccia erinnert an einen Bonsai-Baum, einen jener Bäume, die in Sturm und Kälte überlebt und damit die Kraft erlangt haben, nicht zu verfaulen.

Er lebt und arbeitet als Bergführer. Seit dreißig Jahren, unbeirrbar. Vielleicht nennen ihn seine Freunde deshalb Roccia. »Roccia« heißt Stein.

Obwohl eine herausragende Persönlichkeit, hält Roccia sich zurück. Er ist weder Führernatur noch Außenseiter. Seine Kameraden sprechen mit Hochachtung von ihm. Das ist unter ehrgeizigen Sportlern selten. Dabei rechtfertigt sein Kletterkönnen diese Bewunderung nicht. Er war vielleicht einmal der Beste. Heute ist er es nicht mehr. Er hat alles gemacht, sagt man von ihm. Aber was erklärt das schon.

Patrick, ein blonder Kletterstar, ist jünger, und er klettert wie eine Katze. Er gilt als Favorit bei der nächsten Weltmeisterschaft. Obwohl er, wenn er nicht allein trainiert, gerne mit Roccia am Seil klettert, trennen die beiden Welten. Roccia flieht oft in entlegene Hochtäler, wenn er nicht auf Vortragsreise ist oder seinen Verpflichtungen als Werbeträger nachkommen muss. Schaumschlägereien sind ihm zuwider. Der Neugier seiner Fans begegnet er mit völliger Gleichgültigkeit. Image und Popularität interessieren ihn nicht. Vielleicht weil er beides hat. Roccia ist ein Mensch mit einer besonderen Ausstrahlung, der etwas Mythisches anhaftet.

Man geht zur Tagesordnung über, verabredet sich für München, wo in einigen Wochen die Weltmeisterschaft stattfinden wird: ein Vergleichskampf, zu dem nur die besten Kletterer der Welt zugelassen sind.

Bei der Weltmeisterschaft ist Roccia nicht dabei. Weder als Teilnehmer noch als Zuschauer.

»Warum hängst du eigentlich an diesem Spinner?«, fragt Martin Patrick vor der Halle.

»Er inspiriert mich.«

»Zu was?«

»Immer besser zu werden.«

Einige Tausend Kletterfreaks – vielen sieht man an, dass sie selbst zur Sekte der Kletterer gehören – haben sich auf den Tribünen in der Halle versammelt. Die 30 Meter hohe künstliche Wand ist glatt und überhängend.

»Martin ist besser als sein Ruf«, hören wir jemanden sagen.

Die Teilnehmer halten sich voneinander fern. Sie sind angespannt. Dieses Wettklettern in einer Arena mit 3000 Zuschauern ist der reinste Stress.

Die Wegstrecke ist markiert. An dem weit ausladenden Dachüberhang scheitern selbst die Stars. Einer nach dem anderen versucht sich daran. Keiner schafft es bis unter das Dach. Trotzdem, das Publikum ist begeistert.

Martin betritt die Arena. Er setzt sich auf den Boden, schnürt nochmals seine Kletterschuhe, massiert Unterarme und Waden. Er trifft seine Vorbereitungen bedächtig. Nachdem er seine Schuhsohlen abgewischt hat, blickt er in einer Art meditativer Versenkung seine Finger an. Sein Körper entspannt sich, sein Atem wird regelmäßiger. Sein Blick wandert über die Wand zum Überhang. Fasziniert sieht das Publikum zu. Es wagt nicht zu applaudieren.

Martin geht auf die Wand zu. Seine Füße sind leicht. Er legt seine Hand an den ersten Griff und steigt ohne eine einzige unregelmäßige Bewegung höher. Die Zuschauer halten den Atem an, als fürchteten sie, mit dem kleinsten Geräusch den Zauber zu brechen. Es ist die beste Kletterleistung, die sie je gesehen haben. Martin bewegt sich, als wäre die Schwerkraft aufgehoben.

Als erster Kletterer dieses Wettkampfes erreicht er das Dach. Er wagt sich weiter hinaus. In der Arena herrscht Totenstille. Selbst der Sprecher ist für einen Augenblick verstummt. Das hätte dem Mann vom Cerro Torre niemand zugetraut. Er erreicht die Dachkante. Ein Riesenapplaus bricht los. Erst in diesem Augenblick wird klar, dass auch Martin die Kraft ausgeht. Er wird unsicher – und stürzt. Ein Tosen geht durch die Arena: Applaus, Begeisterung, aber auch Ärger, Schadenfreude …

Martin führt die Wertung an. Er wird abgeseilt. Unten drängen sich Fotografen um ihn.

Als nächster und letzter Konkurrent kommt Patrick, der Vorjahressieger, an die Reihe. Elegant steigt er bis unter das Dach. In einigen spektakulären »Moves« turnt er bis an die Dachkante, und unter tosendem Beifall klettert er die vorgegebene Strecke zu Ende. Patrick ist Weltmeister. Martin ist der Erste, der ihm gratuliert.

»Komm mit zum Cerro Torre«, fordert er Patrick auf.

»Was soll das heißen, bist du nicht schon oben gewesen?«

»Ich möchte frei sein von diesem Berg, hinaufsteigen, um …« Martin stockt und schaut zu Boden.

»Und der Berg daneben?«, fragt Patrick.

»Du meinst den Fitz Roy? Noch unbestiegen. Auch den müssen wir machen!«

»Ein irrer Berg!«

»Vielleicht hat auch Roccia Lust mitzukommen?«

»Ich werde ihn fragen.«

Fotografen holen den Sieger.

Roccia ist von der Idee begeistert. Er will die Expedition leiten. Nur eine Bedingung stellt er: Liz, seine Frau, soll mitkommen.

Alle drei halten den Fitz Roy für den schönsten Berg der Welt.

Drei Wochen später sitzen sie im Flugzeug nach Buenos Aires. Ihr Plan steht fest. Sie wollen von Rio Gallegos im Jeep bis zu einer Estancia am Fuß des Fitz Roy fahren, wo sie ein Basislager aufbauen wollen. Von dort aus soll der Berg erkundet werden.

Rio Gallegos, die Hauptstadt von Santa Cruz, ist die hässlichste Stadt der Erde und liegt in der südlichsten Provinz Argentiniens. Hypermoderne Bankgebäude und ein Dutzend Einfamilienhäuser stehen einsam zwischen Tausenden von Betonwürfeln, Wellblechhütten und Baracken. Dreck, Schmutz, Elend und aufkeimender Luxus bilden eine pittoreske Szenerie. Alles ist in ein Raster von unsinnig breiten Einbahnstraßen gefädelt, durch die der Wind Zeitungen, Kartons, leere Dosen und Abfall fegt. Das Scheppern der alten Autos und das Donnern von Wellblech werden noch übertönt von den Lautsprecherboxen der Geschäfte, aus denen 14 Stunden am Tag Schmalztangos und Discomusik schrillen. Ein Ambiente zum Verzweifeln. Zu kaufen gibt es nur billigste Massenware. Die Lokale bieten Junk food und Coca Cola an. In dieser trostlosen Stadt halten es die vier Abenteurer nicht lange aus. Sie fahren in einem kleinen Lastwagen nach Norden.

Roccia führt als Ältester die Expedition. Patrick, weltgewandt und sprachkundig, übernimmt wie selbstverständlich die Rolle des Sprechers. Martin ordnet sich unter.

Der Wagen fährt über eine Schotterstraße durch flaches Land, eine lange Staubfahne hinter sich lassend. Martin sitzt am Steuer. Er ist als Einziger wach. Er hat weniger den Fitz Roy im Kopf als vielmehr den Cerro Torre. Er kann es nicht erwarten, ihn wiederzusehen.

Nach zwei Tagen erreichen die vier die Estancia Rio Tunel. Dort schlagen sie ihre Zelte auf. Ringsum karge Hügel. Weiter hinten ein toter Wald. Weiß wie Knochen stehen Baumskelette in der Landschaft.

In der Estancia lernt Patrick ein Mädchen kennen. Es ist die jüngere Tochter des Estanciero, die viel begehrte Maria. Sie ist scheu und schüchtern, aber fasziniert von diesem Fremden. Patrick verliebt sich in sie.

Ihre Bestimmung ist es, einen Estanciero zu heiraten und in Patagonien zu bleiben, am Ende der Welt, wo es schwieriger als sonst wo ist, eine Frau zu finden. Die jungen Burschen auf den Estancias – die »Höfe« sind viele Kilometer voneinander entfernt – hüten ihre Bräute besser als ihre Pferde. Die Einheimischen beobachten Patrick mit Skepsis, und ein junger Mann, der von einer anderen Estancia angeritten kommt, wirft einen wütenden Blick auf das Lager der Fremden.

»Was wollen die Gringos hier?«, fragt der Mann, dessen Namen wir nicht erfahren. Maria ist seine Braut.

Die Vierergruppe bricht zum Fitz Roy auf. Eine Wegstunde oberhalb des Lagerplatzes muss der Rio della Sveltas überquert werden. Der reißende Fluss führt sandfarbenes Gletscherwasser. Er ist eiskalt. Unentschlossen stehen die vier am Rand des 20 Meter breiten Stroms. Schließlich führen Martin und Roccia Liz durch das reißende Wasser. Es reicht ihnen bis zur Brust. Immer wieder droht einer von ihnen das Gleichgewicht zu verlieren. Erst als die drei das bergseitige Ufer fast erreicht haben, folgt Patrick. Auch er hat Kleider und Schuhe anbehalten. Der prallvolle Rucksack ragt über seinen blonden Haarschopf. Er geht sicher. Plötzlich ein Knack, so als ob ein dürrer Ast gebrochen wäre. Die drei anderen drehen sich um und erstarren vor Schreck. Hilflos müssen sie mitansehen, wie Patrick von den Fluten mitgerissen wird. Sie sehen noch einmal eine Hand aus dem Wasser auftauchen. Dann nichts mehr. Nur dieses reißende Gletscherwasser.

»Patrick!«

Roccia und Martin zerren Liz ans Ufer. Sie werfen die Rucksäcke ab und rennen flussabwärts.

»Patrick!«

Während die drei das Ufer entlanghetzen, um Patrick zu retten, sehen wir als Zuschauer einen Estanciero im Gestrüpp am Flussrand. Es ist der Mann, der bei Maria war. Er geht davon. In seiner Hand trägt er ein Gewehr.

Martin, Roccia und Liz entdecken ihn nicht. Sie laufen, schauen, gestikulieren wie unter Schock. Aber Patrick ist unauffindbar.

Nach Tagen der Ratlosigkeit gehen Liz, Martin und Roccia weiter. Mit einem Estanciero von der Estancia Fitz Roy haben sie eine Nachricht nach Europa geschickt: »Patrick ist im Fluss ertrunken.«

Von Süden sieht der Fitz Roy unbezwingbar aus: senkrechte, rostbraune Granitplatten, darunter zerrissene Gletscher.

Die drei wollen um den Berg herumgehen, ihn erkunden. Sie finden eine schwache Stelle, einen möglichen Weg bis zum Gipfel, die »Supercanaletta«: eine mit Eis gefüllte Rinne, die sich von ganz unten bis fast zum Gipfel emporzieht.

Sie bauen eine Hütte aus Holzstämmen, um vor Schnee und Regen geschützt zu sein. Daneben stellen sie ihre Zelte. Es schneit, der Berg ist nicht zu sehen. Die Stimmung ist bedrückend. Liz will nicht mitklettern. Der Tod von Patrick hat sie schwerer getroffen als die beiden Männer. Martin und Roccia warten tagelang auf gutes Wetter.

Martin wirkt unsicher. Als hätte sein Selbstverständnis einen Riss bekommen. Seit dem Tag, als er vom Cerro Torre herunterkam, ist ihm, als ob er den Sprung vom Traum zur Wirklichkeit nicht mehr schaffen würde. Gerade diese Fähigkeit aber hatte ihn vorher ausgezeichnet: die Kraft, Ideen zu realisieren. Er will aus dem tiefen Tal des Misserfolgs heraus, weiß aber nicht, wie! Diese Expedition war beabsichtigt, um zum Ausgangspunkt seiner Tragödie, zum Cerro Torre, zurückzukehren und neu anfangen zu können. Martin hofft, dass ein Erfolg am Fitz Roy ihm über sein Trauma hinweghilft. Er weiß, dass Erfolg, wo auch immer, lebenswichtig ist. Deshalb drängt er zum Ausharren. Er will den Erfolg erzwingen, um sein Image zu retten.

Roccia warnt ihn vor falschen Hoffnungen. »Bergsteigen ist kein Spaß. Es ist wie ein Geschicklichkeitsspiel, bei dem du ausgeknockt wirst. Nicht vom Partner, sondern vom Wind und vom schlechten Wetter. Also keine überspannten Hoffnungen. In dem Moment, wo du hinaufgehst, lieferst du dich aus: Entweder du stirbst, oder du kommst auf allen vieren wieder heruntergekrochen. Es ist ein Kampf auf Leben und Tod. Wie oft habe ich das erfahren.«

Der Fitz Roy, mit 3441 Metern der höchste Gipfel der nach ihm benannten Berggruppe, ist verglichen mit den Achttausendern von eher bescheidener Höhe. Dafür aber liegt er unendlich weit von der Zivilisation weg. Dieser Berg wurzelt in Eisfeldern auf 350 Metern über dem Meeresspiegel und ragt 3000 Meter über der Ebene auf. Ein majestätischer Anblick.

Martin und Roccia wollen – ohne die Route vorher für ihre Besteigung vorzubereiten – zum Gipfel und wieder zurück klettern. Innerhalb von drei schönen Tagen, sobald sich das Wetter jemals von seiner besseren Seite zeigen sollte.

In schweren Rucksäcken schleppen die beiden Männer Ausrüstung und Essen bis zum Bergfuß hoch. Das Wetter ist schlecht. Doch Kletterer glauben an ihr persönliches Glück.

»Wenn wir losgehen, wird das Wetter gut«, behauptet Martin.

Martin und Roccia sind bereit für den Berg. Aber der Berg ist nicht bereit für sie. Es wird noch Tage dauern, bis sie »ihre« Route wieder sehen können. Zum ersten Mal studieren sie Details aus der Nähe.

In der vierten Woche klart es auf. Nur der Wind bleibt.

Endlich gutes Wetter!

Roccia und Martin hetzen bei strahlendem Sonnenschein zum Einstieg. Auf dem Gletscher am Fuße der steilen Granitwand biwakieren sie. Es ist feuchtkalt, diese Welt hier so hart und abweisend, dass keiner den anderen aufzubauen vermag. In der Nacht schneit es. Am Morgen steigen sie klatschnass zum Basislager ab.

Wieder unten, bessert sich das Wetter. Martin und Roccia steigen ein zweites Mal hinauf und gleich in die Wand ein.

»Jetzt oder nie.«

»Wenn das Wetter morgen noch hält, sind wir am Abend auf dem Gipfel.«

Es ist Mittag, als sie die enge Schlucht hochsteigen.

Martin und Roccia rennen die ersten 1000 Höhenmeter seilfrei durch eine steile Eisrinne hinauf. Die Sonne hat die Eiskruste aufgeweicht. Es ist Leichtsinn, um diese Zeit zu klettern. Der Schlund ist vielleicht drei Meter breit und tief in die 60 Grad steile Flanke eingefressen. In ihm sammelt sich alles, was die 1800-Meter-Wand bereithält: Stein- und Eisschlag. Und es gibt keinen Ausweg.

Es dauert nicht lange, da wird Roccia an der Schulter getroffen. Martin bekommt einen großen Stein auf den Rucksack. Weiter oben stürzt ein Wasserfall über eine Sperrstelle im Couloir.

Endlich bietet sich eine Möglichkeit, die Schlucht nach rechts zu verlassen. Es wird Nacht. Die beiden biwakieren auf einem schmalen Felssims. Der Steinschlag hört auf, der Wind verstummt. Es ist kalt.

Mit vereisten Kleidern starren Martin und Roccia dem Morgen entgegen. Wieder kommt Wind auf. Es fängt an zu schneien. In ihren Gesichtern hat sich die Angst eingefroren.

Um neun Uhr morgens beginnen die beiden mit dem Abseilen. Jetzt kommen Neuschneelawinen von oben. In immer kürzeren Abständen überspülen sie immer größere Schneerutsche.

Am nächsten Tag herrscht wieder gutes Wetter.

»So viel Ungerechtigkeit ist schwer zu ertragen«, klagt Martin. »Wenn wir einen Tag im Couloir gewartet hätten, wären wir jetzt vielleicht auf dem Gipfel.«

»Wir könnten ja gleich wieder einsteigen.«

Zum Bergsteigen gehören zahllose Unwägbarkeiten, und der Erfolg einer Tour hängt auch von simplen Zufällen ab. Im richtigen Moment am richtigen Ort zu sein ist nur bedingt planbar. Wenn es dabei Gesetze gäbe, wäre es einfacher.

Mondnacht. Wieder ist das Wetter schön. Der Berg aber sieht schrecklich aus. Er ist von oben bis unten vereist. Martin und Roccia steigen nebeneinander auf.

»Ich hasse dieses Nachtbergsteigen!«

»Nachts ist die Angst hundertmal größer.«

Eine Stunde nach Mitternacht erreichen Martin und Roccia den Gletscher. Beim Morgengrauen haben sie mehr als 1000 Meter im Couloir hinter sich. Trotzdem, die Hoffnung, an einem Tag bis zum Gipfel zu kommen, bleibt eine Illusion. Gegen neun Uhr erreichen sie ihren alten Biwakplatz.

Jetzt wird es schwierig. Wieder setzen Stein- und Eisschlag ein. Schneerutsche kommen das Couloir herunter. Ein senkrechter, vereister Wasserfall versperrt den Weg. Roccia steigt vor.

Im oberen Teil der Schlucht, die zu einem Kessel geweitet ist, traversieren sie über Bänder nach rechts. Der Grat darüber sieht hoffnungslos aus. Das Eis hängt meterdick an der Wand.

Also Biwak. Martin und Roccia setzen sich 300 Meter unter dem Gipfel auf eine handbreite Leiste. Wind und Wolken kommen auf.

»Dieser Platz ist zu klein, um zu biwakieren.« Es ist mehr ein Hängen als ein Sitzen. Dazu der Wind und die dunklen Wolken, die über den Grat jagen!

»Das Wetter wird wieder umkippen.«

Die Nacht ist furchtbar. Es geht nur darum, wer sich die bessere Sitzposition ertrotzt. Jeder hasst den anderen. An Schlaf ist nicht zu denken.

Gegen Morgen fängt es an zu schneien. Der Sturm bläst den Schnee in den Biwaksack.

»Wir müssen abseilen.«

Beide aber wissen, dass sie, wenn sie jetzt abbrechen, nie wieder hochsteigen werden. Also wagen sie einen allerletzten Versuch. Trotz Schneetreiben, trotz Verzweiflung. Martin schafft drei Seillängen. Dann steht er am Grat und kommt nicht mehr weiter. Keinen Meter mehr. Er möchte vor Enttäuschung weinen. Doch Roccia macht ihm wieder Mut.

»Abwarten!«, rät Roccia.

Sie biwakieren noch einmal.

»Vielleicht klappt es morgen.«

Wieder verbringen die beiden eine furchtbare, endlos lange Nacht. Jammern ist die einzige Möglichkeit, die Trostlosigkeit von Kälte und Dunkelheit zu ertragen. Am Morgen sind die beiden fast erfroren. Sie haben weder Gas noch etwas zu essen mehr. Aus den zwei Besessenen sind zwei Gebrochene geworden, die sich aus der Biwakhülle schälen. Keine Diskussion mehr. Sie steigen ab.

»Nichts wie hinunter.«

Die beiden versprechen sich gegenseitig, den Fitz Roy aufzugeben. Nach 40 Meter Abseilen ist blauer Himmel zu sehen.

»Da, der Gipfel!«

Er ist zum Greifen nah.

»Komm, wir probieren es noch einmal«, lockt Roccia.

Es hat zwar aufgehört zu schneien, aber der Sturm brüllt unvermindert weiter. Schneeböen klatschen gegen die Wand. Weltuntergangsstimmung. Mit unglaublicher Geschwindigkeit jagen die Wolken über den Kamm. Die beiden klettern wie zwei wilde Tiere, die nichts mehr aufhalten kann, getrieben, besessen, ohne Angst. Sie können sich gegenseitig nicht hören. Seilkommandos sind sinnlos.

Der Sturm nimmt an Stärke zu, die Sicht nimmt ab. Mit allen Mitteln wird geklettert. Der Verstand ist ausgeschaltet. Als wäre es doch möglich, ein Held zu sein und gleichzeitig zu überleben.

Sie sind in einem Zustand, in dem sie alles können. Obwohl physisch am Ende, gehen sie weiter. Sie haben ihre Grenzen gesprengt.

Der Gipfelgrat ist vereist, die Welt ringsum weißgrau. Wie ihre eisverkrusteten Gesichter.

Martin entdeckt einen Haken. Er hängt das Seil ein.

»Gib mir Zug!«

Martin muss pendeln. Fünf Meter schräg nach links. Er will sehen, ob es jenseits des Turms ein Weiter gibt, nach oben zum Gipfel.

Plötzlich fällt Martin nach hinten. Roccia sieht ihn nicht, hört seinen Schrei nicht. Er hört nur den Sturm.

Martin fällt vom Grat ins Bodenlose. Instinktiv greift er nach Halt, und wie durch ein Wunder kann er sich nach ein paar Metern am Fels festkrallen.

Er hängt.

»Seil ein!«

Er will sich am Seil hochziehen. Das Seil aber gibt nach. Wie soll er zum Haken zurückkommen?

»Seil ein!«, brüllt er verzweifelt.

Vergeblich versucht Martin, sich am Seil hochzuziehen. Es ist lose.

»Seil ein!«

Es kommt noch mehr Seil.

Roccia steht an der Granitwand und schaut nach oben.

Was tut Martin? Er wird in leichtem Gelände sein, denkt er.

Martin sieht in den Abgrund.

Hier komme ich nicht mehr heraus, denkt er. Er hängt nur noch an einer Hand. Gleich werde ich fallen.

Er durchlebt alle Stadien der Verzweiflung, bis er in der absoluten Ausweglosigkeit das Ende akzeptiert. Er wird ganz ruhig. Martin redet jetzt mit sich wie zu einer dritten Person. Er weiß, dass ihn Roccia nicht hören kann, obwohl er nur acht Meter von ihm entfernt ist.

»So schnell geht das. So ist das also mit dem Tod.«

Dann bettelt er wieder: »Roccia, ich will nicht sterben.« Und: »Seil ein!«

Im nächsten Moment ist er wieder ruhig. Plötzlich durchfährt ihn ein Geistesblitz: Er muss nur so lange am Seil ziehen, bis es zu Ende ist. Weiter oben befindet sich ja der Haken. Dort ist das Seil zwar nicht fixiert, aber es läuft durch. Das reicht.

Martin kann sich hochziehen.

»Gerettet!«

Langsam zieht sich Martin aus dem Abgrund des Todes zurück auf den Grat. Aber da ist niemand. Das Seil läuft durch den einen Haken und verschwindet wieder in der Tiefe.

»Roccia!«

Martin schlägt einen zweiten Haken ein, ehe er zur Kante robbt. Weit unten sieht er Roccia baumeln. Es muss etwas Furchtbares passiert sein.

»Hilf mir!«

Gott sei Dank, er lebt noch. Ob Roccia verletzt ist?

Martin seilt sich zu ihm ab und untersucht ihn. Anscheinend nichts gebrochen.

Roccia kann es immer noch nicht fassen. »Ich wollte nachsteigen, plötzlich bekomme ich Zug, verliere das Gleichgewicht und stürze.«

Sie hatten also beide an einem alten, rostigen Haken, das Seil halb gerissen, gehangen. Nicht auszudenken!

Bevor sie mit dem Abseilen beginnen, wagt Martin noch einmal einen verstohlenen Blick zum Gipfel.

»Das war zu viel Risiko für einen unbestiegenen Berg«, murmelt er halblaut vor sich hin.

»Ohne Gipfel ist die ganze Besteigung nichts wert. Da hätten wir gleich unten bleiben können.«

Wieder Biwak im Schneetreiben. Wieder eine endlose Nacht. Nichts mehr zu essen. Im Rucksack finden sie einen Brühwürfel, den sie brüderlich teilen. Jeder leckt an seinem Teil. Bei der Kälte erfriert jeder Gedanke.

Das Abseilen am Morgen nimmt kein Ende. Immer größere Lawinen kommen herab.

Endlich sind sie am Bergschrund. Hintereinander springen sie in den weichen Lawinenschnee. Sie ziehen zwanzig Meter Seil ein, schneiden es ab.

»Mehr brauchen wir für den Gletscher nicht.«

Am Gletscherende schmeißt Roccia die Ausrüstung weg.

»Ich gebe das Bergsteigen auf.« Er sagt es so, als werfe er sein Leben hin. Und nach einer Weile: »Wenn ich weitermache, komme ich um.«

Liz hat im Lager gewartet. Martin und Roccia aber nehmen sie überhaupt nicht wahr. Sie wirken abwesend, als wären sie oben, irgendwo unter dem Gipfel. Roccia kann nicht einmal Dankbarkeit empfinden, dass er noch am Leben ist.

Nach Tagen steigt Roccia wieder auf, um seine Ausrüstung zu holen.

»Willst du es noch mal versuchen?«, fragt seine Frau.

»Vielleicht.«

»Warum?«

»Weil ihn noch nie jemand bestiegen hat.«

Liz will nach Hause. Sie erzählt nicht, was sie tun wird; Roccia nicht, wohin er geht. Das Schweigen ist die einzige Gemeinsamkeit, die sie noch verbindet.

Als Roccia in die Holzhütte zurückkehrt, ist sie leer. Wind und Regen fegen waagerecht durch das Rio-Blanco-Tal.

Martin und Liz sind zusammen abgereist, zurück nach Europa.

Roccia wartet auf gutes Wetter. Drei Tage gutes Wetter sind hier mehr als ein Vermögen. Er will bis zum letzten Sommertag warten, denn er will seiner Pflicht nachkommen. Der Pflicht seiner Idee gegenüber.

»Wenn schon verlieren, dann richtig! Wie ein ordentlicher Deutscher.« Roccia lacht über sich selbst.

Bei schönem Wetter da oben zu sein ist mehr als ein kitschiger Traum. Nirgendwo ist die Erhabenheit der Berge so stark wie in Patagonien. Das Inlandeis, das »Hielo Continental«, kann man nur vermuten. Die Gipfel sind fast immer von Wolken verdeckt. Dahinter aber, ahnen wir, liegt das Mysterium.

Roccia ist entschlossen, in Patagonien zu bleiben. Weil ihn die Landschaft beruhigt. Er geht bis zur Estancia Fitz Roy und verdingt sich dort als Peón.

Vom südlichsten Chile aus breitete sich einst die Schafhaltung nach Feuerland und nordwärts nach Argentinien aus. Im Laufe der Zeit aber wurden viele Estancias wieder aufgegeben, und wären nicht die Einwanderer von den Falkland-Inseln gekommen, das Gebiet am Fitz Roy wäre heute menschenleer. Estanciero kann man trotzdem nur durch den Kauf einer vorhandenen Estancia werden. Auch dort, wo Patagonien nicht eingezäunt ist. Alles Land, das sich irgendwie für Schafe eignet, wird hier genutzt. Geduldig suchen diese Tiere zwischen den Dornen die fressbaren Halme und Blätter.

Roccia geht immerzu über diese unendlich weite Landschaft, als interessiere ihn anderes nicht mehr.

Der Fitz Roy ragt bei gutem Wetter über der Steppe auf wie eine Gralsburg. Der rote Granit leuchtet, als stünde er in Flammen. Für Roccia hat sich der Berg in eine schöne Kulisse verwandelt. Es interessiert ihn aber nicht mehr, dass dieser Fitz Roy nicht bestiegen ist.

Martin und Liz, inzwischen ein Paar geworden, leben in einer kleinen Stadtwohnung in München und führen ein bürgerliches Leben.

Sie steht im eigenen Sportgeschäft, er hält Vorträge, tritt auf Veranstaltungen auf. Dabei erzählt Martin häufig vom Cerro Torre, vom Fitz Roy, von Patagonien. Er hat die Geschichte so oft erzählt, dass er sie selbst nicht mehr glaubt. Seine Worte sind leer. Er ist leer. Alles klingt wie erfunden. Die Bilder auf der Leinwand – Cerro Torre, Fitz Roy – entsprechen nicht seiner Realität, nicht der Stimmung, wie er sie erlebt hat, wie er sie empfindet.

Die Stimmen der Kritiker, die behaupten, Martin habe den Cerro Torre nicht bestiegen, mehren sich. Martin schweigt zu den Vorwürfen, bis zu dem Tag, als Laura, Martins und Liz' Tochter, weinend aus der Schule nach Hause kommt.

»Die Kinder sagen«, schluchzt sie bei ihrer Mutter, »Papa hat den Cerro Torre nicht bestiegen.«

»Sie lügen. Du musst ihnen nicht glauben.«

»Ja, aber wenn sie es sagen.«

»Was?«

»Dass niemand den Berg bestiegen hat.«

Wieder steht dieser Vorwurf im Raum.

Das Kind glaubt dem Vater. Trotzdem, Martin ist verletzt. Und die Mutter reagiert wütend: »Zeig es ihnen«, hetzt sie ihren Mann auf. »Beweis ihnen, dass du oben warst.«

Jetzt steht Martin mit dem Rücken zur Wand: die Vorwürfe einerseits, sein verletztes Kind und die Forderung von Liz andererseits.

In dieser Stunde plant Martin seine zweite Cerro-Torre-Expedition. Damit will er die erste beweisen, die Kritiker beschämen und die Sekte der Bergsteiger Lügen strafen. Der Entschluss steht. Die neue Expedition wird mit Liz bis ins Detail besprochen. Wir wissen: Entweder wird Martin den Cerro Torre besteigen, oder er wird umkommen. Scheitern wird er nicht.

Roccia lebt während all dieser Jahre mit seinen Schafen. Wie ein Sammler und Hirte streift er umher, ernährt sich von Calafate,

Schaf Heisch, Wurzeln und Kräutern. Wandern kann man in dieser Gegend nicht, aber unterwegs sein. Wenn man sich auskennt. Pfade gibt es keine.

Auf seinen Streifzügen kommt er wie zufällig am Fuße des Cerro Torre vorbei. Je höher er hinaufsteigt, umso besser findet er sich zurecht. Im Eis entdeckt er die Leiche von Joe. Sie liegt völlig konserviert im Gletscher, nur eine Hand ragt aus dem Schnee. Am Fuße der senkrechten Granitwand wirkt dieser Tote nicht fremd: ein erschreckendes, aber logisches Bild. Stück für Stück schält Roccia seinen Jugendfreund aus dem Eis. Das Gesicht des dreißigjährigen Joe ist so jung, dass wir über das Gesicht des vierzigjährigen Roccia erschrecken. Wir erleben das Altern nicht als Prozess, wir erfahren es als Schock.

Roccia nimmt den Seilrest mit, den er dem Toten von der Brust geschnitten hat, bevor er ihn in einer Spalte beisetzt. Eine Weile trägt er das durchgescheuerte Seilstück mit sich herum. Später bewahrt er es in seiner Hütte auf. Wie eine Reliquie.

Martin und Liz sind besessen von dem Zwang, der Welt zu beweisen, dass Martin nicht gelogen hat. Ihr Plan schweißt sie zusammen. Gemeinsam suchen sie Sponsoren, gemeinsam tragen sie die Ausrüstung zusammen: eine Bohrmaschine, Seile, Steigklemmen. Mit allen nur erdenklichen Hilfsmitteln will Martin seinem Schicksalsberg zu Leibe rücken. Er muss den Cerro Torre besteigen.

Journalisten interessieren sich für den Plan. Was ist wirklich mit Joe passiert? Alte Zweifel werden diskutiert. Martin hat Kritiker und Befürworter, wie jeder, der sein Leben einsetzen will, um seine Ehre zu retten.

Wir erleben Martin beim Packen, bei einem Pressegespräch. Ein alternder Journalist, Iwan, weicht ihm nicht mehr von der Seite. Es geht ihm weder darum, den »Helden« zu verteidigen, noch ihn zu verurteilen. Es geht ihm um die Hintergründe. Er will eine Story.

In der Estancia Fitz Roy kennen die Leute Roccia. Er gehört zu ihnen, als wäre er schon immer da gewesen. Niemand fragt, woher er gekommen ist und wohin er gehen wird.

Als Iwan vom *Mountain Magazine* in der Estancia Fitz Roy auftaucht, weicht Roccia ihm aus. Er flickt am Dach herum, geht ins Land hinaus. Seine Ruhe ist ihm kostbar.

»Ich habe mich zurückgezogen«, entschuldigt sich Roccia beim ersten Zusammentreffen. Das Gespräch ist ihm unangenehm.

»Nur zehn Minuten, bitte.«

Roccia will sich nicht erinnern.

»Ich muss mit Ihnen reden«, insistiert Iwan.

»Ich nicht.«

»Eine Frage nur.«

Roccia schweigt.

»Wo sind Sie die ganze Zeit gewesen?«

Roccia sieht ihn an. Dann verliert sich sein Blick in der Ferne.

»Haben Sie den Torre inzwischen bestiegen?«

»Nein.«

»Martin plant eine neue Expedition zum Cerro Torre.«

Roccia wirkt teilnahmslos, als höre er darüber hinweg.

Später sitzen die beiden Männer in der Hütte. Auch auf die Frage nach dem verschollenen Joe verzieht Roccia keine Miene. Das Seilstück hängt an einem Haken an der Wand über Roccias Kopf.

»Die Gipfelbesteigung des Cerro Torre wird angezweifelt.«

»Kann sein.«

Roccia lebt sein zweites Leben in den Bergen von Patagonien, bei seinen Schafen, als hätte es ein Gestern nie gegeben.

»Sie sind doch Roccia?«

Keine Antwort.

Der Zeitungsmann verabschiedet sich. »Ich kann Sie zu Ihrem Glück nicht zwingen.«

»Sie haben das Glück nicht in der Tasche, also versprechen Sie es nicht! Lasst mich endlich in Ruhe! Was soll ich in München? Verrückt werden?«

Roccia hat sich in der Estancia Fitz Roy eingerichtet. Die verfallene Hütte und die 10 000 Hektar Weideland gehören nicht ihm, aber er gehört hierher. Roccia liebt diese Gegend. Das sieht man in all seinen Handlungen.

Dass Martin mit seiner Expedition am Cerro Torre eingetroffen ist, erfährt Roccia von anderen Schafhirten.

»Auch eine Frau ist dabei.«

Roccia will sich dieser Tatsache verschließen, doch die Vergangenheit holt ihn ein.

Als Roccia, aufgeschreckt durch das ständige Rasseln des Pressluftbohrers und die vielen Hubschrauber, die über den Berg huschen, begreift, dass da einer am Werk ist, der die Idee des Bergsteigens auf den Kopf stellt, erwacht sein Ehrgeiz. Alte, längst vergangene Träume kommen wieder hoch. Er kann nur noch an den Cerro Torre denken. Der Berg wirkt wie eine Droge.

Martin und Liz wohnen nicht weit von der Estancia Fitz Roy entfernt, einen Steinwurf weit auf der anderen Seite des Flusses. Dort sitzt Liz und starrt den ganzen Tag mit dem Fernglas in die Wand. Dreimal am Tag hat sie Funkkontakt mit Martin.

»Hier Basislager, Martin, bitte kommen.«

»Liz, ist alles in Ordnung?«

»Hier ja, und oben?«

»Knallharte Arbeit, aber ich komme weiter. Heute 40 Meter gebohrt.«

»Und sonst?«

»Sturm.«

»Brauchst du noch was?«

»Besseres Wetter, sonst nichts, Ende.«

»Ende.«

Liz ist verbittert. Der Ehrgeiz hat sich in Furchen in ihr Gesicht eingegraben. Der Wind tut ein Übriges dazu.

Die Geschwindigkeit, mit der die Wolken über den Torre jagen, lassen auf orkanartige Winde schließen.

Früher Morgen. Roccia packt im Schuppen seinen alten Rucksack. Dann geht er hinaus. Über Nacht ist Schnee gefallen. Das Tal liegt in hellem Sonnenschein, aber weiter oben steckt die Landschaft im Nebel. Roccia geht los. Bald verlässt er den Weg und steigt eine sanfte Höhe hinauf. Dort gibt es keine Fußspuren mehr. Er geht neben einem toten Wald dahin. Hie und da entdeckt er eine Spur von Wild. Abgesehen von dem sanften Wehen des Windes und gelegentlichen Flügelschlägen der Vögel ist es still. Er überquert einen hohen Pass. Auf der anderen Seite breitet sich das Inlandeis aus.

Roccia geht über eine riesige Eisfläche. Seine Schritte bleiben ruhig. Sein Zelt schlägt er auf wie jemand, der ein Leben lang nichts anderes getan hat.

Die Totale zeigt Roccia als einen winzigen Punkt inmitten des »Hielo Continental«, darüber im Mondlicht der Torre.

Martin ist seit Wochen oben am Berg. Roccia seit zwei Tagen. Es stürmt. Nichts ist zu sehen.

Der Sturm bricht Zweige von den toten Bäumen, treibt Blätter heran und wirft sie zwischen die zwei orangefarbenen Zelte. Keine zehn Meter von Liz' Zelt entfernt steht eine graue Gestalt, ein Peón, ein Knecht, der die Schafe hütet. Niemand in dieser Gegend kennt seinen ganzen Namen. Rau und schweigend sitzt er auf seinem Pferd.

Der Peón sieht Liz nicht an. Er ist zu müde, um zu plaudern oder sich zu erinnern oder irgendjemandes Freund zu sein. Er kann nur Zäune ausbessern, sein Pferd reiten und die Schafe davon abhalten, zu weit in die Berge hinaufzugehen. Auch Roccia ist für ihn ein Gringo, was so viel wie ein Schimpfwort ist.

Liz geht in die kleine Hütte aus Baumstämmen und Plastikplanen, die jetzt ihre Küche ist. Schon wieder ist das Feuer ausgegangen. Sie ärgert sich. Sie mag solche Plätze nicht mehr.

Wo gestern noch der Gipfel des Torre zu sehen war, ist jetzt eine einzige graue Wolke. Hier herrschen die Gesetze des Windes, hier ist der Wind sichtbar: wenn er die Wolkenfetzen herumwirbelt, wenn er den Schnee von den Gipfeln reißt, wenn er die Berge fortzaubert. Der Wind beherrscht hier auch die Menschen. Entweder werden sie zu Philosophen, oder er bringt sie um. Wer denkt, er könnte hier etwas bestimmen, ist verrückt. Und Martin bräuchte mindestens eine Woche ohne Wind.

Liz steht vor den Zelten und schaut Richtung Torre. Die Nebel steigen. Stahlgraue Felsfetzen tauchen auf. Darüber ein Stück blauer Himmel. Eine unheimliche Spannung zieht sich um den Berg zusammen.

Irgendwo da oben sind Roccia und Martin. Zwei Kontrahenten, die sich nicht sehen können. Von entgegengesetzten Seiten steigen sie hoch. Roccia klettert im Eis, immer von links nach rechts. Martin im Fels von rechts nach links.

Über Funkkontakt erfährt Martin, dass Roccia auf der Gegenseite des Torre klettert. Liz kann beide vom Basislager aus mit dem Fernglas beobachten. Sie feuert Martin an. Er muss gewinnen.

Martin arbeitet sich mit unbeschreiblichem Aufwand nach oben. Der Berg ist mit einem Netz von Seilen überzogen. Tausend Löcher werden gebohrt. Der Kompressor wird mit Flaschenzug hochgehievt.

Je höher die beiden steigen, umso schwieriger werden sie für das bloße Auge erkennbar. Man ahnt, oben müssen sie zusammenkommen. Wolken verdunkeln den Mond. Finsternis legt sich über die Landschaft und verleiht ihr etwas Unwirkliches.

Roccia hackt ein Loch in die Gipfelwand und hockt sich wie ein Vogel hinein. Eine ganze Nacht lang verharrt er in dieser Lage.

Am frühen Morgen treibt ihn die Angst aus seiner Eisnische. Die Angst, es allein nicht zu schaffen. Die Angst vor der Sinnlosigkeit seiner Tat. Die Angst vor sich selbst.

Er jagt hinauf ins senkrechte Eis.

Martin steigt an Fixseilen hoch. Er hat eine grenzenlose Wut im Bauch. Es ist ihm, als müsste er den Torre mit der Faust zertrümmern. Er schwört, lästert, flucht.

Auf der Höhe des Gipfelturms endet sein Fixseil.

Ein fremdes Licht breitet sich aus, hinunter in die Täler, wo die weißen Eismassen liegen. Martin kommt sich lächerlich vor, einfältig.

Roccia hat eine Stufe geschlagen. Einen Augenblick lang steht er ganz sicher und ruhig und fest. 1000 Meter über dem Eismeer. Verzweiflung spricht aus seinen Augen. Er weiß nicht, was ihn höher treibt. Und deshalb steigt er weiter.

Liz ruft über Funk durch. Der Kontakt ist gut. Sie peitscht ihren Mann an. Ihre Worte sind Befehle, kalt und teilnahmslos. Man spürt, dass sie weder ahnt noch sehen will, was Martin riskiert.

Der Peón kommt vorbei. Er schüttelt den Kopf, als wüsste er, dass nie jemand den Torre erklettern wird. Dort oben ist immer Winter, immer Gefahr, immer Weltuntergang. Die Menschen sind nicht dafür gemacht, diesen Berg zu besteigen. Sie gehören einfach nicht dorthin.

Der Sturm wächst sich aus zum Orkan. Der Peón kennt das. Jahrein und jahraus dasselbe. Zuerst blauer Himmel, dann Schnee. Wenn der Himmel klar ist, heult der Wind, und wenn er grau ist, schneit es. Am Torre ist niemals Frieden.

Der Peón sagt nichts. Trotzdem erscheint er Liz als Provokation, als der fleischgewordene Vorwurf.

»Wenn ich nur dieses Feuer in Gang brächte!« Liz fingert am Herd herum.

Ihre Hände sind ganz blau. Aufgeweichte, wundgeriebene Finger. Tagelang stecken diese Hände in nassen Handschuhen, die gefrieren, wieder auftauen und wieder gefrieren.

»Warum ist hier alles so schwierig?«

Martin klatscht die bloßen Hände gegen die Felsen, bis sie wieder durchblutet sind. Dann wagt er wieder einen Versuch. Und noch einen. Er klettert jetzt frei.

»Verdammt, wie weit ist es bis zum Gipfelturm?«

Auf einem winzigen Tritt stehend, wird Roccia von einem Schnee-rutsch gestreift. Der kalte Schnee nimmt ihm den Atem. Abwech-selnd bewegt er seine Füße und Hände. Er steigt präzise. Wie ein Roboter. Kein Platz, um sich auszuruhen. Alle Gesten wiederho-len sich. Sobald wieder Gefühl in seinen Händen ist, macht er ein halbes Dutzend Bewegungen. Dann wieder Rast. Endzeitstim-mung.

»Es ist jetzt egal, ob ich einen Tag mehr oder weniger lebe.«

Wann hatte dieser Wahnsinn angefangen? Wie lange schon dau-erte der Sturm? Wann hörte er auf?

»Ich bin auch verrückt, aber ich träume vom Sonnenschein, von der Jugend. Ich hatte nie eine Frau, aber ich wollte auch nie auf den Torre steigen«, sagt der Peón einmal im Vorbeireiten.

Für die Einheimischen sieht der Cerro Torre aus wie ein erigier-ter Penis. Um nichts in der Welt würden sie da hinaufsteigen.

Liz erwartet sich von dieser Besteigung eine Art Befreiung. Auch soll sie Rechtfertigung sein, Wiedergutmachung und ein Geschäft.

Die Kletterei raubt dem Zuschauer den Atem. Martin und Roccia sind immer weniger voneinander zu unterscheiden. Je höher sie steigen, desto weniger kann man sie auseinanderhalten. Zuerst nicht mehr äußerlich, dann auch nicht mehr in ihrem Wahn. Jeder lebt und überlebt da oben für sich allein. Wir wollen nicht wissen, wer wer ist. Wir wollen nur, dass sie es schaffen!

Durch das Fernglas sieht Liz einen Menschen unter dem Gipfel hysterisch gestikulieren. Für Liz ist es Martin. Ebenso gut könnte es auch Roccia sein. Er ist völlig schneeverkrustet. Beim Anblick der winzigen Figur am Gipfelgrat weint Liz. Dann versucht sie zu funken. Keine Antwort. Der Kontakt ist abgebrochen. Bis auf diese eine Silhouette, die sich gegen den dunklen Hintergrund des Him-mels bewegt. So weit waren nie zwei Menschen voneinander ent-fernt.

Der Gipfel wird aus der Nähe gezeigt. Es ist klar, dass nur ein Mann oben ist. Er ist nicht glücklich. Sein Blick ist wirr und unendlich hilflos. Er gestikuliert mit dem Pickel, drückt ihn an sich. Am Eispilz unter dem Gipfel hängt, über dem Abgrund baumelnd, ein lebloser Körper. Er dreht sich im Wind. Ist es Martin? Oder Roccia?

Selbst als wir den Kletterer aus nächster Nähe sehen, erkennen wir nicht, wer es ist. Sein Gesicht ist eisverkrustet. Die Kleider sind zerrissen und schmutzig. Die Hände bluten. Er lauscht einer Stimme, die um den Horizont schreit, einer Stimme, die man gewöhnlich Stille nennt.

Einer Marionette gleich, geht der Mann am Gipfel herum. Kopfschüttelnd. Wir entfernen uns. Der Mann steht dort oben wie ein Symbol für die Einsamkeit des Menschen.

Dieser Mann ist kein Sieger. Wir wissen, er wird nicht mehr herunterkommen.

Wir fragen jetzt nicht mehr nach der Person, wir rätseln nur noch über ihren Seelenzustand.

In einer spiralartigen Drehung entfernen wir uns vom Gipfel, den wir als Tanzpalast des Wahnsinns über allem Abgrund erleben. Der Mund des Kletterers ist weit aufgerissen, ohne dass man zunächst einen Laut hört. Als sein Verzweiflungsschrei ausbricht, erscheint der Schlusstitel:

»Schrei aus Stein!«

Wir sehen nur noch Berge. Der Mensch auf dem Gipfel des Cerro Torre ist nicht mehr zu sehen.

Vier Jahre später, 1988, saß ich mit Walter Saxer und Bubu Klausmann in einer kleinen Baumhütte am Fuße des Cerro Torre. Wir waren gekommen, um die Gegend nach Motiven für meine Filmidee abzusuchen. War es möglich, den Stoff umzusetzen? Wir hatten eine aus Plastikplanen und Holzpflöcken gebastelte Unterkunft als unsere Behausung ausgesucht.

Walter Saxer, ein eigenwilliger Schweizer mit kahlgeschorenem Schädel, war Filmproduzent und seit zwei Jahrzehnten damit beschäftigt, beim Spielfilm das Unmögliche zu realisieren. Er hatte Werner Herzog bei »Fitzcarraldo« geholfen, ein Schiff über einen Berg im Amazonasgebiet zu ziehen, und er besaß jene Hartnäckigkeit, die für Schweizer so typisch ist. Er war von meiner Filmidee begeistert.

Bubu, Rainer Klausmann, kannte ich seit 1984. Er hatte bei mehreren Herzog-Filmen als Kameramann gearbeitet. Ein stiller, witziger Mann mit viel Gefühl für Landschaften. Er hatte mich mit Walter Saxer bekannt gemacht.

Am Vormittag stiegen wir zu den Gletschern am Fuße unseres Berges auf, suchten Drehorte, Lagerplätze, Möglichkeiten, mit dem Hubschrauber zu landen. Im Schneesturm stapfte ich dann allein weiter, bis zum Einstieg des Torre. Mich interessierte jetzt nicht die Besteigung und auch nicht die Geschichte des Berges, mich trieben die Bilder in meinem Kopf an, die ich auf die Leinwand bringen wollte. Mit jedem Satz in meinem Treatment zum Film »Schrei aus Stein« verband sich ein Bild, und ich suchte die Szenenhintergründe dazu.

Während draußen vor der Hütte der Schneesturm die Plastikplanen aufblähte, wärmten wir uns am Feuer und diskutierten. Über eines waren wir uns einig: »Schrei aus Stein« ließ sich realisieren – und zwar nur hier. Mit Hilfe von Hubschraubern, von klettererfahrenen Kameraleuten und mit Spitzenkletterern als Schauspielern.

Plötzlich wurde die Tür zu unserer Hütte – ein Holzrahmen mit Plastik bespannt – aufgerissen. Doch es war nichts zu sehen. Wir blickten uns fragend an. In dem Moment betrat ein kleiner, schwarzhaariger Mann unsere Behausung. Er grüßte uns nicht. Mit zwei Schritten, entschlossen, ohne den Kopf zu senken, machte er eine letzte Bewegung auf den Baumstamm zu, der unserem halbdurchsichtigen Wigwam im Zentrum Halt gab. Er griff – ehrfürchtig murmelnd – mit der rechten Hand nach dem Pickel, den ich in den toten Baumstamm gehauen hatte, so wie man ihn sonst am senkrechten Eis einschlägt. Er fasste den Pickel an, nahm ihn ab und begutachtete ihn. Seine Augen leuchteten, als er ihn langsam vor seinem Gesicht hob und senkte.

In diesem Augenblick merkte ich, dass an seiner rechten Hand sämtliche Finger fehlten. Ich erschrak. Ein kalter Schauer lief mir über den Rücken. Jetzt erst sprach ich den Mann an. Aber er war so von meinem Pickel fasziniert, dass er mich zunächst nicht hörte. Er brauchte lange, um zu antworten.

»Nur diesen Pickel möchte ich haben«, sagte er.

Wir drei schauten uns an.

»Er liegt so gut in der Hand.«

Er wog das Gerät in seiner verstümmelten Hand. Als ginge es um einen wertvollen Schatz. »Okay«, sagte Walter. Wir wollten ihm den Pickel schenken, wenn er bereit war, bei unserem Film mitzumachen als derjenige, der er war: als verrückter Außenseiter.

Wir luden den »Fingerlosen« ein, sich zu setzen, und boten ihm Wein an.

Er nahm an. In knappen Sätzen erzählte er uns, wie er bei einem Versuch, den Fitz Roy im Winter zu besteigen, so schwere Erfrierungen erlitten hatte, dass ihm alle zehn Finger hatten abgenommen werden müssen. Ja, er würde mitmachen. Dann verabschiedete er sich und drängte hinaus. So still, wie er aufgetaucht war, verschwand er auch wieder im Wald. In der nächsten halben Stunde bauten wir unseren Film um diese Figur aus. So entstand der »Fingerlose«. Hätte er nicht den Cerro Torre bestiegen haben können? Vor Martin, vor Roccia, ohne dass es die eifersüchtige Bergsteigerszene bemerkt hätte?

Wie kein anderer Regisseur hat es Werner Herzog verstanden, Menschen ins Abseits, Außenseiter in die sie ausweisende Natur zu stellen. Damit gelang es ihm immer wieder, die »Eroberung des Nutzlosen« sinnvoll erscheinen zu lasen. Ich freute mich deshalb, als sich Walter Saxer nach vielem Zögern doch noch entschloss, Werner Herzog als Regisseur für unseren Film zu gewinnen.

Ich selbst wollte bei der Filmexpedition nach Patagonien allerdings nicht mitkommen. Zwei von unserer Sorte waren genug. Die Konstellation Walter Saxer und Werner Herzog, beides starke Persönlichkeiten, jeder ein Besessener, vertrug bei einem so schwierigen Unternehmen keinen dritten Gestalter.

»Wenn wir zu dritt im Schneesturm in Patagonien sitzen, ist das Scheitern vorprogrammiert«, begründete ich mein Aussteigen.

Monate später sah ich im Schneideraum Stücke des Films an. Viele Bilder, die ich mir für meine Geschichte vorgestellt hatte, fehlten. Als ich »Schrei aus Stein« beim Filmfestival in Venedig ein zweites Mal sah, war ich enttäuscht. Ich empfand den Film als Flickwerk, als vereinfachte Geschichte, und der Berg spielte nicht die Hauptrolle. Der Cerro Torre auf der Leinwand wies im Gegensatz zum Cerro Torre in der Natur den Menschen nicht ab. Er war Klettergerüst und damit alles andere als unnahbar.

Meine Enttäuschung wurde relativiert, als ich später die Filme »K2« und »Cliffhanger« sah, Spielfilme, die in Kanada und in den Dolomiten mit wesentlich höherem Aufwand gedreht worden waren. Beide Bergfilme präsentierten derart viele Klischees vom heldenhaften Kletterer in einer menschenfressenden Bergwelt, dass ich nur lachen konnte. Was ich sah, war schlechtes Kabarett und keine Tragödie. Der Berg als Staffage. Stallone in »Cliffhanger« hat die Berge missbraucht. Wäre er doch auf seinen Kriegsschauplätzen und in den Städten geblieben.

Nachdem ich diese Hollywood-Bergfilme gesehen hatte, war ich mit Walter Saxer und Werner Herzog im Geiste versöhnt. Es ist offenbar viel schwieriger, den Berg auf die Leinwand als den Menschen auf den Berg zu bringen.

Der Spielfilm aber, der vom Verhältnis Mensch–Berg erzählt, ist erst noch zu machen.

5

Vom Umherziehen in der Einsamkeit

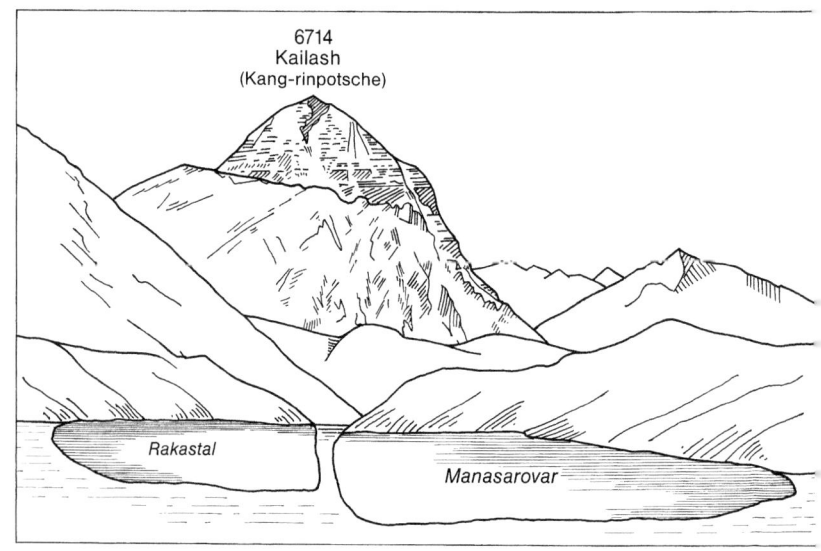

6714
Kailash
(Kang-rinpotsche)

Rakastal

Manasarovar

Kailash und Manasarovar-See

Zusammen mit drei Schweizer Freunden und meiner Exfrau reiste ich im Sommer 1985 in den Westen von Tibet. Dort umrundete ich den Manasarovar-See, der auf einer Höhe von 4660 Metern über dem Meeresspiegel liegt, und den »heiligen Berg« der Tibeter, den 6714 Meter hohen Kailash. Dabei entdeckte ich meine Leidenschaft zum Laufen als »Schlüssel zur Erde«. Als mich in der schier unendlichen Weite Tibets die Nachricht vom Bergsteigertod meines Bruders Siegfried erreichte, nahm ich sie auf in der tröstenden Gewissheit, dass alles Leben wiederkehren wird.

Der Kailash ist kein Felsberg, sondern ein Konglomeratmassiv, aufgetürmt aus Lehm und unzählig vielen runden Steinen, manche so groß wie Menschenköpfe und andere so klein wie Kiesel.

Ein tiefer, die Farben und Formationen ständig wechselnder Himmel lag über dem Manasarovar, während ich dieses große, im Westen von Tibet gelegene Wasser umrundete. Die Luft roch nach Regen, die Erde fühlte

sich weich an. Den Kailash sah ich nicht. Hoch wie ein Turm und aggressiv wie ein wildes Tier aber ragte eine Wolkenbarriere in das Schwarzblau des Himmels über mir, und der See begann, lauter zu atmen.

Karg ist die Vegetation am Rande des Sees. Als ob die Erde gegerbt wäre. Dem Manasarovar schreibt man heilende Kräfte zu. Deswegen baden die Pilger häufig in ihm, trinken von seinem Wasser.

Im Kreise gehen

Im zentralen Asien lebt die Legende von einem hohen, unantastbaren Berg, der das Zentrum der Welt sein soll. Er wird nicht nur als der heiligste Berg der Tibeter verehrt, sondern ist auch allen Hindus und Buddhisten Symbol der Reinheit.

Das Wissen um diesen tibetischen Olymp, der niemals bestiegen werden darf, reizte mit den Jahren meine Neugierde mehr als jede noch so steile Wand, jeder noch so hohe Berg, jede noch so schwierige Route.

Der Kailash, auch Meru, Tisè und Kang-rinpotsche genannt, stellt nach der asiatischen Mythologie die Achse der Erde dar, um die herum der Kosmos entstanden ist. Für die Hindus, die, vom Süden kommend, quer über den Himalaja stiegen, um zu diesem isolierten Schneeberg auf dem tibetischen Hochland zu pilgern, war er das Symbol Shiwas, des indischen Gottes der Zeugungskraft, ein gigantischer Phallus (Lingam) aus Fels und Eis. Für die Buddhisten, die wochenlange Strapazen auf sich nahmen, um diesen Berg zu umwandern, bedeutete er ein Naturheiligtum, ein Juwel aus Schnee und Eis.

Erst im 17. Jahrhundert sickerten die ersten Berichte über diesen mehrere Tausend Jahre alten Mythos in den Westen durch. Abgelegen aber, wie der Kailash war, blieb er den Kolonialisten lange verborgen. Er ist umrahmt von Wildnis, abgeschirmt von Wüste und eingepackt in sauerstoffarme Luft. Im Süden steht der Himalaja, ein natürlicher Schutzwall, im Westen liegt die gefürchtete Wüste Takla Makan, im Norden die Wüste Gobi und im Osten das kaum passierbare Chang Tang. Unzugänglicher kann ein Berg auf dieser Erde nicht sein.

In den drei Jahrzehnten zwischen 1950 und 1980 vereitelten politische Interessen jeglichen Zugang zum Kailash. Seit die Chinesen Tibet besetzt hatten und der bedeutendste tibetische Priesterfürst, der Dalai Lama, 1959 ins Exil nach Indien geflohen war, gab es zwar Straßen dorthin, aber die chinesischen Besatzer verstanden es besser noch als die Tibeter zuvor, das Land und den Kailash nach außen hin hermetisch abzuriegeln.

Der Zugang zu dem geheimnisumwitterten Berg blieb Touristen, Geographen und Abenteurern gleichermaßen bis 1985 verboten. Sogar Tibets Hauptstadt Lhasa blieb lange für Ausländer gesperrt, der Rest des Landes war vollkommen tabu.

Noch 1980, bei meiner ersten Tibet-Expedition – die Volksrepublik China betrieb inzwischen eine ausländerfreundlichere Politik –, erklärten mir die Behörden in Peking auf mein Ansuchen um ein Kailash-Permit, einen solchen Berg gebe es nicht.

Als Tibet in den Jahren danach für Ausländer zugänglich gemacht wurde, reiste ich mit Vorliebe dorthin. 1983 ging ich »schwarz« über die Grenze. Von diesem Zeitpunkt an träumte ich davon, den Kailash wenigstens zu sehen. Dieser heilige Berg im Transhimalaja, der den gesamten Himalaja symbolisiert, war mir wichtiger als der Mount Everest und alle unbestiegenen Berge zusammen, weil geheimnisvoller, formschöner und legendenumwoben.

Aber in Lhasa stand dieser Kailash immer noch nicht auf der Liste der zu genehmigenden Gebiete in Tibet. Folglich konnte ich auch keine Genehmigung beantragen, ja nicht einmal hoffen, je zu diesem Berg reisen zu dürfen.

In den dreißiger Jahren, als der größte Teil Tibets de facto von den Chinesen unabhängig war, hatte sich der Wiener Herbert Tichy dort aufgehalten. Vor ihm hatte Sven Hedin am Kailash die Quellen der wichtigsten asiatischen Flüsse gefunden. Aber schon lange bevor diese beiden Forscher aus dem Westen das Gebiet betraten, im 11. und 12. Jahrhundert, hatte mein Lieblingsdenker Milarepa am Fuße des Kailash meditiert, ohne jedoch der Geographie des

Berges eine besondere Bedeutung zu geben. Die Legende aber, nach der er den Berggipfel auf den Sonnenstrahlen reitend im Konkurrenzkampf mit einem Bon-Priester erreicht haben soll, kannte in Tibet jedes Kind. Sie war mir Anregung genug, diesen Berg sehen zu wollen. Ich wollte die dem Berg zugesprochene starke Ausstrahlung spüren, wollte mit meinen Sinnen erfahren, warum er im Zentrum des tibetischen Bewusstseins stand. Dieser Berg spielte für die Tibeter nicht nur in der Entstehungsgeschichte der Erde eine wesentliche Rolle, sondern auch in ihrem Glauben: In seinem Gipfel war das Erhabene für immer kristallisiert.

Im Sommer 1984 erhielt ich einen überraschenden Anruf von Schurle, einem Freund aus Zürich und Mediziner von Beruf, der mich auf mehreren Expeditionen begleitet hatte.

»Willst du immer noch zum Kailash?«, fragte er.

»Ja.«

»Beschreib mir kurz, wie man dort hinkommt. Ich habe gerade einen hohen chinesischen Beamten in meiner Praxis.«

»Und? Was hat der mit dem Kailash zu tun?«

»Viel. Er hat mir einen Wunsch freigestellt.«

»Den heiligen Berg?«

»Ja, ich habe ihm erzählt, ich würde gerne mit ein paar Freunden nach Tibet fahren und um den Kailash herumgehen.«

»Das erlauben die Chinesen nie.«

»Mein Patient hat mir den Wunsch nicht ausgeschlagen. Er muss nur wissen, wo dieser Berg liegt und wie wir hinkommen.«

Schurle klang spitzbübisch, übermütig und reiselustig.

Wenige Wochen später hielt er jene Erlaubnis in der Hand, von der ich jahrelang geträumt hatte. Die Genehmigung, den Kailash zu umrunden, war auf seinen bürgerlichen Namen, Professor Dr. Franz Rhomberg, ausgestellt und galt für weitere vier Personen. Sie enthielt nicht nur die Erlaubnis für diese kleine Gruppe, zum Kailash zu reisen, sondern auch eine Option für die erste Besteigung des Berges. Der Versuch sollte mir von der chinesischen Zentralregierung im Jahre 1987 eingeräumt werden.

Im Juli 1985 reisten wir, eine Handvoll Freunde, nach Tibet. Wir, das waren meine Exfrau Uschi Demeter, mit der ich mich nach unserer Scheidung 1977 noch einmal zusammengetan hatte, Beat Curti, Christian Hartmayer, Franz Rhomberg und ich. Wie ein magischer Anziehungspunkt bildete der Kailash das Zentrum unserer Expedition, die uns von Lhasa nach Kashgar in Singklang führen sollte.

War die Legende vom Kailash, an dem die vier großen Flüsse Asiens entspringen – Indus, Sutlej, Ganges und Brahmaputra –, aus seiner einmaligen geographischen Lage abzuleiten, oder gab es andere Gründe für die Verehrung des Berges? Ich wollte diesem Mysterium nachgehen, wollte herausfinden, ob der Berg besteigbar war, wollte verstehen und begreifen, welche Zusammenhänge zwischen dem Berg Kailash und dem weiter im Süden gelegenen See Manasarovar spürbar waren, den die Einheimischen ebenfalls als heilig verehrten. Dass der Kailash der höchste Konglomeratberg der Erde ist, vor zwanzig Millionen Jahren auf dem Grund eines Meeres aus Ablagerungen entstanden, die später zum »Dach der Erde« aufgetürmt wurden, hatte ich in Geographiebüchern gelesen. Aber um diese Fakten, steril wie Lateinvokabeln, ging es mir nicht. Was ich sehen wollte, war, ob der Berg in der Morgensonne wirklich glühte wie Feuer ohne Rauch oder nachts emporstieg wie eine Erscheinung am Firmament. Mit meinen eigenen Augen wollte ich die vier Flanken des Berges miteinander vergleichen können, auf denen sich je nach Sonnenstand ein unvergleichlich facettenreiches Farbenspiel entfalten sollte.

Wir starteten in Lhasa. In zwei Jeeps fuhren wir über endlose Schotterstraßen nach Westen. Von Straßensiedlung zu Straßensiedlung. Am Manasarovar-See bauten wir unser Zeltlager auf, um uns zu akklimatisieren.

Zuerst einmal wollte ich herausfinden, wie schwierig die Umrundung des Kailash war, um abschätzen zu können, ob meine Partner, die nicht so ausdauernde Bergsteiger waren wie ich, diesen Marsch ohne Gefahr für ihre Gesundheit schaffen würden. Gemeinsam mit einem chinesischen Betreuer begab ich mich per Geländewagen an den Fuß des Berges und sah mich dort um. Ich stieß auf ein Basislager und zahlreiche Pilger, die sich dort aufhielten. Offensichtlich gingen jeden Tag Dutzende von Menschen um den Berg herum. Bei gutem Wetter, so erzählte man mir, gegen vier Uhr früh, brachen die Gruppen auf.

Kurz entschlossen gesellte ich mich zu einer solchen Riege von Neuankömmlingen und ging im Morgengrauen mit ihnen los. Ich fühlte mich müde, hatte ich doch am Nachmittag vorher am Nordufer des Manasarovar-Sees eine lange Wanderung gemacht. Auch plagten mich Bilder, die sich in Zeiten des Alleinseins in meinen Gedanken breitmachten wie Albträume: Uschi und ich, die wir ein zweites Mal auseinandertrieben wie zwei Himmelskörper, deren Bahnen sich nicht mehr berührten. Als stünden wir uns auf dieser Reise in Tibet ein letztes Mal gegenüber, jeder so, als ob er den eingeschlagenen Kurs nicht mehr ändern könnte.

Ich hatte für meine Kailash-Umrundung weder Essen noch Schlafsack eingepackt, aber der lebendige Strom zog mich mit: Herden, Pilger, Pferde. Ich war auf dem Weg. Betend und singend schritt die Gruppe voran. Bald ging der Mond unter. Rechts von uns erhob sich der Kailash.

Einzelne Sätze aus dem intensiven Gespräch am Abend vorher mit dem Lagerleiter kamen mir wieder in den Sinn. Der 37-jährige Dorje hatte mir erzählt, dass er in Indien studiert habe und wegen seines Vaters zurückgekommen sei. Er leitete jetzt das Camp am Fuße des Kailash, in dem Hindus aus Indien, Khampas aus Osttibet – tibetische Guerillas, die sich zum Kampf gegen die Chinesen zusammengeschlossen hatten – und Buddhisten aus Nepal zusammenkamen.

»Dieser Berg ist nicht zu begreifen, ganz gleich, ob du hinaufsteigst oder um ihn herumgehst oder nur schaust«, hatte Dorje gesagt.

»Und was tun dann all die Leute hier?«

»Sie gehen dem Sinn nach.«

»Welchem Sinn?«

»Ich gebe meiner Handlung Sinn, indem ich sie tue.«

»Der Sinn erschließt sich aus dem, was ich tue?«

»Ja.«

»Und was soll ich tun?«

»Im Kreise gehen. Wir alle gehen immerzu im Kreis herum.«

»Eine tröstliche Weisheit.«

»Hier, an diesem Ort aber, wird dir diese Tatsache bewusst.«

»Ist das alles?«

»Nein, es wäre zu viel.«

Dieser archetypische Berg, eine zugleich ebenmäßige Pyramide und Symbol des Unmöglichen, ist ein Kultobjekt. Seine Flächen sollen aus Kristall, Gold, Lapislazuli und Rubin sein. Am frühen Morgen erstand er nun im Gegenlicht vor mir: geheimnisvoll, unnahbar, in einem tröstlich schönen Blau. Kein Wunder, dass der Kailash nicht nur in die religiösen Schriften Asiens Eingang gefunden hat, sondern auch in die Kunst, in die Architektur, in die Esoterik des Westens.

Von einem Hügel aus glaubte ich die glasklare Wasserfläche des Manasarovar-Sees zu erkennen und in der nur leicht verschneiten Südflanke des Kailash eine riesige Swastika. Dieses altindische Sonnen- und Fruchtbarkeitszeichen, das viele Kunstdenkmäler und Teppiche ziert, wirkte wie in die Felsen eingelegt: kilometerlange Steinbänder auf schier senkrechtem Fels.

Ich ging und spürte eine starke Harmonie zwischen meiner Innenwelt und der Stimmung der Außenwelt, durch die ich mich gleichsam schlafwandlerisch bewegte. Die Grenzen zwischen Wasser und Hochsteppe, Schnee und Wolken, Erde und Himmel begannen sich zu bewegen, zu verwischen, ineinander überzugehen, sich aufzulösen. Oder war das alles nur Einbildung? Sah ich vielleicht nur, was ich sehen wollte, weil ich vorher davon gelesen hatte? Zwischen den Pastellfarben des schier unendlich weiten Hochlands, hinter ein paar nachtschwarzen Vorbergen, schwebte der weiße Schneekegel des Kailash. Und weit unten lag geheimnisvoll der Manasarovar.

Ich bewegte mich weiter, gepackt von einer unwiderstehlichen Lust am Gehen, verführt von dem süchtig machenden Zustand des Alleinseins, in dem es keine Ablenkung vom Wesentlichen gab, weder optisch noch akustisch – ein Zustand, in dem ich mich als Person auf das Gehen, das reine Gehen und nichts anderes reduzierte.

Die schlechte Nacht – ich hatte immer nur für Minuten geschlafen, weil sich der Körper an die sauerstoffarme Luft in höheren Lagen erst gewöhnen musste – und mein Sonnenbrand auf den Armen und im Nacken waren vergessen. Die beiden Mädchen und der Bursche, mit denen ich losgegangen war, blieben mehr und mehr zurück. Die Pilger, die Stunden vor uns losgezogen waren, überholte ich einen nach dem anderen. Im Vorbeigehen vernahm ich ihre Schritte, ihr Gebetsgemurmel, ihren Atem und immer wieder ihr ausgelassenes Lachen. Eine Pilgerreise in Tibet war eine heitere Angelegenheit, kein Bußgang. Der Menschenstrom zog zunächst über Hügel und Hänge westwärts. Die Lichtkegel der Taschenlampen in der Nacht und der klare Sternenhimmel waren einem kalten Morgenlicht gewichen, das den Himmel überflutete und als Spiegelung in die vom Kailash überschatteten Täler fiel.

Wir erreichten das breite Trogtal, das an der Westflanke des Berges entlangführt, und ich sah den Kailash eine Weile nicht mehr. Er blieb verdeckt. Ich kam dann an Lagerplätzen vorbei, reihte mich in neue Pilgerströme ein, die schon seit Tagen unterwegs waren. Eine Gruppe von etwa 30 Leuten mit Kindern und Mönchen in bunten Kleidern, die Gebetsmühlen schwangen, ließ ich bald wieder hinter mir, um ganz für mich allein zu sein. Der Weg führte fast ununterbrochen an Manimauern vorbei, an kleinen Tschorten und aufgestellten Steinen. Er war nie schwierig oder steil. Nach einer Weile tauchte der Kailash wieder auf. Er bot sich mir dar als eine gleichmäßige, steile Wand von rostrotem Fels, mit Eis durchsetzt, abweisend und höher als erwartet. Selbst auf einen Bergsteiger aus Leidenschaft, wie ich es bin, wirkte der Berg sakrosankt und unnahbar.

Nachdem ich das erste Lager, das die Kailash-Umrunder normalerweise benutzten, passiert hatte, schloss sich mir eine Nonne an. Während sie mich ein Stück des Weges begleitete, bettelte sie fortwährend darum, dass ich ein Foto von ihr und dem Berg machte. Ich hatte keine Polaroidkamera dabei, und den Film aus der Leica konnte ich ihr nicht anbieten. Ich fragte sie nach ihrer Adresse, weil ich ihr das Foto später geschickt hätte. Doch sie schüttelte nur den Kopf. Entweder hatte sie keine, oder sie verstand mich nicht.

Der Weg hatte zu steigen begonnen, aber als anstrengend empfand ich ihn nicht. Höher oben holte ich drei Burschen und ein Mädchen ein, denen ich mich wieder für eine Weile anschloss. In Stufen führte der Weg zum Dolma-Pass hinauf. Immer wieder verweilten die vier Pilger, mal zum Beten, mal zum Rasten. An besonderen Steinen verrichteten sie sonderbare Rituale: Sie leckten Eisbecken aus, krochen unter lose übereinanderliegenden Steinbrocken hindurch, legten ihre Hände abwechselnd in Vertiefungen, als prüften sie Abdrücke. Sie rieben und scharrten mit kleinen Steinen in der Hand an Wannen in großen Steinen. Waren so vielleicht die »heiligen Zeichen« entstanden, die heute Buddha, Milarepa und anderen zugeschrieben wurden?

An einem vereisten Bach kamen mir ein paar zerlumpte Tibeter entgegen.

»Tashi delek«, sagte ich.

Das war ihr Gruß, und er bedeutete »Glück und Frieden«.

»Bon po«, sagten sie. Ich verstand. Der Kailash war nicht nur der Sitz allen Glaubens, sondern auch allen Aberglaubens. Während ich ihn mit den Buddhisten im Uhrzeigersinn umwanderte, umrundeten ihn die Schamanen der Bon-Religion gegen den Uhrzeigersinn. Die Sage erzählt, dass der große tibetische Dichter und Magier Milarepa, der von 1040 bis 1123 gelebt haben soll, den Kailash nur bestieg, um Naro Bochung, den Meister des Schamanismus, und mit ihm die Bon-Religion zu besiegen. Selbst auf dem »Dach der Welt« also hatte es Religionskriege mit Siegern und

Besiegten gegeben. Naro Bochung war knapp unter dem Gipfel des Kailash ausgerutscht und mit seiner Trommel die Südwand heruntergestürzt. Die Absturzrinne, die er in die Flanke geschlagen hatte, war immer noch zu sehen. Trotz dieser Niederlage aber lebte der Geist der Naturreligion Bon weiter, und er wurde toleriert.

Warum ging ich wie die Lamas, die Hindus und die Buddhisten ganz unten, am Fuße des Berges zwischen Weideflächen und Felsen und im Uhrzeigersinn um das Heiligtum herum? Ich war doch ein Fremder hier, ein Gottloser, ein Heide. Aber ich respektierte ihren Glauben. Es war nicht nur die Neugierde, die mich trieb, sondern auch der Mythos dieses Berges, der mich in seinen Bann geschlagen hatte.

Sollte ich versuchen, den oberen Weg zu finden, denn rund um den Kailash führten angeblich drei Pilgerpfade? Der unterste immer am Fuße des Berges entlang; der mittlere weiter oben in den Flanken des Massivs; der höchste ganz oben unter dem Gipfel. Dieser dritte Weg war der Legende nach nur den Erleuchteten zugänglich, und zu ihnen zählte ich nicht. Aber dort würde ich die Achse der Welt in einigen wenigen Schritten umkreisen können. Wie am Süd- oder Nordpol, wo zur Umrundung der Erde eine einzige volle Drehung auf dem Schuhabsatz genügte.

Die drei Burschen und das Mädchen vor mir waren Khampas aus dem Osten Tibets und mehr als 1000 Kilometer weit gegangen, um ihren heiligen Berg zu finden und zu umrunden. Der Dolma-Pass, den sie erreichen wollten und der nicht viel weniger als 6000 Meter hoch war, rückte ins Blickfeld. Würden die Pilger am Höhepunkt ihrer Reise ekstatische Tänze aufführen, schreien, frohlocken? Immer öfter blieben die vier stehen. Wie in Trance tasteten sie Felsen ab, begutachteten sie Tschorten, diese buddhistischen Kultbauten, die Steinmännern gleich am Wegrand standen.

Alle großen »Heiligen« Tibets sollen den Kailash umrundet haben: Milarepa, Padmasambhawa, Gesar, ja sogar Buddha selbst. Ihre Fußabdrücke seien noch sichtbar, ihr Geist noch zu spüren, bedeuteten mir die Khampas.

Auf einem Haufen aus Steinen und Gebetsfahnen und Kleidungsstücken, lauter Votivgaben, lag eine Tote. Sie war nackt, ihre Haut fast schwarz, und Vögel hatten an den Schenkeln bereits Stücke von Fleisch herausgerissen. Ich ging näher hin, um mich zu vergewissern, dass die Frau tot war. Ein fauliger Gestank nahm mir den Atem. Sofort wich ich zurück. Meine Begleiter lachten.

»Sie wollte hier sterben«, meinte einer.

»In dieser Einsamkeit?«, fragte ich.

»Nach dem Tod kommt doch für jeden eine Zeit der Einsamkeit.«

»Und danach?«

»Wieder Einsamkeit. Nichts als Tod und Einsamkeit und wieder Einsamkeit.«

»Steht das im Tibetischen Totenbuch?«

»Nein, aber alle Bücher sind nur geschrieben worden, alle Häuser nur gebaut, alle Riten nur erfunden, damit wir unsere Einsamkeit ertragen können.«

»Weil wir sie dadurch vergessen?«

»Nein, weil wir sie damit weitertragen.«

Nur beim Umherziehen ist die Einsamkeit wie aufgehoben, konzentriert auf einen Punkt, den der Mensch, solange er in Bewegung ist, nicht mehr wahrnimmt.

Am Dolma-Pass angekommen, schritten wir mehrere Male um einen großen Felsblock herum, über dem Hunderte von Gebetsfahnen flatterten.

»Die Luft hier ist gefährlich«, sagten die Tibeter und drängten zum Abstieg.

»Warum?«

»Sie ist giftig und kalt.«

Die Luft war natürlich nicht giftig, sie war nur arm an Sauerstoff. In einer Höhe von 5500 Metern wirkte sie klar und wie ein Vergrößerungsglas. Die hinter dem Pass aufragenden Felsgrate waren bis ins Detail zu erkennen: Felsstrukturen, schmutziger Schnee, Risse jeder Art. Steil fiel der Weg auf der Ostseite ab. Das sich vor meinen Augen ausbreitende Tibet präsentierte sich wie ein Amphitheater von oben: Terrassenförmige Steinstufen und Felsformationen umrahmten ein mit Schneetupfern besprenkeltes grünes Tal. Im Rhythmus des Gehens formulierte ich Empfindungen, sprach meine Gefühle und Gedanken aus. So entstehen Gedichte, dachte ich. Wenn ich mit den Einheimischen rastete, tranken wir Buttertee. Und immerzu war die Heiterkeit dieser Menschen gegenwärtig.

Die Hänge waren überzogen mit einem Hauch von Grün. Das Farbenspiel am Talausgang zur Ebene hin empfand ich als Rückkehr zum Leben, zu Raum und Zeit. Wie weit war es noch bis zur nächsten Wegbiegung, wie lange dauerte es noch bis zum Ausgangslager? Die Landschaft bot mir keinerlei Anhaltspunkte mehr. Langsam musste ich wieder lernen, Distanzen abzuschätzen, die Uhrzeit mit dem Stand der Sonne gleichzusetzen. Vor mir erstreckte sich eine Ebene mit einer sanft anwachsenden Bergkette als Hintergrund, sonst nichts. Ich fühlte mich allein, für mich. Aber nicht einsam.

»Und dann stirbt der Mensch und ist doch nicht tot«, hatte mir Dorje in der Nacht vor dem Aufbruch erzählt. Wir würden nach unserem Tod um ein anderes Zentrum kreisen. Wie hatte ich das zu verstehen?

Als ich am Abend wieder bei Dorje eintraf, war er mir plötzlich fremd, und die Umgebung irritierte mich. In seiner Hütte gab es elektrisches Licht, in den Räumen brannten Räucherstäbchen. Es roch nach ranziger Butter. Im gleichmäßigen Rhythmus des Gehens hätte ich diese Widersprüche der Zivilisation vergessen, hatte in Dorje einen Weisen vermutet. Behandelt wurde er als ein solcher, denn immer wieder kamen Pilger, die anderntags ihren Fußmarsch beginnen wollten, mit Geschenken herein. Dorje goss Tschang, eine Art selbstgebrautes Bier, in ein Gefäß aus Plastik und verkaufte es den Tibetern. Dann zeigte er auf einen Mann, der zwischen den Zelten stand. Offensichtlich ein Fremder wie ich. Ich erkannte es an seinen Bewegungen. Obwohl er mehr als hundert Meter entfernt war. Ich wollte weg, zurück zum Zeltlager am Manasarovar-See, um am anderen Morgen gleich wieder aufzubrechen: um weiter im Kreise zu gehen, um eine andere Achse. Meinen Freunden dort würde ich nur einen Zettel in meinem Zelt hinterlassen und bereits über alle Wasser sein, wenn sie am Morgen aufwachten. Mit einem »Tashi delek« verabschiedete ich mich von Dorje. »Kalipe«, wünschte er mir, wie alle Tibeter, wenn man aus ihren Häusern hinausschlüpft in die Wildnis.

Hoch oben über dem Lager, im Kloster, das im Osten des Kailash wieder aufgebaut wurde, ging jetzt dieser Fremde herum, langbeinig, unsicher, stochernd. Er kletterte zu den Grotten unter einer überhängenden Felswand ab und verschwand. In einer dieser Höhlen soll einst Padmasambhawa gelebt haben, der Begründer des Lamaismus.

Ich war angenehm müde, als ich nach mehr als 40 Kilometer Fußmarsch am Abend das Ausgangslager der Kailash-Umrundung verließ. Meine Neugierde jedoch war nicht befriedigt, ganz im Gegenteil. Sie war jetzt lebendiger als zu Beginn meiner Expedition. Die Idee, unmittelbar nach dem Kailash den Manasarovar-See zu umlaufen, erschien mir beim Morgengrauen des nächsten Tages immer noch vernünftig. Ich spürte keine Müdigkeit mehr. Also stand ich auf, zog Windbluse und Überhose über die dünnen Kleider und ging los. Ohne Proviant, ohne Gepäck, ohne jeden Ballast ging ich dahin. Bald lief ich. Rechts das Wasser. Auf einem Hügel links von mir hoben sich einige schwarze Klostermauern dunkel gegen den heller werdenden Himmel ab. Die Stille wirkte breiter als am Kailash, wohltuend die Einsamkeit. Ich sprach Gedichte. Die Berge im Westen trugen klare Schneeränder. Unter ihnen präsentierte sich majestätisch der See, über ihnen thronte der Himalaja. Der Manasarovar-See bot ein faszinierendes Farbenspiel mit ständig wechselnden Schattierungen, ganz so, als bildete der See die Palette, auf der die Götter ihre Farben mischten. Ich war ergriffen von diesem Naturschauspiel, das mir den Verstand raubte und die Sinne öffnete, und sein Anblick traf mich wie eine Erkenntnis: Der Kailash repräsentierte das Männliche, hoch aufragend, abweisend, aber greifbar. Der Manasarovar verkörperte das Weibliche, tief, unergründlich, fließend. Die Natur in ihrer absoluten, direkten, reinen Form ließ mich Zusammenhänge kombinieren, eröffnete mir Dimensionen, die mir bislang verborgen geblieben waren. Meine Sinne arbeiteten wie Seismographen.

Pilger, die mir entgegenkamen, sah ich bereits aus mehreren Kilometer Entfernung. Eine Familie aus Nepal zog vorbei. Ihr Proviant, Gerste, war in kleinen Säcken eingenäht, die sie wie Satteltaschen über die Rücken von drei Schafen gehängt hatten. Die Grenze zu Nepal und Indien war für Pilger also offen.

Ich erreichte ein Nomadenlager: weiße Zelte in einer Mulde. Oberhalb der schützenden Senke grasten Schafe und ein paar Yaks. Einer der Tibeter, offensichtlich ein Khampa, trat auf mich zu und bot mir sein Pferd an. Vielleicht war es alt, vielleicht wollte er mir helfen. Ich lehnte sein Angebot ab und ging meines Weges. Als ich zurückschaute, war mir, als spaltete sich das Bild des Mannes in unzählig viele andere Bilder auf, die sein gesamtes Leben erzählten. Ich wusste jetzt, warum ich die Khampas so mochte: Sie waren vollkommen echt, durch und durch authentisch. Ihre offenen Augen verrieten alles. Ob sie logen, betrogen, genossen. Verstellen konnten sie sich nicht.

Mehr als 80 Kilometer war das Ufer lang, und ich musste mit der Dunkelheit in meinem Zelt zurück sein. Seit Stunden lief ich immer am Wasser entlang, begleitet von dem gleichmäßigen Klang schäumender Wellen. Mein Ego hatte sich verflüchtigt. Wie in Trance schwebte ich dahin. Hunger und Durst waren vergessen, ich spürte weder Kälte noch Wind. Wenn mir nicht die Gelenke an den Beinen wehgetan hätten, ich wäre mir selbst als Person verloren gegangen.

Mit einem Becher, den ich dabeihatte, schöpfte ich ab und an Wasser aus dem See. Dreimal aß ich bei Nomaden eine Kleinigkeit. Weil ich kein Geld eingesteckt hatte, zahlte ich mit Locken von meinem Haar. Sie wollten es so. Wenn ich rastete, kam ich schwer wieder hoch. Nicht die Muskeln schmerzten, sondern die Knochen. Immer wenn ich mich von neuem auf den Weg machte, spürte ich ein Gefühl, als wäre Sand in allen Gelenken. Nach ein paar Hundert Metern aber lief ich wieder leicht und vergaß alles, auch die Schmerzen. Ich sah nichts Bestimmtes, hörte nichts Besonderes. Nur meine Schritte auf dem Boden und die Bewegung des Wassers. In den Wolken am Himmel sah ich oft Tierbilder, die sich wie ausgefranste Zeichnungen im See widerspiegelten. Langsam näherte ich mich dem 7730 Meter hohen Berg Gurla Mandata. Zu seiner Linken saßen in absteigender Folge sieben kleinere Gipfel. Sie wirkten wie sieben Versuche, den einen großen Gipfel zu bilden.

Von weit her vernahm ich Trommelschläge. Wenig später kam ich zu einem Kloster, an dem gerade gebaut wurde. Ein alter Mönch, der vorübergehend in einer Lehmhütte wohnte, erzählte mir seine Geschichte, während draußen etwa 20 Männer und Frauen hobelten, mauerten, Lehmziegel schleppten.

»Sie bauen das Kloster wieder auf?«, fragte ich ihn.

»Ja, dieses eine. Sieben Klöster gab es einst am Manasarovar.«

»Ich weiß.«

»Nur dieses wird wieder aufgebaut.«

»Warum die anderen nicht?«

»Weil mit den Mönchen alles Wissen gestorben ist. Außer mir ist kein Mönch zurückgekommen.«

»Wo waren Sie während der Kulturrevolution?«

»Ich ging um den See herum.«

»Ohne Unterbrechung?«

»Nein, ein paar Jahre lang war ich in Nepal. Die roten Garden suchten uns überall, bis hinauf zum Gletscherrand. So weit sie mit ihren Geländewagen fahren konnten.«

»Und seit wann sind Sie zurück?«

»Seit es hier wieder Hunde und Enten und Pilger gibt. Die Chinesen haben alles abgeknallt. Nur so zum Spaß.«

Der Mann schaute auf den See hinaus. Eine einzelne Ente saß auf dem Wasser – wie ein grauer Punkt im grauen Nass. Und trotzdem wirkte das Bild nicht monoton. Die sich beständig ausbreitenden Wellen verliehen ihm etwas Lebendiges.

Über eine Kette von braungrauen Hügeln vor grauem Regenhimmel näherte sich eine Schafherde. Die Tiere bewegten sich wie Schattenrisse zwischen Himmel und Erde. Der See wechselte seine Farben. Nach Norden hin wurde er grün, im Westen, wie die Mondsichel, aber viel größer, bildete sich ein weißer Streifen.

Der Abend dämmerte. Ich musste weiter. Wie sich die Landschaft mit meinen Schritten bewegte! Ich war immer noch ganz leicht, konnte noch alles erkennen.

Der Mond ging auf. Fast gleichzeitig wurde es dunkel. Die Schneeberge im Norden wirkten jetzt größer. Ich ging auf sie zu. Der wachsende Kailash erschien mir im hellen Mondlicht wie eine greifbare Erscheinung. Der Manasarovar hatte jetzt nach oben hin einen Bauch. Seine Wasser begannen zu schäumen. Oder waren diese Eindrücke erste Halluzinationen wegen meiner Erschöpfung?

Drei Menschen kamen mir entgegen. Als ich mich ihnen näherte, erkannte ich, dass es in Wirklichkeit Steine waren.

Der See fing plötzlich schneller und lauter an zu atmen. Er wurde weit, stark, drohend. Als wollte er sich aufbäumen. Dann trat Ruhe ein. Der See schlief.

Hier im Süden des Manasarovar soll sich Milarepa in einer Felsenhöhle auf den Tod vorbereitet haben. Ihm und seiner tantrischen Schule des Buddhismus verdanken wir das Mantra »Om mani padme hum«, das zwischen Manasarovar und Kailash geboren sein könnte. »Om« steht angeblich für Erleuchtung, »hum« für Erfüllung. Im Satz »mani padme« darf die mystisch sexuelle Verbindung von zusammengehörigen Gegensätzen gesehen werden. Kailash und Manasarovar sind Gegensätze, und sie sind zusammengehörende Elemente. Sie symbolisieren für Hinduisten und Buddhisten mehr als das Männliche und Weibliche, sie stehen als Symbole für die Einheit des Ganzen. Mir war, als hätte ich es immer gewusst. Am Ende meiner Doppelumrundung war mir, als hätte ich mich selbst in diesem Ganzen verloren.

Wieder eine Halluzination: Ein Hund sprang mir über einer Düne entgegen. Es war Zeit, dass ich mich hinlegte. Wenig vor Mitternacht traf ich am Lagerplatz ein. Mein Zelt hüpfte am Strand hin und her, als ich darauf zuging. Ich war wie besoffen vor Müdigkeit.

Wahrscheinlich haben Tibeter in alter Zeit das Gleiche empfunden. So war die Legende vom See als weiblichem und vom Berg als männlichem Symbol entstanden. Der Berg Kailash hat seinen Mythos der Tatsache zu verdanken, dass der See daneben liegt, während der See seine Bedeutung diesem Berg verdankt, der an seine Ufer grenzt. Die beiden gegensätzlichen Pole bildeten jene Einheit, die selbstverständlich ist. Wir sollten sie nicht auseinanderreißen.

Ausgerechnet Schurle, der die Reise eingefädelt und organisiert hatte, erkrankte vor dem Marsch um den Kailash schwer. Er halluzinierte und hatte hohes Fieber. Wir zögerten. Sollten wir abwarten? Am Abend, bevor wir aufbrechen wollten, fand ich einen Xi-Stein für ihn und band ihn ihm um.

Den Xi-Stein tragen Tibeter als Amulett, als Schmuck. Männer wie Frauen. Sie behaupten, er messe die Seelentemperatur und beeinflusse das seelische Wohlbefinden des Menschen. Ich selbst trage einen solchen Stein, seit ich 1980 erstmals in Tibet gewesen war. Auch weil ich damit meine Vorliebe für die tibetische Kultur und Lebenshaltung demonstrieren will. Tatsächlich ging es Schurle besser, nachdem er seinen Xi-Stein umgehängt hatte. Er war zwar noch nicht völlig gesund, aber er hatte sich so weit erholt, dass er den Marsch mitmachen konnte.

Schurle schaffte die Umrundung des Berges. Alle fünf wurden wir Teil jener Erfahrung, die uns das Gehen als meditativen Akt lehrte, nicht auf ein bestimmtes Ziel hin, um von A nach B zu gelangen, sondern als Selbstzweck, um seiner selbst willen, als Schlüssel zu unserer eigenen Person, indem wir uns durch das Im-Kreise-Gehen als Teil des Ganzen im Gleichklang mit der Natur erlebten. Das Aufregende bei diesem Gehen war das Sich-Verlieren, das Paradoxe die Erfahrung, dass diese Welt auch und gerade auf der Stelle tretend erfahrbar war.

In Peking schon, auf dem Weg nach Hause zurück, baten mich ein paar Journalisten um Hintergründe zu dieser Reise.

»Ist Ihnen klar geworden, warum dieser Berg und kein anderer das Zentrum der tibetischen Welt ist?«

»Erstens kann man um den Kailash herumgehen. Das kann man um den Everest nicht. Sich dort als Hochalpinist mit Leitern und Steigeisen und Pickeln zu bewegen ist möglich, aber das ist kein Gehen mehr, keine meditative Übung. Zweitens besitzen andere Berge, um die man herumgehen kann, nicht die erhabene Ausstrahlung des Kailash. Und drittens ist dieser hohe Berg, isoliert stehend, aus Ablagerungen entstanden. Stellen wir uns Tibet vor Jahrmillionen vor: Die gesamte Fläche ein einziges Meer, aus dem plötzlich ein Berg herausragt. Er ist das Zentrum der tibetischen Welt.«

»Viele Religionen sehen in ›Gehern‹ ihre Lehrer. Zarathustra war ein Mensch, der ging. Buddha ging am Fuße des Himalaja entlang und brachte seine solcherart geschöpfte Weisheit anderen. Christus kehrte mit seinen Erkenntnissen aus der Wüste zurück. Moses hingegen stieg auf den Berg, um die Zehn Gebote zu holen.«

»Das stimmt, aber die Felsen von Sinai sind mehr Wüste als Berg. Wir dürfen uns Moses nicht als Bergsteiger vorstellen. Auch er ging, allein, in die Wüste. Das Gehen ist und bleibt unsere beste Art, uns über uns selbst klar zu werden. Je karger die Landschaft ist, durch die ich gehe, umso klarer kann ich denken. Das Hochland von Tibet eignet sich hervorragend zum meditativen Gehen. So wie die Wüste.«

»Klare Erkenntnisse setzen große Distanz zu den Dingen, zu sich selber, zu den anderen voraus. Können Sie sich selbst als Pilger, als tibetischen Mönch vorstellen?«

»Ich bin kein Lamaist. Nicht einmal in meinen Wunschvorstellungen. Ich habe großen Respekt vor den tibetischen Mönchen, die sich in ein kleines Gebäude oder in eine Höhle im Gebirge zurückziehen und jahrzehntelang nur da sind. Sie leben von den Gaben anderer Menschen, sie meditieren. Ich hingegen bin ein gestaltender Mensch und ein zerrissener dazu, der sich allerdings sein Leben ohne das Gehen nicht vorstellen kann.«

»Nun gibt es neben dem Kailash viele heilige Berge, andere angebetete Gipfel, Plätze der Götter.«

»Nach meinem Dafürhalten sind alle Berge gleich heilig, gleich erhaben. Der Kailash ist als Symbol für alle anderen Himalajaberge anzusehen, weil er geographisch zentral liegt und eine ideale Form hat.«

»Warum soll er dann nicht bestiegen werden?«

»Wenn morgen eine Expedition aufbricht, mit Seil und Haken, im Rucksack die Nationalfahne, und den Tibetern beweist, dass man da hinauf- und wieder heruntersteigen kann, ist das nicht nur lächerlich. Das Mystische am Kailash, wie übrigens an jedem Berg, ist, dass da oben nichts Wichtiges ist.«

»Das sind ganz neue Töne.«

»Ich bringe allen Bergen eine Art Ehrfurcht entgegen. Diese Einstellung ist mit dem Steigen und Herumgehen in Tibet gewachsen. Ich habe begriffen, dass der Berg weder gutmütig noch böswillig ist, sondern ein Teil des Ganzen, dem ich mich unterzuordnen habe. Weil ich dies erst im Laufe von Jahrzehnten erfahren habe, bin ich nicht unglaubwürdig. Ich besitze keine andere Rechtfertigung, mich diesen Bergen zu nähern, als mein Menschsein.«

In Peking ging ich auch zu den Behörden. Ich verzichtete offiziell auf die Besteigung des Kailash. Ich wusste inzwischen, dass ich ihn hätte besteigen können. Die Gläubigen vor Ort aber hätten eine Eroberung ihres heiligsten Berges als Frevel empfinden müssen.

Ich war zweimal um den Berg herumgegangen, einmal in der Gruppe und einmal allein. Ich hatte den Gipfel gesehen, berührt, aber nicht betreten. Der Kailash sollte auch in Zukunft zur Erleuchtung beitragen. Und nur sein unberührter Gipfel erleuchtet unser Dasein.

6

Vom Zustand des Bergbauern

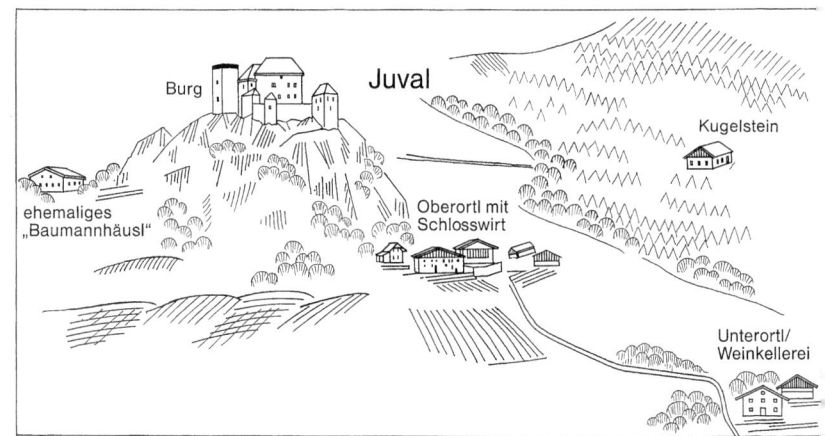

Selbstversorgerdasein in Südtirol

1986 kaufte ich den Ortlhof unterhalb von Schloss Juval. Dazu das
winzige Anwesen Kugelstein, auf dem noch in den 60er Jahren eine
Familie mit einem Dutzend Kindern gelebt hatte. Die Häuser und
Stadl waren halb verfallen, die Wiesen großteils zugewachsen, die
Birnengärten völlig ausgedörrt. Ich baute zuerst eine Hofstelle wieder auf, ließ auf dem steilen Südosthang Weinreben anpflanzen
und begann, allerlei exotische Tiere zu züchten. Meine alternative
Landwirtschaft wurde zur kostspieligen Liebhaberei, finanziert aus
den Erträgen meiner Arbeit als Autor.

Gustl Holzner betreut den Bergbauernhof, unmittelbar unter dem Schloss-felsen gelegen – mit schottischen Hochlandrindern, Pferden, Kühen, Scha-fen, Ziegen, Hühnern und einem Esel –, und Irina Piva den »Schlosswirt«.

Jeden Frühling treiben
wir die Yaks hoch hinauf
ins Gebirge. In Sulden
am Ortler haben sie ihr
Winterquartier, unter den
Gletschern der Königs-
spitze ihre Sommerweide.
Der Weg hinauf hat
nichts mit Abenteuerlust
zu tun: Yaks brauchen
die dünne Höhenluft, um
zu überleben. Im Gegen-
satz zum Menschen, den
bei Sauerstoffmangel
Träume, Krankheiten
und Schwäche plagen.

Es ist gut, ein Haus zu haben, ein Stück Land, Äcker und Tiere, aber es ist besser, unterwegs zu sein. Vielleicht weil Sesshaftigkeit mit den Jahren Müdigkeit und Trägheit und Depressionen mit sich bringt.

Zwischen Bleiben und Gehen

Soweit ich mich in meine Kindheit zurückerinnern kann, wollte ich Bauer werden, und zwar Bergbauer. Ich lebte damals im Villnößtal, und dort gab es nur Bergbauernhöfe. Auf Spaziergängen mit meinem Großvater – ich war vier oder fünf Jahre alt – redeten wir darüber.

»Der Bauer hat alles selbst, deshalb ist er von niemandem abhängig«, argumentierte mein Großvater, der ein Kleinhäusler war.

»Ja«, erwiderte ich, »deshalb werde ich auch Bauer.«

Später wurde mir klar, dass mir für diesen Beruf alle Voraussetzungen fehlten. Einen Bauernhof hatten wir daheim nicht, und die Hühnerfarm, die mein Vater neben seinem Lehrerberuf betrieb, war eine Kleintierzucht. Einen Bauernhof konnte man zwar kaufen, aber ein Stück Land mit einer Hofstelle macht noch lange keinen Bauern.

Jeder, der auf einem Bergbauernhof aufwächst, kann Bergbauer werden, wenn er einen Hof erbt und diesen Zustand des Immer-da-Seins mag. Denn Bergbauer sein ist kein Beruf, sondern ein Zustand. Es hat mehr mit Ausharren zu tun als mit Berufung. Das Leben beginnt und endet am Hof, wie das Jahr, das Wochenende, die Urlaubszeit, jeder Tag. Die Handfertigkeiten, das Wissen, kann sich jeder aneignen, der von Kindesbeinen an am Hof ist, vor Ort also. Um aber in späteren Jahren die Beharrlichkeit des Bauern zu erlernen, ist es meist zu spät.

Mir modernem Halbnomaden – mit dem Flugzeug nach Asien, in die Arktis und wieder zurück – geriet der Kindertraum bald in Vergessenheit.

Daheim war ich, wo mein Zelt stand, meine Behausung, irgendeine Wohnung. Wenn ich dort über meine Erlebnisse schrieb oder neue Projekte ausarbeitete, hätte ich mit keinem König tauschen mögen und auch nicht mit einem Bergbauern hoch oben an der Baumgrenze. Die Freiheit, aufzubrechen, wann immer und wohin ich wollte, war meines Lebens höchster Wert, die Umstände, die es wirtschaftlich lohnend machten, blieben immer zweitrangig. Trotzdem kam mit den Jahren der Wunsch, ein Stück Land zu haben und es zu bearbeiten, wieder. So wie dieser Wunsch in der Jugend gleich dem abnehmenden Mond geschrumpft war, nahm er nach meinem 35. Lebensjahr wieder zu. Zwar ahnte ich, dass ein Bauernhof mich binden, mir Sorgen machen, mein Nomadentum stören würde. Trotzdem, ich wollte wieder Bauer werden, als wäre ich es schon einmal gewesen. Vielleicht hatte dieses Bergbauer-sein-Wollen auch zu tun mit einem unterbewussten Daheim-sein-Wollen. Vielleicht aber quälte mich doch eine unbewusste Lebensangst, die ich nicht einmal mir selbst eingestehen wollte. Der Wert Heimat, ein Begriff, den ich nur ungern ausspreche – wurde er doch von so vielen für das Gegenteil missbraucht –, hatte sich meiner Reiselust zum Trotz in meinen Gefühlen festgesetzt wie ein Instinkt.

Mit fünfunddreißig also begab ich mich in Südtirol auf die Suche nach einem Stück Land, das ganz mir gehören sollte. Ich begann in Villnöß, in der Nähe meines Hauses. Ich wollte so viel Land, dass ich Kartoffeln pflanzen und ein Pferd halten konnte. Vielleicht auch zwei. Aber es war nichts zu haben. Obwohl die Anzahl der Bauern im westlichen Europa in den letzten 50 Jahren um ein Drittel geschrumpft war, bei uns blieben sie auf ihren Höfen. Verkauft wurde nichts. Als mir zwei Jahre nach meinem Einzug auf Juval der Ortlhof, ein völlig heruntergekommenes Anwesen unterhalb der Burg, angeboten wurde, schritt ich das Land zuerst einmal ab. Ich brauchte dazu mehrere Stunden, so felsig war das Gelände. Viele Stellen blieben selbst mir unzugänglich.

Seit wann auf dem heutigen Ortlhof in Juval Menschen leben, ist schwer zu datieren. Jedenfalls sind dort Siedlungsreste aus der jüngeren Steinzeit gefunden worden. Die Stube im Feuerhaus ist aus der Gotik. Woher die Zuwanderer gekommen sind und wie sie siedelten, darüber weiß man ebenso wenig wie darüber, wann die vielen Terrassenmauern in die Hänge gestellt und immer wieder kunstvoll aufgeschichtet worden sind. Wer die jetzigen Hofstellen aufgebaut hat, wird im Dunkeln bleiben, weil der Bauer keine Chronik über sein Dasein führte.

Überliefert ist, dass es Obst und Kastanienhaine und Weintrauben gab. Ob in Unterortl einst wirklich beste Weine gekeltert worden sind, kann allerdings nicht nachgeprüft werden.

Im Laufe der Zeit verwilderten die Reben, aus den Terrassenmauern wuchsen Eschen, Wege und Wasserkanäle wucherten zu. Efeu sprengte das kunstvolle Mauerwerk, und Dornengestrüpp verstopfte allerorts die Zugänge. Die Schlangen und Skorpione vermehrten sich schnell.

Die Felder, die ich erwerben sollte, gehörten ursprünglich zu drei Bauernhöfen: Der Unterortlhof war zu Beginn des Jahrhunderts ein Weinhof gewesen, der Oberortlhof ein Viehhof, wo einst die Schlossherren Milch und Honig, Butter und Käse, Fleisch und Obst und Eier hatten produzieren lassen. Das dritte Anwesen, Kugelstein genannt, war ein winziger Hof, schattig und steil, und die Gebäude dort klebten am Steilhang über einem senkrechten Felsen. Sie waren inzwischen völlig verfallen. Das Wohnhäuschen, jetzt nur noch eine Ruine, hatte so ausgesetzt über einem Abgrund gestanden, dass ich mir nicht vorstellen konnte, wie man mit Kindern dort hatte leben können: Die ganze Hofstelle hatte keine zwei Hektar Land und lag um einen 200 Meter senkrecht in den Schnalsbach abbrechenden Felsen, ein schwindelerregender Anblick. Trinkwasser hatte man mit einer Kanne an einem Drahtseil aus dem Bach heraufgezogen.

Heute noch ist Kugelstein verlassen, zugewachsen, wie ein Mahnmal, dass das Bauernsterben auch zu uns kommen wird. Das Anwesen ist nicht mehr zu retten. War es überhaupt möglich, die Ortlhöfe zu sanieren?

»Um Bauer zu werden, muss man entweder Masochist oder Idealist sein«, sagt ein modernes Sprichwort. Ich war beides nicht und kaufte die Höfe trotzdem.

Mit dem Bau der schmalen Straße auf den Juvaler Bergrücken hatte man schon begonnen, als ich die gleichnamige Burg in Besitz nahm. Zu dem Zeitpunkt, als ich mich entschloss, einen großen Teil meiner Energie in die Ortlhöfe zu stecken, war die Straße fertig. Sonst aber fehlte es an allem.

Jahrzehntelang waren die Höfe ein beliebtes Ziel für Plünderer gewesen. Fenster und Türen waren aufgebrochen, Mobiliar war verschwunden. Die Maschinen waren alt und unbrauchbar, das Handwerkszeug zerbrochen.

Wenn ich mich zwischen Dornenbüschen zu den Feldern durchschlug oder über morsche Balken balancierte, um die versteckten Winkel der Gehöfte zu erkunden, kostete es Überwindung, meine Träume vom Selbstversorgerdasein stark zu halten.

Der Ortlhof, vom Vorbesitzer aus dem Ober- und Unterortl zu einem geschlossenen Hof zusammengelegt, war nur als Ganzes zu haben gewesen. Unsere Bergbauernhöfe in Südtirol unterliegen seit Jahrhunderten dem Gesetz des geschlossenen Hofes. Diese Regelung besagt, dass ein Hof nur als Ganzes vererbt, verkauft oder verschenkt werden darf. Eine weise Verordnung, um zu verhindern, dass das Land aufgestückelt wird.

Nachdem ich zwei Jahre lang überlegt und verhandelt hatte, entschloss ich mich, den Ortlhof zu erwerben. Keiner meiner jetzigen Nachbarn begriff diesen Schritt. Aus Liebhaberei kauft man keinen Bauernhof, der nichts abwirft und wo es nichts als Arbeit, Arbeit und nochmals Arbeit gibt. Ich ließ mich von ihrer Skepsis nicht einschüchtern. Zuerst baute ich Oberortl wieder auf. Es sollte mein Viehhof werden mit Hühnern, Kühen, Schafen, Ziegen, zwei Pferden und einem Esel.

Aber was sollte ich mit Kugelstein? Wenn ein Kind dort ausrutschte, stürzte es 200 Meter tief bis in den Bach. Was müssen die

Mütter dort an Ängsten ausgestanden haben! Wie unvorstellbar hart musste es gewesen sein, mit diesen zwei Hektar Wiese, bis zu 60 Grad steil, eine Familie durchzubringen? Alle diese Bauersleut von früher verdienten mehr als meinen ganzen Respekt, und deshalb störte es mich, dass ich Kugelstein weiter verwildern ließ. Als müsste ich mich dafür schämen. Ich plante die Sanierung. Heute noch schütteln andere Bergbauern den Kopf, wenn sie meine Investitionen in die Landwirtschaft abschätzen.

Ich habe sie bis heute nicht bereut. Obwohl ich viel Zeit und Geld eingesetzt habe und mein Hofkauf, wirtschaftlich gesehen, ein Fehler war, bleibt die Erfahrung, Bergbauer zu werden, eine Lebensbereicherung.

Der Hügel von Juval war noch nicht ganz entvölkert – Kinder allerdings gab es dort seit Jahren keine mehr –, als ich mich 1983 dort einkaufte. Luise Nischler, eine alte bucklige Frau, die seit vielen Jahren in Oberortl lebte, obwohl sie nur im Unterortlhof ein Wohnrecht genoss, bat mich, im Zuhaus, das einst Kornkammer gewesen war, bleiben zu dürfen. Sie übernahm die Betreuung des Hühnerstalls. Der zweite Mitarbeiter, der nicht des Verdienstes wegen, sondern um der Sache selbst willen auf Juval sein wollte, war Augustin Holzner. Auf der Suche nach einem sinnerfüllten Leben wollte er den »Viehhof« wiederaufbauen und eine Werkstatt für sein Kunsthandwerk einrichten. »Gustl«, wie wir ihn nennen, ist Lorberjaner und möchte spontan und mühelos leben; aus dem »Nichtstun« heraus zu lassen, was zu tun ist.

Irina Piva übernahm später die Gärten, legte Beerenplantagen an und führt mit mir den »Schlosswirt«, ein einfaches Landgasthaus, in dem wir nach dem alten Buschenschankgesetz anbieten und verkaufen, was auf dem Ortlhof produziert wird: Milch, Fleisch, Eier, Gemüse, Obst, Wein und hartes Brot, das einmal im Jahr im alten Backofen gebacken und dann getrocknet wird.

Wir sind keine Kommune, sondern mehrere Haushalte, die eine weitgehende Selbstversorgung anstreben und unsere Produkte nicht dafür produzieren, dass sie im Großhandel vermarket oder als EU-Überschuss vernichtet werden. Wir betreiben den Hof extensiv und kommen durch. Als Verdienstquelle ist die Landwirtschaft in den Bergen sowieso nicht geeignet, und sie bringt mir als Besitzer auch nur Schulden ein. Ich wusste von Anfang an, dass ich mit meiner Familie nicht von meiner Bergbauernwirtschaft leben könnte. Ich verdiente ja dazu. Wie es andere Bergbauern machten, blieb mir rätselhaft. Mit Hilfe von Subventionen, sagten viele. Mit ungemein harter Arbeit, sagte ich. Der Arbeitstag hoch oben am Berg dauert im Sommer oft 16 Stunden.

Ich möchte meinen Bergbauernhof erhalten, wie er einst war, und die Landwirtschaft, die wir betreiben, ist wie vor hundert Jahren. Innerhalb von einem halben Jahrzehnt hatte ich ein Konzept erarbeitet und die Weichen für seine Wiederbelebung gestellt.

Der ursprüngliche Unterortlhof wird wieder in einen Weinhof umgewandelt: Der Weinfachmann Martin Aurich hat die Verantwortung dafür übernommen und viele Reben gesetzt: Blauburgunder, Fraueler, Veltliner. Er soll mit seiner Familie dort leben können, das Weingut nach seinen Qualitätsmaßstäben aufbauen und auch den Weinverkauf übernehmen.

Auf dem ehemaligen Oberortlhof stehen heute ein Esel, vier Kühe, sechs Schottische Hochlandrinder, fünfzehn Schafe, zehn Zwergziegen und drei Pferde. Ein Karabash-Hengst aus dem Kaukasus, den mir mein Bruder Erich, ein Pferdekenner, besorgt hatte, stürzte auf der Weide von einem Felsen und war auf der Stelle tot. Das Stutenfohlen, das die Haflinger-Stute von ihm bekommen hatte, hat im Frühling 1994 ihr erstes Fohlen geworfen. Wieder eine Stute. Ich möchte Haflinger halten und ein Tibet-Pony dazu, um im steilen Juval-Gelände zurechtzukommen. So züchten wir weiter.

Unseren Landbau betreiben wir nach ökologischen Gesichtspunkten: keine Gifte als Spritzmittel, kein Kunstdünger, keine chemischen Produkte auf dem Viehhof.

Nicht nur vorbeikommende Touristen, auch Umweltschützer und

Journalisten interessieren sich mehr und mehr für diese alternative Form der Landwirtschaft. Dass ich mir dabei häufiger den Vorwurf anhören muss, ich machte es mir leicht, weil ich die Arbeiten des Bauern am Hof anderen überlasse, nehme ich gelassen hin. Denn auch als Bergbauer beziehungsweise als Besitzer eines Bergbauernhofs wende ich konsequent mein Prinzip an, das zu tun, was ich am besten kann, und anderen zu überlassen, was sie besser als ich können. Martin Aurich ist gelernter Weinbauer, und ich bin es nicht. Folglich kümmert er sich um den Weinanbau.

Die praktische Arbeit am Viehhof wiederum ist mir vertraut. Ich habe sommerlang bei einem Bergbauern auf dem Ritten, der ein Verwandter meiner Mutter war, mitgeholfen. Ich habe gelernt, Ochsen zu führen, Kälber von der Alm zu holen und den Stall auszumisten. Ich habe beim Pflügen geholfen und bei der Ernte. Ich habe Tiere gehütet, Gras gemäht, Kühe gemolken und Holz aus dem Wald geholt. Mit einem Wort: Ich habe fast alle bäuerlichen Arbeiten gelernt. Im Notfall könnte ich als Selbstversorger überleben. Ich muss es aber nicht. Deshalb lasse ich Gustl freie Hand. Wir sprechen uns ab, aber er entscheidet und arbeitet selbständig. Er weiß, wann die Kartoffeln einzugraben und wann sie rauszuhacken sind, er besorgt das Jäten, Heumähen, Füttern. Wie viel Mühe es Gustl kostet, die steilen Hänge zu mähen – teils mit der Maschine, teils mit der Sense –, ist weder in Arbeitsstunden noch in Schweiß messbar. Ein steilhangtüchtiger Ladewagen aus der Schweiz erleichtert die Einfuhr.

Um die viele Handarbeit zu reduzieren, haben wir damit begonnen, einzelne Parzellen einzuzäunen, sodass sie beweidet werden können, ohne dass Gustl bei den Tieren bleiben muss.

Jungvieh, Schafe und Schottische Hochlandrinder kommen im Sommer auf die Alm.

Das größte Problem in Juval ist die Trockenheit: Ohne Bewässerung verdorrt alles. Seit vierhundert Jahren bereits hängen die Bauern an einem Bewässerungssystem, Waale genannt, das Wasser aus dem Schnalsbach die Hänge entlang bis zu den Höfen bringt. Dort wird es über ein Leitungssystem und Beregner auf die Wiesen, Äpfel-, Birnen- und Aprikosengärten verteilt. Die Reben werden tropfberegnet.

Gustl ist so etwas wie ein Generalist, ein Allround-Talent: Er ist Tischler, Schmied, Zimmermann. Er kann mit Holz und Eisen umgehen, mauern, er dreht Holzschüsseln, konstruiert Riegel. Genau diese Fähigkeit ist es, die ich an ihm und den Bergbauern am meisten bewundere: dass sie im Notfall alles selber machen können, weder auf Klempner, Schmied noch Tischler angewiesen sind. Nur dank dieser absoluten Autonomie und Autarkie können sie es sich leisten, da oben zu bleiben. Denn ihr Einkommen beträgt nahezu null.

Die Bergbauern in Tibet, in Nepal, in Südamerika, die sich in viertausend Meter Höhe auf kärgeren Böden durchbringen müssen, haben nur eine Sorge: zu überleben. Die Höfe dort sind viel ärmer als die unseren. Um zu begreifen, wie relativ auch die Armut ist, sind Vergleiche notwendig. Manchmal wünsche ich mir, dass wir Südtiroler Bergbauern, wenn wir jammern, unsere Kollegen in Tibet oder Solokumbu beobachten könnten.

Im letzten Jahrhundert fühlten sich die Bergbauern bei uns als Könige auf ihren kleinen Höfen. Alle hatten ihr Auskommen: die Bauern im Tal und die oben am Berg, die Arbeiterfamilien, die Knechte, die Mägde. Dieser Gleichklang aber ist mit der Industrialisierung verlorengegangen. Zuerst zogen die Kinder ins Tal, dann kam die Monokultur auf den Berg.

Heute ist der Bergbauer bei uns in der Regel kein Selbstversorger mehr. Diese traurige Erkenntnis, dass die Bergbauern nicht oben bleiben werden, hängt damit zusammen, dass alle, die die Industriegesellschaft erleben – ob indirekt über das Fernsehen oder direkt, weil sie mit ihr in Berührung kommen –, einen höheren Lebensstandard anstreben, der aber auf tausend und mehr Metern über dem Meeresspiegel, an steilen Berghängen, nicht erwirtschaftet werden kann. Mit einer weltweiten Satellitenkommunikation – Fernsehen ist heute auch noch beim entlegensten Bergbauern zu empfangen – ist es möglich, einen Lebensstandard vorzuführen, den er nie erreichen kann.

Die Bergbauern werden nur oben bleiben, wenn wir Städter sie in irgendeiner Form unterstützen. In Bhutan, Nepal, Ecuador sind keine Mittel da, um diese Menschen oben in den Bergen zu subventionieren. Bei meinen vielen Reisen konnte ich immer wieder beobachten, wie Grüppchen, ganze Ethnien, ihre Gegenden verlassen haben, um irgendwo anders zu siedeln. Es ist traurig und interessant zugleich zu beobachten, wie eine ganze Kultur, die sich weltweit ähnelt, obwohl sie gar nicht vernetzt ist, langsam vom Berg herunterkommt. Wie ein Erdrutsch. Bei uns in Südtirol werden die Bergbauernhöfe mit allerlei Subventionen noch oben festgezurrt, aber auch als Monokulturproduktionsbetriebe sind ihre Jahre gezählt. Im Kaukasus, im Hindukusch, im Kuen-Lun-Gebirge gibt es sie kaum noch. Wäre ich nicht selbst in einem Bergbauerngebiet aufgewachsen, hätte ich vermutlich keine offenen Augen und Ohren für diese Problematik gehabt. Umgekehrt, je mehr Bergvölker ich in Asien, Afrika, Südamerika besuchte, umso genauer konnte ich auch in Südtirol hinter die Stall- und Stubentür schauen.

Der Bergführer Marco Cruz aus Ecuador hat wie ich ein Modell entwickelt, wie man Tourismus im Zusammenspiel mit Berglandwirtschaft praktizieren kann: Er bindet Bergbauernfamilien an sich und an ihr Land, indem die jungen Männer ihn bei seinen Touren im Hochgebirge unterstützen, Bergführerdienste leisten, ihm bei seiner Lamazucht helfen. Er bindet sie in den Tourismus ein, lässt sie teilhaben an diesem jungen Wirtschaftszweig, ohne sie davon abhängig zu machen.

Marco Cruz ist eine mehr als positive Figur im Bergtourismus. Ich sehe ihn als Seelenverwandten. Für ihn ist der Tourismus eine wirtschaftliche Notwendigkeit, und deshalb verteidigt er das richtige Maß. Er weiß und predigt: Wer übertreibt, wer den Massentourismus ins Land wirbt, ruiniert seine Lebensqualität, zuletzt den Tourismus selbst.

Marco Cruz ist Bergbauer, Autor, Sammler. In einem Hochtal am Fuße des Chimborasso hält er Alpacas und Lamas, in Riobamba will er zeigen, dass es möglich ist, ein Haus zu führen, das den Anforderungen des Tourismus und dem dortigen Lebensrhythmus gerecht wird. Eine Reihe von Indios helfen ihm. Und wenn diese das Wechselspiel Tourismus und Landschaft, Markt und Naturerhalt durchschauen wie er, dann wird es möglich sein, die Berge von Ecuador zu retten. Die ökologischen Probleme in Ecuador sind größer als die in den Alpen. Der Boden rutscht unten weg, und die Bauern ziehen immer höher hinauf. Niemand hat ihnen gesagt, wie der Boden ihre Familien über Jahrtausende ernähren kann. Die Spanier haben nur gezeigt, wie der Boden ausbeutbar ist. Bald wird es in höheren Lagen keine Felder mehr geben. Dann werden diese Bergbauern herunterkommen müssen. Marco Cruz sieht diese Problematik und versucht gegenzusteuern. Er ist ein Anreger, er ist ein Katalysator. Die Touristen, die mit ihm unterwegs sind, die Einheimischen, die mit ihm zusammenarbeiten, spüren es, und das ist der Anfang der Sanierung.

Seit zwei Jahren versuche ich in Südtirol, Yaks mit Schottischen Hochlandrindern einzukreuzen.

Unsere Yaks stehen seit bald zehn Jahren in Sulden am Ortler, auf einer Höhe von 2000 und mehr Metern. Sie gehören Paul Hanny und mir. Das Klima dort ist ähnlich wie in Tibet. Viel Schnee und Kälte im Winter, im Sommer steigen die Tiere bis zum Gletscherrand hinauf. So können sie ihr halbwildes Dasein bei uns weiterleben. In den normalen Höhen Mitteleuropas ist es für die Yaks zu warm, die Luft zu sauerstoffreich. In Sulden zeigen sie einen Lebensrhythmus wie in Tibet. Im Frühling bringen die Yaks ihre Kälber zur Welt, im Sommer werden diese auf der Hochweide stark.

Die Idee, aus diesen Yaks und den Schottischen Hochlandrindern eine alternative Rinderrasse zu züchten, ist nicht neu. In der ehemaligen DDR gab es Versuche in dieser Richtung. Vergebliche Einkreuzungsversuche.

Wir brauchen auf steilen, entlegenen Berghängen ein Tier, das nicht gemolken werden muss, klettern kann wie ein Yak, leicht und genügsam ist und im Freien überleben kann. Hänge, die nicht mehr gemäht werden können, weil es zu teuer wird, sollen von meinem Wunschtier »gepflegt« werden. Es soll den Bauern helfen, jene Landschaftspflege zu erleichtern, die die Aufgabe der Bergbauern auch in Zukunft bleiben muss. Wer, wenn nicht die Bergbauern, soll die Verkrustung, Verödung, den Verfall der Kulturlandschaft in den Alpen verhindern?

Obwohl es also wichtig, gleichzeitig anstrengend und wenig einträglich ist, einen Bergbauernhof zu betreiben, war die lokale Bürokratie bei der Wiederbelebung meines Hofes der schlimmste Hemmschuh. Mein Anliegen, Landschaftsbild, Architektur und Lebensrhythmus auf Juval zu einer Art Gesamtkunstwerk zu formen, stand immer wieder kurz vor dem Scheitern. Zuerst wollte mir der Bürgermeister in der Burg die Bewohnbarkeit verweigern, dann verhindern, dass der alte Oberortl-Stadl so gedeckt wurde, wie er früher einmal gewesen war. Zehn Jahre lang lebten wir auf dem Berg ohne Zufahrt zum Burghof, weil eine Regelung dazu auf behördlicher Ebene hintertrieben wurde. Als ich endlich den Weg von der Zufahrtsstraße bis zum Hoftor kaufen konnte und dabei die zweite Hälfte des Burgfelsens erwarb, fiel auch das ehemalige »Baumannhäusl«, heute »Tagwerkerhäusl« genannt, in meinen Besitz, in dem einst die Verwalterfamilie der Burgherren gewohnt hatte.

Mein Bemühen, dieses Gebäude möglichst originalgetreu wiederherzustellen, wurde mit einer Flut von Anzeigen beantwortet, die sogar zu einer Abbruchverfügung führten.

Das entsprechende Verfahren konnte ich zwar gewinnen, zahlte aber trotzdem eine horrende Strafe, weil ich nicht rechtzeitig um eine Baugenehmigung angesucht hatte. Zuletzt wurde ich vom

Landesrat für Umweltschutz aufgefordert, die Solaranlage vom Dach zu entfernen, der die Gemeindebaukommission nachträglich zugestimmt hatte. Das war mir zu viel. Ich schrieb einen Brief an den entsprechenden Landesrat, der meine Enttäuschung über die zum Teil unerträgliche Verbürokratisierung unseres Lebens oben am Berg zum Ausdruck bringen sollte.

Ich schrieb mir meinen Frust darüber von der Seele, dass meine Bemühungen, in Sachen Umweltschutz und Landschaftsschutz vorbildlich zu bauen und zu arbeiten, nicht nur nicht gewürdigt, sondern sogar immer wieder zunichtegemacht wurden; dass ich mich mit Paragraphenreiterei und Rechthaberei und Sturheit herumschlagen musste, wo saubere Lösungen möglich waren, wenn man nur den gesunden Menschenverstand anwendete.

Der Brief verfehlte seine Wirkung nicht. Mehr noch: Der Landesrat gab mir in einem verständnisvollen Antwortschreiben zu verstehen, dass er meine Beweggründe nachvollziehen könne, mein ökologisches Engagement schätze und es ihm leidtue, wenn mir das Leben in Südtirol schwer gemacht werde. Also durfte ich hoffen, das »Gesamtkunstwerk« Juval abschließen zu können.

Mit jeder bürokratischen Hürde, die ich zu nehmen hatte, wuchs mein Ärger über den Widersinn eines Verwaltungsapparats, der uns Bürgern eigentlich helfen sollte. So reifte mein Entschluss, Juval abzugeben und es öffentlich zugänglich zu machen. Auf den Sachverstand des Landeshauptmanns konnte ich dabei zählen.

Im »Tagwerkerhäusl«, wo sich die Burgbesucher versammeln sollen, wohnt jetzt mein »Baumann«, der Burg und Vorburg beaufsichtigt und wichtige Reparaturen sofort ausführt. Dazu kümmert er sich um ein Dutzend Ziegen, die den Burgfelsen beweiden.

Oberortl bleibt Vieh- und Wirtschaftshof; Unterortl soll mit Keller und Wohnung ab Winter 1994/95 von Martin Aurich verwaltet werden. Ich werde in Juval die Verantwortung tragen, bis die Kinder groß genug dafür sind, und mich dann anderswo engagieren, irgendwo, wo ich gestalten darf, ohne wie ein Verbrecher, Heimatverräter oder Kulturschänder behandelt zu werden, wenn ich zu retten versuche, was zu retten ist.

Meine Vorliebe für Tiere war nie so stark wie bei meinem Bruder Erich. Auch in meiner Kindheit nicht. Erich, der Vierte in unserer Familie, war als Kind so verliebt in Pferde, dass er sichtbar darunter gelitten hat, dass wir uns daheim kein Pferd leisten konnten. Inzwischen hat er sich eine Haflingerzucht zugelegt und ist Tierarzt geworden. Auch er betreibt einen Bergbauernhof, aber aus ganz anderen Gründen als ich. Ihn haben die Tiere zu einem sesshaften Menschen gemacht.

So wie ich in die Berge vernarrt war, brauchte er Tiere. Die Mission dabei, der politische Hintergedanke, ist uns beiden unwichtiger als die Sache selbst. Deshalb sind wir auch erfolgreich, und wir gehen unseren Weg. Wir wissen, dass wir in Südtirol wenig Glaubwürdigkeit haben, und finden uns damit ab. Diese haben wir nicht etwa verspielt, weil wir geblufft hätten, sondern weil sie uns von den lokalen Machtstrukturen und den Meinungsmachern genommen wurde. Sie haben früh erkannt, dass es einfacher ist, uns die Glaubwürdigkeit zu nehmen, als sich mit uns auseinanderzusetzen. Trotzdem kommen wir zurecht, und der eine oder andere Bauer taucht bei uns auf.

»Was sind das für langzottelige Tiere?«, fragen sie. Oder:

»Was willst du mit dieser Mischung aus Buschenschank, Weingarten und Tierpark?«

In meinem Stall stehen keine Milchkühe, die sechs- oder achttausend Liter Milch pro Jahr produzieren. Ich halte Zwergziegen, Grauvieh und jede Menge Kleingetier. Ein Stall mit Prachtexemplaren von Milchkühen, alle in Reih und Glied, die nicht auf die Wiese dürfen, brächte sicher mehr ein als mein »Tierpark«, aber trotzdem nicht genug, um davon zu leben. Ich freue mich wenigstens mit dem dreijährigen Gesar Simon, der stundenlang die »Schotten« füttert. Er sagt, er will Bergbauer werden, und ich nehme seinen Wunsch ernst.

Die Leute kritisieren mich zu Recht, dass ich als Bauer zu wenig auf dem Hof bin. Vor hundert Jahren hätte es sich auch ein Bergbauer als Besitzer leisten können, anzuschaffen und zu gehen, wohin er wollte. Er musste nicht selbst anpacken, wenn er sonst tüchtig war. Heute muss er bleiben. Er ist Sklave seines Besitzes. Nur Verwalter zu sein ist zu wenig. Es gibt nicht viel zu verwalten auf einem Bergbauernhof, es gibt nur viel Arbeit. Und wie sollte ich mir heute, wie früher üblich, zwanzig Dienstboten auf Juval leisten können? Der Bauer, der organisiert und anschafft, ist am Berg schon lange ausgestorben. Ich kann wenigstens Verantwortung abgeben, weil ich anderweitig Geld verdiene.

Aber: Südtirol ohne Bergbauern ist nicht mehr Südtirol. Jenseits aller Rentabilität geht es einmal um Pflege und Erhalt der kleinräumigen Kulturlandschaft, das bearbeitete Land zwischen den Berggipfeln und den verbauten Talsohlen, zum anderen um die Tradierung von Wissen, Arbeitstechniken, Instinkten, also Erfahrungen eines jahrtausendealten Daseins.

Leider hören die Bauern in Südtirol viel zu sehr auf die Touristen und Politiker und zu wenig auf sich selbst. Was Bergbauern produzieren, ist weniger wichtig als das, was sie an landschaftserhaltender Arbeit leisten: Sie pflegen Trinkwasser, Kultur und Landschaft. Auch für jene, die weiter unten leben und ihre Hotelbetten vermieten. Der Fremdenverkehr wäre bei uns ohne die Bergbauernkultur kaum denkbar, aber der Bauer weiß diesen Umstand nicht auszunützen.

Die Bergbauern müssen zu einem neuen Selbstverständnis finden und auf ihr Recht pochen, da oben zu bleiben. Nicht nur, weil sie unten arbeitslos wären, sondern auch, weil sie sich oben langfristig selbst ernähren können, sofern sie ihre Produktionsmethoden ändern. Wir müssen langsam zur Selbstversorgerlandwirtschaft am Berg zurückkehren. Und die Bauern müssen zusätzlich dafür bezahlt werden, dass sie dort oben bleiben, die Landschaft pflegen, handwerkliche Fähigkeiten tradieren, Haus und Hof erhalten. Und zwar nicht als Objekte zur Besichtigung, sondern als Landschaftsgärtner. Ein Bergbauer muss seinen Stadl selbst bauen dürfen, Holz schlagen können, wieder Herr auf seinem Hof sein. Nicht der Markt, sondern seine Lebensqualität muss wieder an erster Stelle stehen: Werte wie das eigene Haus, die eigenen Felder, der eigene Garten, viel Platz für die Kinder, selbsterzeugte Lebensmittel, Entscheidungsfreiraum in einem Leben, das Bleiben bedeutet. Der Gedanke, ich kann mich im Notfall selber ernähren, ist mir viel wichtiger als der Drang nach immer neuen Erfahrungen. Ein Stückchen Südtiroler Kulturlandschaft zu pflegen kommt als Gestaltungswunsch dazu. Trotzdem, am Ortlhof bleiben Sträucher stehen, alte Mäuerchen werden nicht herausgerissen. Architektur und Lebensrhythmus werden am Hof als Einheit erhalten. Vieles verdanke ich dabei meinem Mitarbeiter Gustl Holzner, der zu einer Zeit bei mir auf Juval angeklopft hat, als es nicht mehr weiterging. Gemeinsam möchten wir aus dem Hof wieder machen, was er am Beginn des Jahrhunderts gewesen sein mag: als unsere Rückkehr in die Zukunft.

In Kombination mit dem Buschenschank, der sechs bis acht Monate im Jahr offen ist, hoffe ich, dass wir früher oder später auch wirtschaftlich erfolgreich arbeiten können. Das heißt, dass Einnahmen und Ausgaben auf null und null zu bringen sind und alle 15 Menschen auf Juval leben können. Sonst kann die nächste Generation nicht bleiben.

Zurzeit ist es angenehm für mich, als Halbnomade auf Reisen zu sein und zurückzukommen zum Bleiben. Die Monate mit meiner Familie auf Juval sind wie das Leben im Paradies. Parallel dazu diesen Wunschtraum verwirklicht zu sehen, dass auf dem Bauernhof alles gedeiht und wächst, beruhigt mich. Nach und nach werden sich die Teile zu einem Gesamtkunstwerk fügen: Da ist Juval, die Burg, die erhalten wird; der Bauernhof, wo allerlei Tiere stehen, die ein Südtiroler Bergbauer braucht, um als Selbstversorger zu überleben, und der Weinberg, wo wir unseren eigenen Wein keltern können. Dazu Almen, Waldanteile, Weiden. Alles ist da, was wir alle gemeinsam brauchen. Mehr wäre Luxus.

Vielleicht bin ich in zehn Jahren alt, reif und ruhig genug, um sesshaft zu werden. Als Selbstversorger auf Juval aber kann ich mir mein Bleiben heute nicht mehr vorstellen. Ein zweites Bild ist es, das mir häufig vorschwebt, dem ich folgen werde. Ich sehe mich in eine Höhle gehen und dort mit noch weniger zufrieden sein. Bald also werde ich mich aus Juval ganz zurückziehen. Habe ich doch Burg und Höfe nicht für mich hergerichtet, sondern um ihrer selbst willen.

7

Vom Jagen in der Erinnerung

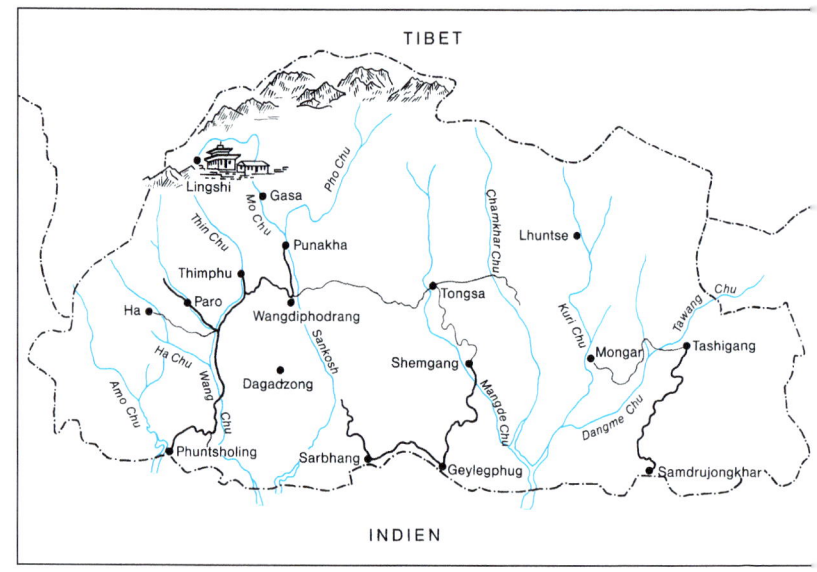

Ein Blauschaf in Bhutan

Im Frühling 1987 reiste ich erstmals ins Königreich Bhutan. Mit Sabine, meiner Lebensgefährtin, Wolfgang Thomasett, Jürg Steger und Schurle Rhomberg, der die kleine Expedition organisiert hatte. Schurle war der Leibarzt des verstorbenen Königs gewesen und kannte sich aus im Land des Donnerdrachen. Wir hätten zwar Berge besteigen dürfen, blieben meist aber zwischen Baum- und Schneegrenze. Der Erlaubnis, ein Blauschaf zu jagen – erteilt von der königlichen Familie –, folgte eine aufregende Jagd in den Bergen um Lingshi.

Die Blauschafe halten sich in den Sommermonaten mit Vorliebe auf jenem Felsrücken auf, wo zwischen Schluchten und Abgründen ein Hauch Vegetation und Schnee übrig geblieben ist. Sie äsen in Rudeln.

Mit Wolfgang Thomasett auf der Jagd zu sein, war wie Herausgenommensein aus der Zeit. Es ging uns dabei nicht um das Töten und auch nicht um das Fleisch. Es war die Aufmerksamkeit, die wir auf die Tiere lenkten und zu der uns die Tiere zwangen, die uns weiter und weiter ins Gebirge trieb. Mit jedem Schritt wurden die Grenzen zwischen Jäger und Gejagtem mehr und mehr verwischt. Als würde dieses Jagen alle Fremdheit in uns aufheben.

Woher mein Hunger nach unberührten Landschaften kommt, kann ich nicht sagen. Aber selbst zwischen dem Gipfel des Jiju Drake und seinem Spiegelbild war ich mehr Horizontjäger als Bergsteiger oder Weidmann.

Ein Gejagter als Jäger

Es war in den Bergen von Bhutan, am Jiju Drake, einem heiligen Berg im Chomolari-Gebiet. Wir lagerten an einem See, der in einer Mulde, eingeklemmt zwischen Moränen, lag. Weil wir eine Genehmigung bekommen hatten, ein Blauschaf zu jagen, beobachteten wir die Umgebung genau.

Blauschafe, eine Art Steinwild, gehören zum Himalaja wie die Gämse zu den Alpen. Sie sind größer als der Steinbock und kleiner als das Marco-Polo-Schaf, und sie kommen in Rudeln von zehn bis 300 Tieren in Tibet, in Nepal und hauptsächlich in Bhutan vor. In diesem kleinen Land zwischen Indien und Tibet war es der Königsfamilie vorbehalten, Blauschafe zu schießen.

Im Nordwesten von Bhutan leben die Tiere in großen Herden auf einer Höhe von 3500 bis 6000 Metern. Jetzt, am Beginn der Monsunzeit, hielten sich die Tiere auf etwa 5500 Meter auf. Das Gehörn der Böcke war imposant und gedreht wie ein Korkenzieher – viel dicker als das der Mufflons. Nicht selten wurde älteren Böcken ihr eigenes Gehörn zum Verhängnis. Wenn sie dem Rudel nicht mehr folgen und nicht mehr sicher springen konnten, stürzten sie ab. Besonders gefährdet waren diese Tiere im Winter, wenn die Bäche zufroren und die Verwitterung Lawinen, Erdrutsche und Steinschläge auslöste.

Mit Ausnahme von Sabine waren alle Expeditionsteilnehmer Jäger. Professor Rhomberg verzichtete, weil er schon öfter in Bhutan Blauschafe geschossen hatte, und Jürg Steger wollte uns lediglich begleiten. Wolfgang Thomasett und ich durften schießen. Mit einem Begleiter aus Bhutan brachen wir drei in aller Herrgottsfrühe auf. Es war stockdunkel. Am Boden schimmerte der Reif.

Das Gewehr, das uns zur Verfügung gestellt worden war, stammte aus dem Zweiten Weltkrieg. Dazu erhielten wir sechs Patronen.

Im ersten Morgenlicht stiegen wir über einen Bergrücken aufwärts. Wir hatten in den Tagen vorher höher oben mehrere Blauschafherden beobachten können und hofften beim ersten Büchsenlicht dort zu sein. Während einer kurzen Rastpause wurde eine Münze geworfen. Wolfgang gewann. Damit stand fest, dass er zuerst schießen durfte. Immer vorausgesetzt, wir kamen nahe genug an einen Bock heran.

Wolfgang Thomasett war ein fanatischer Jäger, einer von jenen, die nicht mehr zu halten waren, wenn sie dem Wild in den Bergen nachstiegen.

Ich bin Gelegenheitsjäger. Seit der Zeit, als Schurle mich vor Jahren ins Silbertal im Montafon eingeladen und ich dort meinen ersten Hirsch erlegt hatte, ging ich einmal im Jahr auf die Jagd. Es war keine Gewohnheit, auch kein Zeitvertreib, es waren eine Reihe von Instinkten, denen ich dabei folgte.

Als Kind hatte ich oft beim Großvater väterlicherseits gesessen und ihm zugehört, wenn er Jagdgeschichten erzählte. Sein Vater, mein Urgroßvater, war Bauer am Viginerhof in St. Magdalena im Villnößtal gewesen. Es war kein großer Bauernhof, aber zum Leben hätte es gereicht, wenn dieser Urgroßvater nicht so trinkfest gewesen wäre. Er soll an einem Sonntag einmal zwölf Liter Wein in sich hineingeschüttet haben. Es kam, wie es kommen musste: Der Hof wurde verkauft und aus dem Urgroßvater, der hinkte und deswegen als »Viginer-Krumper« verspottet wurde, ein Außenseiter. Im Sommer schlug er sich als Hirte durch, im Winter lebte er mit seinen beiden Buben, die ihm auf der Alm zur Hand gingen, in einer Höhle. Als Wilderer haben sich die drei ein Zubrot geholt, je nach Jahreszeit entweder hoch oben im Kar oder unten bei ihrer Behausung am Waldrand. Sie haben hauptsächlich Gämsen gewildert. Im Sommer trieben sie ein Rudel im nördlichen Geisler-Kar zusammen, indem einer die Tiere von Osten her scheuchte und einer von Westen, der Vater stand irgendwo bei den obersten Zwergföhren in der Mitte. Dann jagten sie die gehetzten Gämsen die Schlucht zwischen Saß Rigais und Furchetta hinauf, eine steile Rinne, die nach oben hin senkrecht und äußerst brüchig wird. Ich bin diese Schlucht ein paar Mal abgeklettert und würde niemandem diese Route empfehlen. Die Welt dort ist höllisch gefährlich: Steinschlag von allen Seiten, beinharter Schnee, der erst im Spätherbst wegschmilzt, Schmelzwasser, das den ganzen Sommer über hinabrinnt.

Meine Vorfahren waren keine Kletterer. Trotzdem stiegen sie den Gämsen nach. Sie wussten genau, dass die Tiere in dieser Schlucht in eine doppelte Falle liefen: Nach oben war wegen der Steilheit des Geländes der Fluchtweg abgeschnitten, und von unten kamen ihre Verfolger. Die Tiere gerieten in Panik, hetzten hinauf und hinunter, bis sie erschöpft waren, und lösten dabei zusätzlich Steinschlag aus. Sofern die Gämsen nicht dabei umkamen, wurden sie am Schluchtausgang abgepasst. Die beiden Männer, die sich dort postiert hatten, hatten ein leichtes Spiel: Sie brauchten nur noch zu zielen und abzudrücken.

Wenn der Großvater diese »Heldengeschichten« erzählte, hatte ich mich als Kind zwiespältig berührt gefühlt. So widerlich diese Jagd gewesen sein musste, so sehr forderte sie meine Phantasie, und die Wilderei zwang mir Respekt ab. Die Männer mussten sich immerzu verstecken, denn das Gelände war mit dem Fernglas einsehbar. Nachts wurde die Beute heimgetragen. Aber auch das war gefährlich, denn man konnte nie wissen, ob die Wildhüter unten auf der Alm bereits warteten. Die Gämsen wurden entweder verkauft oder selbst gegessen. Für mich als Kind war es damals logisch und verständlich, dass die Familie meines Großvaters wilderte, weil es um den Lebensunterhalt ging.

Dieser mein Großvater, der im Gegensatz zum Urgroßvater dem Alkohol völlig entsagte und sich einen kleinen Hof kaufte, wurde später Jäger mit eigenem Revier und Jagdschein. Trotzdem hat er das Wildern nicht lassen können. Bei Holzfällerarbeiten nutzte er die eine Stunde Mittagsrast, um Rehböcke zu jagen.

Auch mein Vater ging nach dem Krieg wildern. Wie viele andere Menschen damals stand er nach der Rückkehr vor dem Nichts, und wir wohnten zeitweise in den Bergen. Dann und wann schoss er einen Rehbock für den Kochtopf.

Uns Kinder hat der Vater nie zur Jagd mitgenommen, nie zum Wildern angehalten. Weder nach dem Krieg noch in späteren Jahren. Aber er hat uns, als wir auf der Gschmagenhart-Alm unsere Sommerferien verbrachten, das Wild gezeigt und uns gelehrt, es zu beobachten. Er führte uns zu den Stellen, wo der Urgroßvater gewildert hatte, wo er einen Rehbock geschossen hatte, wo Großvater und Urgroßvater vor dem Wildhüter geflohen waren. Wie oft sind wir zum »Gämsenschauen« in die Kare gegangen! Oder in aller Herrgottsfrühe mit dem Fernglas zum »Reheschauen« in den Wald.

Vater zeigte uns, wie man Tiere fand, sie anschlich. Aber weiter ging er nie.

Als ich im gestandenen Alter von 40 Jahren erstmals auf die Jagd ging, war ich zunächst zögerlich. Mit dem Tun aber schwanden die Vorurteile, und die Begeisterung stieg. Im Burgenland schoss ich ein Mufflon, im Silbertal Hirsche und Gämsen. Dieses Jagen war so aufregend, wie es anfangs das Bergsteigen für mich gewesen war. Sicher, es war etwas ganz anderes, in der Früh mit dem ersten Licht aufzusteigen, aus den Hochwäldern in eine Lichtung herauszutreten und mit dem Fernglas Tiere anzusprechen, als in eine Felswand zu schauen, die ich klettern wollte. Die Stille aber, die Nachtkälte überall, die Kraft des Sonnenlichts empfand ich ähnlich aufputschend. Die Erhabenheit der Berge wie die Geheimnisse dieser Tierwelt erhöhten mein Wachsein.

Natürlich war immer ein Jagdhüter mein Begleiter. Er trug die Verantwortung, zeigte an, ob ein Tier geschossen werden durfte oder nicht, half beim Transport ins Tal. Es ist nicht so einfach, einen erlegten Hirsch von 2000 Meter Höhe bis zur Talstraße herunterzuziehen. Diese Arbeit nahm oft einen halben Tag in Anspruch, denn wir gingen vorsichtig vor. Einerseits, um die Decke nicht zu verletzen, weil das Fleisch verwertet werden sollte, andererseits aus Respekt vor dem Tier.

Das Jagen ist bis heute meine am meisten kritisierte Tätigkeit geblieben. In vielen Gesprächen habe ich meine Gründe dafür zu erklären versucht. Auch meinen Freunden gegenüber.

»Messner, der Umweltschützer, als Jäger, ist das kein Konflikt?«

»Ich gebe zu, dass ich damit meine Probleme habe. Und trotzdem empfinde ich das Jagen als Bereicherung. Ich habe dabei viel gelernt. Natürlich ist die Jagd bei uns nur als Hegejagd vertretbar. Und das Zeremoniell zwischen Jägerlatein und Trophäenschau ist mir so zuwider wie das ›Berg Heil‹ am Gipfel. Aber zu viel Wild im Wald schadet. Rotwild frisst im Winter Triebe ab. Umgekehrt ist Wild eine Regenerationshilfe für den Wald. Der Hirsch tritt Löcher in den Boden, Zapfen fallen hinein, ein neuer Baum wächst. Der junge Baumbestand wuchert oft dort, wo häufig das Wild steht.«

»Ausreden.«

»Nicht nur. Ein verantwortungsbewusster Jäger ist um das richtige Maß bemüht, damit das Gleichgewicht gewahrt beziehungsweise wiederhergestellt wird. Das ist eine der Kernaussagen auch im Naturschutz. Vielleicht hat der Jäger früher mehr nach diesem Mittelmaß getrachtet. Und wenn er jagte, bedeutete das Anstrengung, Konzentration, Aufregung, Begreifen. Bei dem Gedanken, im Jeep durch den Wald zu fahren und vom Auto aus zu schießen, sträuben sich mir alle Nackenhaare. Diese Form der Jagd hat nichts mehr mit Lernen, Anschleichen, Instinkt zu tun.«

»Sie reden von sich selbst, wenn Sie vom Menschen als Instinktwesen sprechen?«

»Zu den Urerfahrungen des Menschen gehören Kälte, Dunkelheit, Wassermangel und die Gefahr durch Raubtiere. Am Rande der Wüste sind uns Menschen diese Instinkte, die uns helfen zu überleben, zugewachsen, in Fleisch und Blut übergegangen. In der

Nacht zum Beispiel habe ich mehr Bedenken und Angst als untertags, obwohl die Gefahren heute geschwunden sind. Warum? Weil ich mich im Dunkeln möglichen Gefahren gegenüber zerbrechlicher fühle. Je weniger ich sehen kann, umso intensiver höre ich und umso aufmerksamer bin ich, und ein kritischer Moment ist auch dann noch im Bewusstsein als Bedrohung lebendig, wenn er längst vorüber ist.«

Bisher war ich auf Expeditionen nicht gezwungen, um des Überlebens willen zu jagen. Ich hatte auch nie ein Gewehr dabei. Schon deshalb nicht, weil ich mich fremden Völkern nicht als der Überlegene präsentieren wollte. Wenn ich jagen wollte, lieh ich mir einfach ein Gewehr, und wenn mir kritische Situationen bevorstanden, wie beispielsweise in Grönland, ließ ich mich an der Küste von Jägern begleiten.

Im Frühling 1993 bin ich im nördlichen Polarmeer mit einigen Eskimos hinaus aufs Packeis auf Robbenjagd gegangen. Ich wollte es lernen, um mich für den Notfall vorzubereiten, wenn ich 1995 zum Nordpol aufbreche.

Robben zu jagen ist schwierig, und ich werde es können müssen, wenn ich irgendwo auf dem Treibeis hängen bleibe und dort nicht verhungern will. Im Gegensatz zur Antarktis und beispielsweise zu den Galapagos-Inseln lassen sich Robben im nördlichen Polarmeer nicht mit den bloßen Händen fangen. Man muss sich anschleichen und genau treffen, sonst sind sie in ihrem Loch verschwunden.

Doch nicht nur für die Robben brauche ich in der Arktis eine Waffe, sondern auch und vor allem gegen die Eisbären. Wenn ich auf ein hungriges Exemplar dieser Spezies treffe, habe ich als Mensch ohne Waffe nicht die geringste Überlebenschance.

Im Norden von Grönland lebten die Eskimos früher ausschließlich von der Jagd. Heute sitzen sie herum, trinken den ganzen Tag über Kaffee und sehen sich Videofilme an. Als ich einen jungen Mann fragte, ob ihm sein Leben nicht langweilig erscheine, schrie er mich an: »Keine Belehrung, bitte.«

»So war es nicht gemeint.«

»Wir sollen keine Robben schießen, aber ihr Europäer erschießt Menschen. Eine Tierschützerin, diese berühmte Frau aus Paris, die gegen die Robbenjagd ist, sagte, wir sollten alle Vegetarier werden. So ein verfluchter Blödsinn.«

Er lachte höhnisch.

»Was wissen Sie in Europa von Seehunden? Wir leben mit Seehunden, fühlen wie sie, mögen sie. Sie wissen nichts von ihnen, überhaupt nichts.«

»Was bringen Robbenfelle heute ein?«, versuchte ich dem Gespräch eine sachliche Richtung zu geben.

»So wenig, dass man die Jagd vergessen kann. Und sie wird mehr und mehr vergessen. Aber hier gibt es sonst keine Arbeit.«

»Und wovon lebt ihr dann?«

»Nicht das Wovon zählt, sondern das Wofür. Das Jagen war unser Lebensinhalt. Wir brauchten die Seehunde. Das ganze Jahr über. Für alles. Wir essen sie, verarbeiten das Fell zu Kleidung, Stiefeln, Harpunenleinen, Handschuhen, Peitschen.«

»Mit einem Wort: Ihr geht wieder auf die Jagd.«

»Ja, ja, ja. Sie haben es begriffen. Seehunde sind Teil unseres täglichen Lebens. Diese Kleider aus Europa«, fuhr er fort und deutete dabei auf meine Bekleidung, »sind im äußersten Norden nutzlos. Und wenn wir nur Gemüse essen dürften, würden wir schrecklich dünn werden und bald keine Kraft mehr haben.« Er lachte.

»Ich weiß.«

»Im Eis bei minus 40 Grad wärmen einen nur Fett und Fleisch auf. Nicht Gemüse.«

Wir lachten beide. Ich dankte und verabschiedete mich.

Unten im Eismeer bellten die Hunde. Ein Mann in den besten Jahren, einer von denen, die uns vorher zugehört hatten, belud seinen Schlitten. Ich trat auf ihn zu.

»Lasst uns unseren Lebensstil«, sagte er. »Lasst uns die Jagd.«

»Lasst wenigstens die Eisbären am Leben«, sagte ich. »Die Eisbären sind am Aussterben.«

Er schaute mich an, als wollte er die Hunde auf mich hetzen.

»Du würdest dir vor Angst in die Hose machen, wenn da draußen einer auftauchte«, gab er geringschätzig zurück und machte sich zum Aufbruch bereit.

»Denk an das Artenschutzgesetz«, ermahnte ich ihn.

»Denk du an die Lady in Paris«, konterte er. »Die ist auch für Humanität bei der Robbenjagd. Dabei weiß sie nicht, wie Eisbären Robben schlachten. Grausam, sage ich dir, grausam.«

»Die Gejagten sind immer die Armen.«

»Der Jäger ist immer auch der Gejagte.« Die Tiere heulten, die Peitsche knallte, der Schlitten glitt schnell über das Eis davon.

Wolfgang Thomasett, Wolfi genannt, trug das Gewehr. Die sechs Patronen hatten wir uns geteilt. Drei gingen in seine Tasche, drei in meine. Langsam stiegen wir aufwärts. Die Schneehänge über uns leuchteten violett. In den Tälern war noch nichts zu erkennen, kein See, kein Dorf, kein Haus.

Bei Tageslicht kamen wir auf dem Bergrücken an. Wir zögerten nicht, rasteten nicht, die Jagd konnte beginnen. Es herrschte klare Sicht. Knapp über uns, zum Berg hin, entdeckten wir ein riesiges Rudel Blauschafe. Wir wechselten ein paar Blicke, verständigten uns ohne Worte. Wolfi würde nur einen Bock schießen, einen alten Bock, der den nächsten Winter sowieso nicht überleben könnte.

Wolfi ging allein weiter. Wir drei hielten uns zurück: geduckt, still, beobachtend. Vorsichtig schlich Wolfi in einem Bogen ein paar Mulden entlang, um näher an das Rudel heranzukommen. Er verschwand. Als der erste Schuss fiel, sahen wir ihn wieder: unterhalb des Rudels. Er stand zu weit weg.

Die Blauschafe stoben in drei Himmelsrichtungen davon. Nur nach unten kam keines. Hatte Wolfi getroffen? Nein. Er wirkte sehr aufgeregt und rannte dem Wild mit weit ausgestreckten Armen nach, fast so schnell wie die aufgeschreckten Tiere. Einen

Augenblick lang schien es sogar, als hätte sich die Situation umgekehrt: als hetzten die Blauschafe hinter ihrem Jäger her. Vornübergebeugt, auf allen vieren jetzt, rannte Wolfi übers Geröll, sprang über Steilstufen, während über uns das Rudel über ein paar Schründe zurückjagte. Dann, ganz plötzlich, blieb Wolfi stehen, legte das Gewehr an und zielte über eine Schlucht. Wieder verfehlte er sein Ziel, und wieder begann er zu laufen. Tiere und Jäger verschwanden. Ein dritter Schuss fiel. Sein Widerhall ließ uns die Entfernung ahnen, in der die Tiere flohen, wo Wolfi sich befand.

Nach einer halben Stunde tauchte Wolfi wieder bei uns auf, aufgeregt, aber ohne Beute. Das Jagdfieber hatte ihn gepackt, er wollte sofort weiter.

Er war nur deshalb zurückgekommen, weil er keinen Schuss mehr hatte.

Nachdem sich Wolfi beruhigt hatte, meinte er, das Gewehr ginge nicht richtig.

»Sonst müsste ich getroffen haben.«

Ich nahm seinen Einwand ernst, denn Wolfi war ein guter Schütze.

»Es ist besser, wir testen das Gewehr«, schlug ich vor.

»Wo?«

»Hier, an einem Felsen.«

»Mit einem der drei Schüsse, die wir noch haben?«

»Ja. Bleiben immer noch zwei.«

Das Gewehr war primitiv, schwer, ohne Zielfernrohr. Wer das Licht am Gletscherrand nicht kennt, wird erstaunt sein, wie schwierig es ist, eine Entfernung von hundert oder hundertfünfzig Metern abzuschätzen. In der dünnen Luft, einer Höhe von 5000 Metern. Noch schwieriger ist es zu treffen. Und wir mussten genau schießen, wenn wir ein Tier töten und nicht nur verletzen wollten.

Es war klar, dass Wolfi als der erfahrenere Schütze von uns beiden und als gelernter Jäger den Probeschuss abgab. Wir hängten in gut hundert Meter Entfernung einen Plastiksack an eine Felswand.

Den Weg hatte ich mit hundert langen Schritten ausgemessen. Wolfi legte an.

Sein Schuss traf genau in die Mitte. Damit war der Beweis für die Tauglichkeit des Gewehrs erbracht. Nun war die Reihe an mir.

Während Wolfi gejagt hatte, war weit entfernt in der Gegenrichtung eine andere Herde von Blauschafen aufgetaucht. Dieses Rudel guckte ich mir aus. Wir marschierten ein Stück in diese Richtung, und ich bat meine Begleiter, in einer Mulde zurückzubleiben. In gebückter Haltung ging ich allein weiter. Es war nicht leicht, im freien Hügelgelände in Deckung zu bleiben. Kriechend bewegte ich mich vorwärts, mal auf dem Bauch robbend, mal auf den Knien, im ständigen Auf und Ab, bis ich zu einer Anhöhe kam, von wo aus ich das kleine Rudel im Blickfeld hatte. Hinter Steinen versteckt, konnte ich die Tiere beobachten. Das Problem war, dass die besten Böcke geschützt standen. Ab und zu sah ich ihr Gehörn. Die kleinen Blauschafe ästen im Vordergrund. Als ob sie Wache schieben müssten. Die guten Böcke blieben in der Tiefe der Mulde.

Es war inzwischen Mittagszeit. Ich wartete. Stunde um Stunde verstrich. Nichts tat sich. Um auf das Blatt des besten Bocks zielen zu können, hätte ich mich aufrichten müssen. Ich wagte es nicht. Die kleineren Tiere würden mich bemerken, und im Nu wäre die ganze Herde verschwunden.

Inzwischen hatte ich zu » meinem « Bock, den ich mir ausgeguckt hatte, eine Beziehung. Ich kannte sein Verhalten, und gerade deshalb zögerte ich. Weil ich diesen majestätischen Bock mochte, legte ich immer wieder auf ihn an, ohne zu schießen. Es war noch zu wenig von ihm zu sehen, als dass ich ihn hätte töten können, und er stand zudem nicht quer, sondern schräg, sodass ich ihn mehr von vorne treffen musste. Ich wartete eine Ewigkeit. Mein Bock drehte sich nicht. Nicht zu meinen Gunsten. Also musste ich mir eine andere Taktik überlegen. Vorsichtig schob ich mich ein wenig höher, das Gewehr auf den Rucksack vor mir aufgelegt. Mein Atem ging jetzt ganz gleichmäßig, was in der großen Höhe nicht selbstverständlich ist. Dann drückte ich ab.

Getroffen, dachte ich, als ich sah, wie das Tier in den Knien einknickte und fiel. Regungslos blieb es liegen. In Sekundenschnelle flohen die übrigen Blauschafe über die Bergrücken davon.

Wie benommen stand ich noch da, während der Schuss verhallte, als Wolfi dahergerannt kam. Er riss mir das Gewehr aus der Hand, schnappte sich die letzte Patrone und jagte dem fliehenden Rudel Blauschafe hinterher. Am Abend erst sollte ich ihn wiedersehen.

Inzwischen waren der Wildhüter und Jürg Steger eingetroffen. Gemeinsam nahmen wir das Tier aus und begutachteten es. Es war ein Prachtexemplar. In meine Freude über die Beute mischten sich Beschämung darüber, dass ich nur dank der Büchse der Überlegenere gewesen war, und auch ein wenig Traurigkeit, dass ich meinen Lieblingsbock getötet hatte.

Ein Tier mit einem Gewehr zu erlegen ist einfach. Der Stärkere steht von vornherein fest. Um wie viel schwieriger muss es gewesen sein, ein Blauschaf mit Pfeil und Bogen zu jagen, oder in grauer Vorzeit, es mit Steinen zu töten. Die Aufregung dürfte immer ähnlich intensiv gewesen sein. Sie half, schneller zu laufen, aufmerksamer zu sein, sich auf das Tier einzustellen. Einem Tier nachzustellen hieß immer auch, ein Teil von ihm zu werden. Hass kam dabei nicht vor, und die Zuneigung war nach dem Töten am stärksten.

Hans Kammerlander, der in seiner frühen Jugend gewildert hatte, war einmal mit mir im Silbertal, um einen Hirsch zu schießen. Wir saßen auf einem Felsen, unterhalb dessen ein einhörniger Hirsch stand. Eine Stange fehlte. Stundenlang blieb das Tier zwischen Felsen und Bäumen in Deckung. Als es endlich aus dem Schutz heraustrat und frei dastand, fiel der Schuss. Während der Hirsch über die Felsen stürzte, drehte sich Hans, ein hervorragender Schütze, zu mir um und sagte leise und mit Wehmut in der Stimme: »Reinhold, das Wildern ist spannender. Du musst dabei nicht nur nach vorne schauen, du musst auch dauernd nach hinten schauen. Du bist dabei immer auch der Gejagte.«

Auch Hans ging es beim Jagen nicht um ein bloßes Stück Fleisch, das er vor die Flinte nahm, oder um die Trophäe, sondern um die Spannung, die erhöhte Aufmerksamkeit, die entstand, wenn Gefahr und Ziel sich in ein und derselben Sekunde einstellten. Diese Aufmerksamkeit drang bis in jede Pore, in jede Zelle, sie erfüllte Körper und Geist gleichermaßen, und sie ließ erst nach, wenn ich wieder daheim war.

Zweitausend Höhenmeter weit zog ich das Blauschaf aus der Gletscherregion die Berghänge hinunter. Von über 5000 Metern bis in die Talsohle. Wolfi war inzwischen wieder bei uns. Auch die letzte Patrone hatte ihm kein Glück gebracht.

Eine Zeitlang schleppten wir das schwere Tier zu zweit, später halfen bhutanesische Träger. Müde kamen wir in unserem Lager an. Es regnete. Am Abend gab es die besten Stücke dieses Blauschafes gebraten, mit ein paar Kartoffeln. Es schmeckte köstlicher als alles, was ich bisher an Fleisch gegessen hatte. Sei es, weil ein Tag harter Arbeit dahintersteckte, sei es, weil es kalt war und wir bei der Aufregung des Jagens das Essen völlig vergessen hatten. In dieser Nacht träumte ich so intensiv wie lange nicht mehr.

Ein paar Jahre später war ich wieder in Bhutan. Beim Marsch vom Osten in den Westen des Landes, immer etwa in 5000 Metern über Meereshöhe am Fuße des Himalaja entlang, war ich auf dem Weg herab in die ersten Siedlungen, um meinen Proviant aufzufrischen. Ich war allein.

Oben schneite es, unter der Waldgrenze begann es zu regnen. Das Wasser troff von den Bäumen, und die Steige waren vielfach zu kleinen Bächen geworden. Plötzlich entdeckte ich an einer weniger nassen Stelle Tigerspuren im Schlamm, Abdrücke von riesigen Tatzen, die den Weg vor mir markierten. Mir war unheimlich zumute, als ginge das Tier nur wenige Hundert Meter vor mir. Vielleicht beobachtete es mich sogar.

Ich bin weder ein besonders mutiger noch ein besonders ängstlicher Mensch. Doch diese Spuren jagten mir kleine Schauer über den Rücken. Ich spähte links und rechts ins Unterholz, als erwartete ich, jeden Moment in zwei funkelnde Augen zu starren. Jede schnelle Bewegung, jedes Geräusch – ein Vogel schwang sich hoch, ein Ast knackte – ließ mich zusammenzucken.

Es wurde Abend. Im dichten Mischwald dunkelte es rasch. Mit der Dämmerung wuchs meine Einsamkeit. Ich hatte das Gefühl, als ob es nur noch uns beide gäbe: den Tiger und mich.

Trotz meiner Angst lief ich nicht kopflos durch den Wald, ich bewegte mich instinktiv vorsichtig wie ein Jäger: Alle Sinne hellwach, schleichend fast, geduckt ging ich abwärts. Natürlich wusste ich, dass Tiger normalerweise keine Menschen angreifen. Ausnahmen gab es immer.

Ich hatte keine Waffe dabei, und in der Nacht hätte ich mich sowieso nicht wehren können. Der Mensch als nachtblindes Wesen und die Raubkatze als Tier, das nachts auf Beutefang ging, waren eine Konstellation, bei der der Zweibeiner zwangsläufig den Kürzeren ziehen musste.

Als ich aus dem Wald heraustrat und die ersten Lichter des Dorfes Bungtang unter mir sah, atmete ich auf wie ein Gejagter, der der Gefahr für immer entkommen ist.

8

Vom Erzählen auf der Bühne

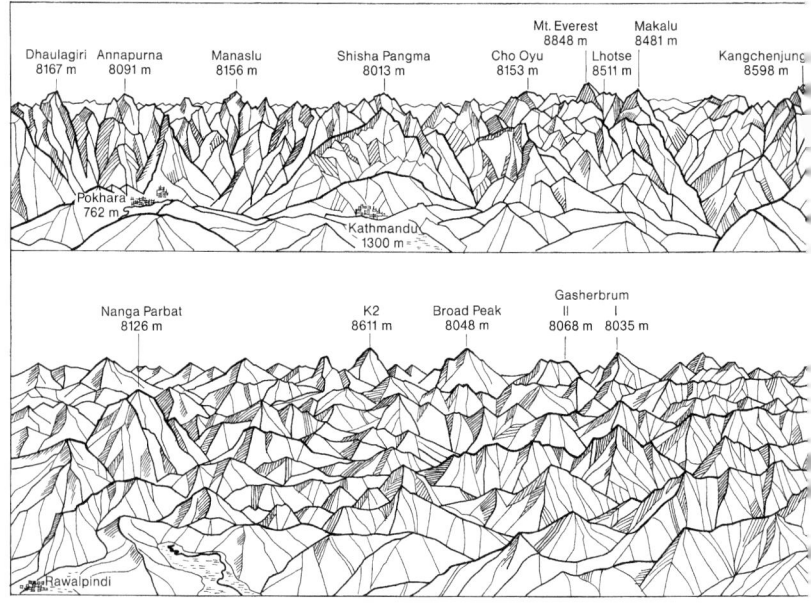

Projizierte Abenteuer

Im Sommer 1987 organisierte Beppe Tenti eine Vortragsveranstaltung über die 14 Achttausender in der Arena von Verona. Zusammen mit Tenti hatte ich eine Reihe von Vortragsreisen in Italien gemacht und unter anderem in Mailand, Turin und Rom Sportpaläste mit 10000 und mehr Menschen gefüllt. Trotzdem, dieser Einzelvortrag in Verona sollte etwas Besonderes sein: Bergsteiger aus ganz Norditalien waren eingeladen worden, eine Riesenleinwand war eigens errichtet worden, und außerdem sollte es ein Bühnenbild geben. Mein Bruder Werner war für die Technik verantwortlich, Sabines Bruder Christian assistierte ihm.

Die riesenhaften Vergrößerungen der Abbildungen einer fernen Realität dürfen nicht Kulisse bleiben. Für die Zuschauer müssen sie Landschaften der Phantasie werden, in der meine erzählten Märchen wahr bleiben.

Open-Air-Vorführungen
sind oft getragen von einer
erwartungsvollen Stim-
mung. Das Flimmern der
Sterne, der Dunst des
Abends lässt das Geheim-
nisvolle hinter den pro-
jizierten Dingen lebendig
werden. Schon das Auf-
stellen der Bildwerfer im
Freien war anregend, und
dieses Pulsieren übertrug
sich beim Vortrag auf die
Zuschauer, breitete sich
zwischen Bühne und Arena
aus.

Ich muss beim Vortrag imstande sein, für jeden einzelnen Zuschauer
eine eigene Brücke zu schlagen aus seiner Innenwelt in das Reich meiner
Erfahrungen und Vorstellungen, über alle Vorurteile hinweg.

Als Stellvertreter in der Arena von Verona

Ein Vortrag beginnt, lange bevor ich auf der Bühne stehe. Die Anreise, der Aufbau der Apparate, das Einstellen der Projektoren und das Ausmessen ihrer Distanz zur Leinwand, Tonprobe, das Absprechen von Beleuchtung und Pausen sind das unmittelbare Vorspiel zu einer Aufführung, deren Inhalt schon seit Monaten erdacht, im Kopfe skizziert, zusammengestellt, überarbeitet worden ist. Weder schreibe ich den Vortrag, noch probe ich ihn gar. Er entsteht als freie Rede auf der Bühne, immer anders, immer neu. Die Bilder dazu wähle ich in meinem Archiv aus, in wochenlanger Detailarbeit, suche Musikstücke zu einigen Passagen, die sich gut zum Überblenden eignen. Das Gerippe des Vortrags – Dramaturgie, Informationsblöcke, beschauliche Passagen – entsteht als Gesamtschau in meinem Kopf, nachdem ich mich auf Titel und Thema festgelegt habe. Die Bilderfolge ist, einmal geordnet, eine abrufbare visuelle Unterstützung auf der Leinwand, nur noch eine Gedächtnisstütze für mich. An ihr entlang erzähle ich, was meine Zuhörer auf der Leinwand nicht sehen. Und weil mein Wissen zum Thema um ein Vielfaches größer ist als das, was ich in zwei Stunden sagen kann, die Erinnerung zu jeder erlebten Geschichte breiter ist, als eine erzählte Geschichte je sein kann, sage und erzähle ich in jedem Vortrag anderes, variiere ich mein Thema, je nachdem, wie mich mein Publikum annimmt, provoziert, beflügelt.

Bei meinem Vortrag über die 14 Achttausender in der Arena von Verona, dieser grandiosen und schwierigen Bühne, war mein Bruder Werner als Techniker dabei. Er war verantwortlich für die Abwicklung, die Bildwerfer und auch für das Licht. Trotzdem habe ich bis zuletzt alle Aufbauarbeiten mitbetreut.

Je weiter der Nachmittag voranschritt, desto hektischer wurde es auf der Bühne und hinter den Projektoren. Im Gegensatz zu Deutschland, wo alles generalstabsmäßig geplant und dann auch genauso durchgeführt wird, geht es in Italien ausgesprochen chaotisch zu.

Sämtliche Leute, die in irgendeiner Weise an den Vorbereitungen zu meinem Vortrag beteiligt waren, redeten durcheinander, liefen aufgeregt hin und her, schoben die Verantwortung auf andere. Alle taten geschäftsmäßig, und niemand hörte zu. Als gegen sechs Uhr abends die Leinwand immer noch nicht stand, gerieten wir in ernste Bedrängnis. Der Vortrag sollte um neun Uhr abends beginnen, und vorher mussten Bild- und Tonproben durchgeführt und die Projektoren justiert werden. Ohne Leinwand aber keine Probe.

Der Produzent des Vortrags, Beppe Tenti aus Mailand, hatte eine überdimensionale Leinwand vorgesehen, 21 Meter hoch und 28 Meter breit. Wegen der Windgefahr in einer offenen Arena sollte sie mit einem entsprechend stabilen Eisengerüst gestützt werden. Die Arbeiter brauchten für den Aufbau länger, als wir erwartet hatten. Die Zeit wurde knapp.

Die Projektoren mussten wir ans hinterste Ende der Arena stellen, um den Zuschauern den Blick nicht zu verbauen. Denn niemand von uns wusste, wie viele Menschen kommen würden. Ich war gespannt.

Ein Lichtbildervortrag ist nie im Vorfeld bis ins Detail planbar. Was nützen alle Verträge über Bühnengröße und Saallänge, wenn ich die Räumlichkeiten selbst nicht gesehen hatte. Nur Erfahrung, Kreativität und Tests schaffen die optimalen Voraussetzungen im gegebenen Raum. Und ein Vortrag mit Lichtbildern ist nahezu überall zu organisieren: auf einem Dorfplatz, in einer Turnhalle oder in der Scala von Mailand.

Bei dieser Gelegenheit wurde ich zurückerinnert an meine ersten Vorträge, die ich am Anfang meiner »Karriere« in Südtirol und dann in den sechziger Jahren in Deutschland gehalten hatte. Hundert, zweihundert Hörer kamen damals, ich arbeitete mit einem kleinen Projektor und einem Zeigestock in der Hand.

Innerhalb von 20 Jahren hat sich das Vortragswesen zu einem eigenständigen Medium entwickelt, das viele betreiben und das ein relativ breites Publikum gefunden hat.

Bei meinem ersten Vortrag in Deutschland, es war in Stuttgart, war der Einladende nur daran interessiert, mit mir auf der Bühne zu stehen und zu diskutieren. Er wollte mich bloßstellen und versuchte nach dem Vortrag, meine Ideen als »Die Ideologie des Wahnsinns« hinzustellen. Es gelang ihm nicht, denn ich verstand mich zu wehren. Er, nicht ich, wurde ausgepfiffen; er, nicht ich, verlor den Wortstreit. So habe ich gelernt, mit dem Publikum zu reden, es zu packen, sachlich zu argumentieren. Denn es geht mir bei meinen Vorträgen nicht darum, Sensationen aus meinen Reisen zu machen oder Fremdenverkehrswerbung zu betreiben. Ich versuche vielmehr, meine Innenwelt nach außen zu kehren, die Zweifel, Ängste und Schwächen, die jeden von uns treffen, wenn er an die Grenzen seines Könnens stößt, als Wegbegleiter zu beschreiben. Sie sind der gemeinsame Nenner, den ich mit meinem Publikum habe.

In den ersten Jahren reiste ich für jeden Vortrag eigens an. Auch ins Ausland. Oft legte ich für Hin- und Rückfahrt tausend Kilometer und mehr mit dem Auto zurück. Um die Hotelkosten zu sparen – meine Honorare waren mehr als bescheiden –, fuhr ich nach jedem Vortrag gleich wieder nach Hause. Öfter schlief ich, daheim angekommen, vor dem Haus im Wagen ein, weil ich vollkommen übermüdet war, und erst die Morgenkälte weckte mich auf.

Später lernte ich, Vortragsreisen so zu organisieren, dass sie weit weniger anstrengend und gleichzeitig einträglicher waren. Nicht mehr Alpenvereinssektionen, sondern Konzertagenturen waren die Veranstalter. Trotzdem, mein Anspruch, an jedem Abend mein Bestes zu geben, blieb.

Ein Vortrag unterscheidet sich fundamental von einem Auftritt im Fernsehen. Der Auftritt auf der Bühne ist publikumsnäher, länger, hintergründiger. Das Publikum und ich stehen uns direkt gegenüber. Diese greifbare Nähe ist es – für Publikum und Referenten –, die elektrisiert. Die Menschen, die mich erleben wollen, erleben mich in einem Vortragssaal unmittelbar und unvermittelt. Sie können in meine Welt hineinschauen, im Geiste mitgehen, wenn ich auf den Mount Everest steige oder unter dem Gipfel des Lhotse scheitere. Ich spüre ihren Atem, ihre Spannung, ich spüre ihr Desinteresse. Ich kann auf ihre Reaktionen reagieren. Deswegen ist für mich das dankbarste all meiner Medien der lebendige Vortrag.

Ich liebe das Erzählen auf der Bühne. Gäbe es nicht die Anreise, die Technik, das Hotelleben, ich würde mehr Vorträge halten. Deswegen stehe ich selber auf der Bühne, erzähle selber. Wer seine Geschichten auf Bänder aufnimmt, um sie per Knopfdruck abzuspulen, betrügt sich selbst und sein Publikum. Er nimmt keine Verbindung zu ihm auf, gibt wenig weiter.

In Verona wünschte ich mir, einen besonders guten Vortrag zu halten. Ich verspürte so etwas wie Erfolgsdruck. Lampenfieber hatte ich nicht, aber Angst, dass ich wegen technischer Probleme zu spät auf die Bühne käme und nicht mehr wüsste, wie ich die Leute packen sollte. Und dass ich am Abend nervös und verbraucht sein würde nach den vielen Stunden Vorbereitungsstress.

Beim ersten Nanga-Parbat-Vortrag von Dr. Karl Maria Herrligkoffer 1970 in München war ich viel aufgeregter als später in der Arena von Verona, obgleich ich damals im Publikum saß. Es ging um jene Expedition, bei der mein Bruder Günther ums Leben gekommen und ich halbtot wieder vom Berg heruntergekommen war. Mitten während des Vortrags – unser Expeditionsleiter las einen wirren Bericht über die Ereignisse in der Rupalwand vom Blatt ab – ging ich auf die Bühne, nahm Herrligkoffer das Mikrophon aus der Hand und sagte den Zuhörern, ich sei bereit, nach dem offiziellen Expeditionsbericht meine Version zu erzählen, was ich später auch tat. Es hat ja jedes Tun so viele Wahrheiten wie Täter.

Mein Verhalten damals war nicht korrekt, es entsprang meinem Verletztsein, einer Verzweiflung, die vor allem mit der ungenauen und emotionslosen Darstellung meiner Odyssee am Nanga Parbat zu tun hatte. Seit damals aber weiß ich, dass alle Zuhörer, die für eine Erzählung offen sind, auch für eine zweite und dritte Version offen wären. Das Publikum sucht nach Glaubwürdigkeit, nach Hintergründen, nach Emotionen. Und die ganze Aufmerksamkeit bekommt nur derjenige Erzähler, der genauer ist, der Varianten zu einer Geschichte erzählen kann, der etwas von seiner Seele offenlegt. Wer ein Thema, eine Idee, eine erlebte Geschichte von mehreren Seiten zu beleuchten vermag, sie sozusagen dialektisch anpackt, hat sie begriffen. Aber nur wer etwas von sich selbst hergibt, dem hängt das Publikum an den Lippen und der hat es meist auch auf seiner Seite.

Dass mir Herrligkoffer damals verbot, über unsere gemeinsame Nanga-Parbat-Expedition eigene Vorträge zu halten, war verständlich. Unser Vertrag gab ihm auch ein Recht dazu. Im Übrigen war er nach meiner Stellungnahme im Salvatorkeller in München ausgepfiffen worden. Aufklären aber konnte er die strittigen Punkte mit seiner Berichterstattung nie, denn er war am Nanga Parbat nie in den Gipfelbereich vorgedrungen, und das wussten seine Zuhörer. Hätte er von seinen Gefühlen während jener Tage am Nanga Parbat erzählt, hätte er nicht nur die Prozesse zum damaligen Streit gewonnen, sondern auch die Aufmerksamkeit eines breiten Publikums. Ich hingegen bin damals zu einem ebenso geliebten wie gehassten Vortragsredner geworden.

Soll ich mich damit brüsten, dass einige meiner angekündigten Vorträge wieder abgesetzt worden sind? Im Zillertal zum Beispiel, wo der Bürgermeister meinen Auftritt zu verhindern wusste. Oder in Kaltern bei Bozen, weil die Gemeinde den Saal nicht zur Verfügung stellte. Auch in Süditalien hat kürzlich ein neofaschistischer Bürgermeister einen Vortrag von mir zu verhindern gewusst.

Nein, ich freue mich nicht über die Engstirnigkeit von Politikern und Vereinsmeiern, die mit Auftrittsverboten dieser Art nur beweisen, dass ich etwas zu sagen habe. Zensur, in welcher Form auch immer, deutet auch auf Angst hin, und Angst will ich mit meinen Vorträgen niemandem machen.

Ich will erzählen, aufklären, Stellung beziehen. Wenn Sektionsleiter von alpinen Vereinen meine Vorträge ablehnen, ist das ihre Entscheidung. Wenn aber der Kulturreferent des Südtiroler Alpenvereins öffentlich davor warnt, mich zu Auftritten einzuladen, und ihm dabei niemand widerspricht, ist das ein Politikum, ein Beweis dafür, dass manche Arten von »Liebe zu den Bergen« intolerant gegenüber Andersdenkenden machen.

Die Kunst des Erzählens liegt nicht im Thema. Auch die Bilder sind zweitrangig. Was zählt, ist die Fähigkeit, die Zuhörer in seine Geschichte mitzunehmen.

Die Erzähler um die Jahrhundertwende sind dabei meine Vorbilder. Sie mussten anschaulicher vortragen als wir, weil sie auf eine einfachere Bildtechnik angewiesen waren. Erfolg hatten auch damals auf Dauer nur diejenigen, die die Kunst des Erzählens beherrschten.

Der Bergsteiger Paul Preuß soll ein faszinierender Redner gewesen sein. Er hatte immer volle Säle. Es gab damals weniger Menschen als heute, die ins Gebirge gingen, und auch weniger, die solche Vorträge besuchten. Trotzdem gab es ein Vortragspublikum. Der britische Polarforscher Sir Ernest Henry Shackleton hatte sehr viele Anhänger, der schwedische Asienforscher Sven Hedin natürlich und auch Luis Trenker. Mit ihren Erzählungen konnten sie auch Nichtfachleute in ihren Bann ziehen wie ein Zauberkünstler die Kinder. Als wären sie zum Erzählen geboren.

Heute steht das Bild meist über dem gesprochenen Wort. Dem wirke ich entgegen. In den letzten Jahren habe ich die Bilder mehr und mehr in den Hintergrund gerückt und das Erzählen wieder in den Vordergrund gestellt.

Nicht alles, was technisch möglich ist – Projektoren, Videoclips, Playback –, ist beim Vortrag auch notwendig. Auf das Erzählen kommt es an. Musik kann Stimmungen unterstreichen, aber die Pause zwischen zwei Aussagen ist wichtiger.

Mit dem Berg draußen kann der Zuschauer nicht viel anfangen. Es sind die inneren Berge, die inneren Wüsten, die ihn beschäftigen. Ich benütze also im Vortrag das, was sich draußen getan hat, um zu erklären, was sich in uns drinnen tut: der Vortrag als Spiegelkabinett.

Wer als Vortragsredner wie ich auf der Bühne steht, muss nichts anderes tun, als erlebte Geschichten erzählen, die klingen dürfen wie Märchen. Ich lebe also auch davon, dass ich Märchen erzähle, die ich vorher erlebt habe.

In meiner Erinnerung ist ein riesiger Fundus von Szenen, Episoden, Ereignissen gespeichert, in den ich nur hineinzugreifen brauche. Eine Geschichte aus diesem Fundus zu spinnen bedeutet aber zuerst ordnen, relativieren, betonen. Ich will so erzählen, dass jeder meine Geschichte begreift und sie trotzdem wahr bleibt.

In jüngster Zeit meinen viele, man könnte heute einem breiten Publikum keine Berggeschichten mehr erzählen. Reisevorträge, Lehrvorträge, Fachvorträge stehen allerorts auf dem Programm. Ich bin anderer Meinung. Sogar ein Laie, der noch nie auf einem Berg war, kann nachempfinden, was da oben passiert, wenn ich mich nicht in Fachausdrücke versteige; jeder kann im Geiste nachklettern, vorausgesetzt, ich erzähle in Bildern, die der Zuhörer aus seiner Welt kennt. Ich versuche dabei, nicht zu übertreiben und nicht zu untertreiben. So nahe an der Realität zu bleiben wie möglich ist mein Ehrgeiz. Dem Zuhörer dabei Sprachbilder zu liefern, die ihm eine Vorstellung vermitteln von den Gebirgen und Eiswüsten, von Schwierigkeiten und Anstrengungen, von der Lebensfreude, die manchmal freigesetzt wird, als lohnte sich nichts mehr als die »Eroberung des Nutzlosen«, ist wie ein Spiel, das mich zuweilen unter der Rede selbst mitreißt – hinauf ins Hochgebirge, hinein in die Leere zwischen den Sanddünen.

Um diesem Anspruch gerecht zu werden, brauche ich Energie, Resonanz aus dem Publikum und eine innere Anspannung. Ich kann nicht jeden Tag auf der Bühne gleich gut sein. Deshalb muss ich meine Kräfte einteilen, darf nicht zu viele Vorträge hintereinander halten, ein Thema nicht überstrapazieren.

Auf der Bühne brennt man schnell aus. Ein Vortrag ist anstrengend; nicht für den Körper, sondern für den Geist. Das Gehirn muss ununterbrochen Bilder produzieren, den Spannungsbogen halten, den Worten vorausdenken.

Mein Erfolg als Vortragsredner liegt vielleicht in der Kraft, spontan Bilder zu erfinden, und in meinem Selbstverständnis als Geschichtenerzähler. Das heißt, selbst in einem Vortrag, den ich bis zu dreißigmal hintereinander halte – allerdings auch nicht öfter –, gehe ich auf die Bühne, als wäre es mein erster Auftritt zum Thema. Ich variiere die Bilder, versuche immer wieder, während ich rede, die Geschichte völlig neu anzupacken. Natürlich verunglückt mir ab und zu ein Satz, dann und wann eine Aussage, dafür aber gelingen mir auch wieder neue Bilder. Ich überzeuge, indem ich meinen Vortrag nicht wie auswendig gelernt herunterleiere, sondern indem ich ihn auch für mich jeden Tag neu komponiere. Indem ich mich selber überrasche, überrasche ich auch meine Zuhörer. An guten Tagen wächst in jedem Vortrag eine kleine Nebengeschichte, die ihn unverwechselbar macht und ihn von allen anderen unterscheidet.

Keinen Vortrag von mir gibt es geschrieben, in Serie oder auf Band. Ich trete auf. Das fotografische und musikalische Konzept dazu sind wie Konstanten in einem Ritus, der vom Wechsel bestimmt wird. Sie bilden den Rahmen, innerhalb dessen ich mein Thema variiere und improvisiere. Nur Vorträge, die aufregend unvorbereitet beginnen, sind lebendig, weil sie von der Spontaneität leben, und nur solche machen mir großen Spaß.

Immer öfter fragen mich junge Referenten, angehende Profibergsteiger oder Fotografen nach meinem Vortragsgeheimnis.

»Ich habe keines«, antworte ich ihnen. Aber ich weiß eines: Erzählen liegt mir. Es gehört zu meinen liebsten Arbeiten. Erzählen kann ich besser als Schreiben. Bücher zu machen ist für mich viel anstrengender. Weil ich dabei allein dasitze und eine Formulierung immer wieder umschmeißen kann. Beim Vortrag wird ein Satz formuliert, spontan, nur einmal, und schon geht der Erzählfluss weiter. Ein freier Vortrag ist nie perfekt. Würde ich Vorträge in Serie und Perfektion halten – zwei Stunden freie Rede aus lauter grammatikalisch korrekten Sätzen –, wäre ich weder gut noch glaubwürdig. Ich wäre steril in meiner Rede. Ich finde es wichtig, gutes Deutsch oder gutes Italienisch zu sprechen, die Erzählung muss fließen, sie muss stimmen, aber sie darf geformt werden im Prozess des Redens. Die Fotos auf der Leinwand sind wie die Erinnerung Stütze dabei, Emotionsstütze. Ich sehe sie und tauche hinein in die dazugehörige Erinnerung, in die Welt von damals.

Als Erzähler stehe ich zwischen den Welten, zwischen der »Arena der Einsamkeit« und dem vollen Saal mit zuhörenden Menschen. Ich springe nicht zwischen diesen beiden Welten hin und her, ich ziehe, ganz unbewusst meist, meine Zuhörer in meine Innenwelt, die Erlebniswelt von damals hinein. Deswegen eröffne ich meine Vorträge oft mit dem lapidaren Satz: »Jetzt nehme ich Sie mit in meine Welt.«

Für die meisten Menschen habe ich eine Art Stellvertreterfunktion: Mein persönliches Abenteuer findet in ihren Köpfen statt, und sie sind zufrieden damit. Denn sie wissen, wenn sie nach Hause gehen: ihr Leben ist anders. Sie haben Messner erlebt, aber sie müssen nicht Messner spielen.

Im letzten Moment erst stand der Vortrag in Verona. Die große Leinwand war aufgebaut, die Arena gefüllt mit 6000 Leuten. Ein Hauch von Rosa noch am zirrengekämmten Abendhimmel. Es wurde rasch dunkler. Ich war jetzt gespannt wie ein Raubtier vor dem Sprung und tigerte hinter der Leinwand hin und her, unansprechbar.

Christian und Werner stellten die Bilder scharf. Ich hörte die Reaktionen aus dem Publikum, sah aber nichts als eine seitenverkehrte Welt zwischen Hunderten von Gitterstäben.

Seit das Publikum vor mehr als einer Stunde Platz genommen hatte, hatte ich die Bühne vor der Leinwand nicht mehr betreten. Dort stand ein winziges Zelt, ein Biwakzelt. Es sollte von innen beleuchtet werden, während ich vom ersten Freilager sprach. Darüber, wie auf die Arenastufen gebreitet, ein Berg, aus weißen Tüchern geformt. Und darüber der schwarze Abendhimmel, in den jedes meiner Worte stürzen würde wie in einen haltlosen Abgrund, wenn die Menschen es nicht aufnahmen. Tief atmete ich durch.

Als der Vorspann begann, hockte ich mich hin, immer noch hinter der Bühne. Erst in diesem Augenblick – ich hatte mich bis zum letzten Moment nur mit den praktischen Aspekten des Vortrags beschäftigt – konzentrierte ich mich auf den inhaltlichen Ablauf. Ich sollte auf das Gerüst hinaufsteigen, ein Seil herunterwerfen und mich beim letzten Bild des Vorspanns vor der Leinwand abseilen. So hatte ich mir den Einstieg in meinen Vortrag vorgestellt. Es sollte aussehen, als würde ich live über die Felswand herunterkommen, die ein Projektor auf die Leinwand warf. An die ersten Sätze dachte ich noch nicht.

Ich war zu spät losgestiegen. Hektisch turnte ich das 21 Meter hohe Gerüst hinauf, kletterte im Dunkeln über die Gerüststangen und schwang mich auf die oberste Plattform. Oben angekommen, füllte das besagte Bild für meine Klettereinlage schon die Leinwand. Ich hoffte inständig, dass Werner es länger stehen ließ. Mit raschen Handgriffen rollte ich das Seil aus, warf es hinunter und seilte mich mit fliegendem Atem und zu großer Geschwindigkeit ab. Kurz bevor ich den Boden erreichte, bremste ich. Dann, unten angekommen, musste das Seil rasch ausgezogen werden. Ich tat alles wie in Trance, geblendet vom Scheinwerferlicht, eine unheimliche Stille vor mir. Das Bild im Hintergrund war bereits verschwunden, als ich nach vorne trat. Immer noch atemlos, begrüßte ich mein Publikum. Sofort spürte ich seine Reaktionen, vergaß, wo ich war, redete los. Erst nach dieser Einleitung rief ich die ersten Fotos ab, und mit den Bildern auf der Leinwand und der ersten Geschichte des Vortrags gewann ich die Ruhe, um genau erzählen zu können.

Die Abbildungen auf der Leinwand, obwohl riesengroß, blieben auch in Verona Staffage. Ein wechselndes Bühnenbild. Wie in all meinen Vorträgen waren sie zweitrangig. Die Sprachbilder, die Dramaturgie der Erzählung, die Betonungen waren mir viel wichtiger. Die Lichtbilder ersparten mir Landschaftsbeschreibungen, erleichterten Vergleiche, waren wie eine stumme Beweisführung. Sie blieben Abbildungen des Realen, an das ich mit Worten heranzukommen versuchte.

Ich erzählte von den vierzehn Achttausendern, von meiner persönlichen Entwicklung als Höhenbergsteiger; von der Entwicklung des Bergsteigens im Himalaja und im Karakorum von 1895 bis heute. Ich blieb subjektiv, war in Gedanken wieder oben am Berg, erzählte vom Abstieg am Nanga Parbat 1970: Diamirflanke, Tage der Verzweiflung, als Günther gestorben war, über Tage hinweg seine Schritte hinter mir, das Alleinsein.

Ich erzählte von der Euphorie nach der Besteigung des Gasherbrum I im Alpenstil, vom Spaltensturz knapp unter dem Nordsattel des Mount Everest. Die vielen Momentaufnahmen sollten jenes Puzzle ergeben, das ich als Achttausender-Bergsteiger empfand: das wiederholte Hinaufsteigen in eine menschenfeindliche Welt als eine Sisyphusarbeit, der ich nicht entkommen wollte, weil ich sie mir freiwillig auferlegt hatte, als mögliches Spiel, nicht aber als notwendige Kunst.

Trotz der Größe der Bühne – es waren mehr als 50 Meter, die ich hin und her gehen konnte – empfand ich die reale Welt vor mir kleiner als die »Arena der Einsamkeit«, von der ich sprach und in der ich mich im Geiste befand. Nur die sternenklare Nacht über der Arena von Verona, die Stille im Publikum verlieh diesem Vortrag ein besonderes Ambiente. Ich stand wie in einem Hochtal, und das gab mir Energie, Ausdruckskraft und Lebensfreude.

In der Pause, als ich kurz von der Bühne ging, wurde mir klar, dass ich trotzdem ganz einsam blieb. Das Publikum folgte mir nicht, jeder einzelne Zuhörer folgte nur seinen Träumen. Wie all meine Vorträge eignete sich auch dieser im Grunde nur als Märchenstunde für Leute, die das, was ich machte, nicht machen konnten. Sie wollten mir auch nicht folgen, entweder weil ihnen die physischen Voraussetzungen fehlten oder weil sie nicht genügend Zeit dazu hatten oder nicht genug Geld. Die meisten von ihnen waren damit zufrieden, dass ich als ihr Stellvertreter dastand, erzählte, was ich erlebt hatte, und gaben sich ganz ihren Tagträumen hin.

Trotz allem war die unmittelbare Resonanz in der Arena von Verona weniger zu spüren, als wenn ich in einem kleinen Raum gesprochen hätte. Viel schluckte der Himmel über uns, und die Entfernung von der Bühne bis zu den letzten Sitzreihen betrug nicht Dutzende Meter, sondern Hunderte. Werner kam kurz hinter die Bühne. Er war begeistert von der Akustik, vom Publikum, von der Qualität der vergrößerten Bilder. Die Leute verstünden jedes Wort, sagte er.

»Nur ihre Reaktionen verlieren sich im Nichts.«

Es war gut, dies zu wissen.

Ähnlich war es bei Vorträgen in Zweitsprachen. Wenn ich in Tokio einen Vortrag in Englisch hielt, dabei übersetzt wurde ins Japanische, dauerte es viel zu lange, bis die Reaktionen bei mir ankamen. Der Vortrag wurde steriler, verlor mit jedem Übertragungsweg an Spontaneität und Direktheit, und ich fühlte mich weit weg vom Publikum.

Am liebsten halte ich Vorträge in meiner Muttersprache und vor etwa 1000 Zuhörern. Ein schönes Theater, ein großes Kino lassen mehr Rückkopplung zu, eine bessere und direktere Reaktion auf das Publikum als eine Riesenarena.

Wenn ich unterwegs bin, bin ich unterwegs. Dabei denke ich nicht an den Vortrag danach. Jede Reise ist und bleibt Selbstzweck. Die vorgetragene Geschichte dazu – Wochen, Monate, oft Jahre nach dem Erlebnis – ist es nicht mehr. Ich erzähle auf der Bühne nicht für mich, sondern für die anderen und um Geld zu verdienen. Der Vortrag ist also Teil der Auswertung, ein Abfallprodukt der Reise, ebenso wie das entsprechende Buch. Beides sind Erzählformen. Wenn ich dabei einen Vortrag mit dem Erscheinen eines Buches kombiniere, bin ich mit beidem erfolgreicher. Mehr nicht. Wer die Wichtigkeit seiner Grenzgänge mit seinem Erfolg auf der Bühne unterstreichen will, ist auf Promotiontour in eigener Sache, aber noch lange kein guter Erzähler.

Ich habe zum Glück sehr viel Energie. Deshalb konnte ich alle 14 Achttausender besteigen, die Antarktis, den Osten von Tibet, Grönland durchqueren, viele Hundert Vorträge halten, 30 Bücher schreiben und zwischendurch eine Burg einrichten. Alle diese Tätigkeiten mache ich selbst, einerseits, weil ich es gerne tue, andererseits, weil ich in jeder einzelnen Sparte eine völlig eigenständige Ausdrucksmöglichkeit sehe. Ich gehe dabei so effizient und strategisch vor – am Berg, beim Schreiben oder beim Einrichten einer Burg –, dass mit wenig Einsatz viel erreicht wird. Umständlich bin ich nicht. Andererseits lebe ich ununterbrochen auf mehreren Ebenen. Ich arbeite an einem Buch, plane eine Expedition und sammle gleichzeitig für mein Museum in Juval. Ich lebe und versuche, wach zu sein. Aber nicht, weil ich es will, sondern weil ich es bin. Ich bin zudem ein guter Verwerter, nehme auf, was ich sehe, verdaue und sortiere, stelle alte Erfahrungen in die heutige Zeit. Mein Zugang zu Menschen bei den Vorträgen ist meine Neugierde. Und je mehr ich sehe, umso mehr wächst diese Neugierde.

Es bleibt wichtig, dass der Zuschauer begreift, dass die Erzählung nicht das eigentliche Tun ist. Wenn ich klettere, bin ich Bergsteiger, auf der Bühne bin ich Vortragsredner.

Auf der Bühne bin ich auch Stellvertreter, und ich nehme die Verantwortung auf mich, die meine Begeisterungsfähigkeit heraufbeschwört. Das heißt, ich stelle mich der Kritik, den Massentourismus im Himalajagebiet mit ausgelöst zu haben oder die Dolomiten zu einer »Ferienheimat für Heimatlose« zu machen. Ich werde deshalb nicht müde werden, dafür einzutreten, dass die wilden Landschaften um ihrer selbst willen als wilde Landschaften erhalten bleiben müssen. Ich werde weiterhin gegen Unverständnis ankämpfen und anreden, meine Vorträge und mein Tun auch einsetzen für das richtige Maß im Umgang des Menschen mit der Natur.

9

Vom Streiten
für die Wildnis

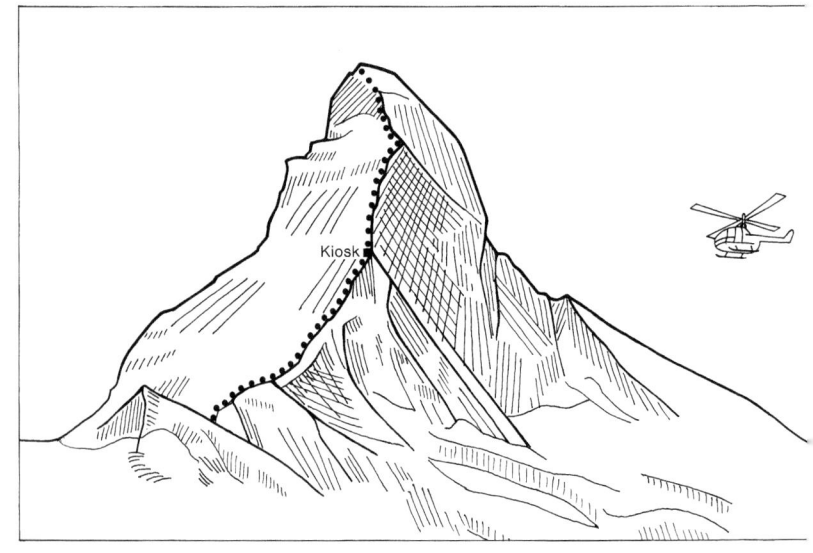

Als Opfer und Täter vor der »Versteckten Kamera«

Im Hochsommer 1988 gelang es dem Fernsehmoderator Kurt Felix, mich für seine Sendung »Verstehen Sie Spaß?« aufs Matterhorn zu locken, wo auf halbem Weg zum Gipfel ein Kiosk aufgestellt worden war, um meine Reaktionen mit versteckter Kamera zu filmen. Ich warb damals, nach der Besteigung aller 14 Achttausender-Gipfel auf dem Höhepunkt meiner Popularität, wiederholt mit spektakulären Aktionen für mehr Umweltschutz in den Alpen. Obwohl ich überrascht worden war, nutzte ich die Situation für meine »Bergpredigt«.

An manchen Tagen im Hochsommer steigen hundert und mehr Menschen aufs Matterhorn. Viele andere quälen sich erschöpft und zerschunden in Horden über die Geröllhalden und Gletscher am Fuße des Berges.

Mir ist wichtig, was wir im Gebirge besser machen können. Die Presse aber interessiert nur der Müll am Mount Everest und nicht die Aktionen zur Rettung der Wildnis. Aufräumarbeiten, Wiederaufforstung, Straßensperren werden vergessen, lächerlich gemacht oder kritisiert. Ein Herauskommen aus der Zerstörungsspirale aber gibt es nur, wenn alle an einem Strang ziehen.

Wenn ich getan hätte, was meine Kritiker immer wieder anzuregen versuchten, wäre ich dort gelandet, wo sie mich haben wollten. Lieber Außenseiter, wie Art Furrer und seine Frau Linda, als Liebling der Massen.

Der Kiosk am Matterhorn

Wenn ich heute an diesen verrückten Vormittag am Matterhorn zurückdenke, wird mir bewusst, wie naiv ich war. Obwohl es ein halbes Dutzend Gründe gab, die mich hätten skeptisch machen sollen, war mir bis zuletzt nichts aufgefallen. Mehrmals vorher schon hatte man versucht, mich auf das Matterhorn zu locken, um mir einen Streich zu spielen! Und nie war ich misstrauisch geworden.

Im Winter 1987/88 rief mich wiederholt ein befreundeter Journalist an und bat mich, für ein Preisausschreiben zur Verfügung zu stehen.

»Nein, das liegt mir nicht«, winkte ich ab.

»Die Redaktion hat dich fest eingeplant.«

»Für was?«

»Du bist der erste Preis.«

»Ich?«

»Nicht du selbst, du sollst den Gewinner aufs Matterhorn führen.«

»Nein.«

»Warum nicht?«

»Das ist nicht nach meinem Geschmack.«

»Aber es kostet dich nur einen Tag. Wir lassen dich abholen, fliegen dich hin, alles wird von uns vorbereitet.«

»Trotzdem, ich tue es nicht. Auch aus ökologischen Gründen. Viele Journalisten kritisieren mich zu Recht, weil ich eine Art Vorbildfunktion habe. Wenn ich dort hinauflaufe, rennen tausend andere hinterher. Das Matterhorn ist so schon überfordert. Und da soll ausgerechnet ich auch noch eine geführte Tour aufs Matterhorn mitmachen?«

»Aber hier geht es um ein Preisausschreiben und nicht um Kritik oder ökologische Schäden.«

»Umso schlimmer. Wenn es alle so machen würden – in der Privatmaschine nach Zermatt, hinauf aufs ›Horu‹, wie die Schweizer sagen, und das Ganze steht anschließend auch noch in der Zeitung, als Tipp zum Nachmachen sozusagen –, dann Gute Nacht.«

»Soll das heißen, wir dürfen keine Reisen mehr machen?«

»Wir brauchen uns jetzt nicht darüber zu streiten, wieweit Reisen vertretbar sind. Wir würden uns wahrscheinlich auch nicht einigen. Eines jedenfalls ist sicher: Es wird eine Zeit kommen, in der das Reisen eingeschränkt werden muss. Wegen Energieknappheit, wegen der Massen, aus ökologischen Gründen.«

»Noch sind Besteigungen nicht eingeschränkt.«

»Die vielen Touristen, die mir mit und ohne Bergführer folgen würden, könnten Auslöser für ein Reglement sein.«

»Das wäre doch wunderbar.«

»Nein, ich mag keine Ausgrenzung und keine Regeln am Berg. Nur Selbstbeschränkung.«

»Ob die Massen ohne dein Tun, ohne deine Bücher, Vorträge, Filme nicht trotzdem kommen würden, ist schwer zu sagen.«

»Ich habe sicherlich Menschen dazu angeregt, auf Berge zu steigen.«

»Das ist auch gut so. Bergsteigen ist gesund.«

»Wenn aber nur die Zahl der Alpinisten wächst und nicht gleichzeitig ihr Umweltbewusstsein, sind die Berge und das Bergsteigen rasch verspielt. Bisher bin ich mit meiner Aufklärungsarbeit gescheitert. Ich habe viel Energie aufgewendet, um bestimmte Formen des Reisens zu propagieren. Vergeblich. Ich bin in diesem Zusammenhang nicht verstanden worden.«

»Du glaubst doch wohl nicht etwa, dass jene, die nicht reisen und dann am grünen Tisch Verhaltensregeln aufstellen wollen, in diesem Zusammenhang mehr Glaubwürdigkeit haben? Nein, die Erde ist für den Menschen gemacht, und nur Naturliebhabern könnte es gelingen, eine verantwortbare Form des Reisens aufzuzeigen.«

220

»Mir ist es nicht gelungen.«

»Du vertrittst auch eine Elitevorstellung. Es soll nur eine limitierte Anzahl von Leuten aufs Matterhorn, und zwar diejenigen, die am besten klettern können.«

»Nein, die Einschränkung soll nicht nach dem Motto vorgenommen werden, ich darf, was die anderen nicht können. Vielmehr denke ich an Einschränkung der Technologie: keine Straßen im Gebirge, wenn dort keine Kohle oder kein Holz gefördert werden; keine Seilbahnen, wenn sie nicht der Almwirtschaft oder dem Bergbau dienen. Praktisch unnützes Hinterland sollten wir brachliegen lassen. Denn nur unberührt hat es einen Wert. Diese Einschränkungen auf Naturbasis bildeten gleichzeitig eine Art Filter, der die Erfahrenen, die Ausdauernden, alle, die Anstrengung suchen, von den weniger Geübten trennen würde. Alle anderen Formen der Einschränkung sind ungerecht. Wenn ich aufs Matterhorn darf, müssen alle Menschen aufs Matterhorn dürfen. Aber nicht mit dem Hubschrauber, weil damit die Stille verlorengeht.

Wenn wir früher erkannt hätten, dass jeder Eingriff, ob Steig, Markierung oder Hütte, eine Vorgabe ist, die viele Nachsteiger anzieht, hätten wir im Gebirge nie Probleme mit dem Massentourismus bekommen. Viel zu spät erst haben Einzelne von uns die Erschließung der Berglandschaften kritisiert. Der Filter, der die Wildnis retten soll, muss aus Schwierigkeiten, Gefahren und Ausgesetztheit gemacht sein.«

»Dieser Weg ist elitär.«

»Ich weiß. Aber sag mir, was ist besser: die Berge zu erschließen und sie allen Menschen zugänglich zu machen, weil das für einige wenige ein Geschäft geworden ist, oder die wilden Landschaften unberührt zu erhalten, weil sie nur in dieser Form einen bleibenden Wert für alle darstellen? Tourismusmanager versuchen, die Gebirge weiter zu erschließen, weil sie noch größere Massen anlocken wollen. Noch geht die Rechnung wirtschaftlich auf. Für die Schäden zahlt die nächste Generation. Meine Forderung, die Erschließung da und dort wieder zurückzudrängen, stieß noch vor wenigen

Jahren überall auf Kritik. Ich wurde ausgelacht, ich wurde öffentlich beschimpft.«

»Wir geben dir zwei Seiten im Blatt, wenn du mitmachst. Du kannst alles schreiben. Alles, was dir in Sachen Naturschutz am Herzen liegt.«

Diese Aussicht stimmte mich milder, wenngleich ein leichtes Unbehagen blieb. Einerseits lockte ein Forum, mit dem ich mir in Sachen Umweltschutz Gehör verschaffen konnte, andererseits musste ich, um dieses Forum zu bekommen, etwas tun, das ich nicht gerne tat. Eine paradoxe Situation.

»Mach's mir zuliebe«, setzte mein Journalistenfreund noch einen drauf.

»Okay«, sagte ich, »dir zuliebe und für ein fürstliches Honorar, denn wenn ich's schon nicht gerne mache, muss es wenigstens ordentlich bezahlt werden. Umsonst steige ich nur für mich.«

»Einverstanden.«

Wir sprachen noch über das Datum, einen Ersatztermin, falls das Wetter schlecht sein sollte, und den Vertrag. Mit dem Rest der Organisation hatte ich nichts zu tun.

Ein paar Monate später kam ein Anruf aus der Redaktion. Es hieß, alles sei vorbereitet, und die Matterhorntour starte am soundsovielten, wie ausgemacht.

»Wer hat gewonnen?«, fragte ich.

»Eine Frau.«

»Ist sie Bergsteigerin?«

»Ja, sogar eine gute. Ich glaube, sie hat das Matterhorn schon öfter bestiegen.«

»Warum will sie dann nochmals hinauf?«

»Weil Sie dabei sind.«

Komischer Zufall, dachte ich. Da gewinnt jemand, der schon auf dem Matterhorn war, und zehntausend andere, die noch nie oben gewesen sind, gehen leer aus. Später wurde ich skeptisch: Vielleicht haben die Leute in der Redaktion ein bisschen nachgeholfen. Mit einem Nichtbergsteiger hätte ich die Tour ja schlecht machen können.

Ich wurde über München in die Schweiz geflogen. Die Gewinnerin, eine Dame in den Vierzigern, war durchtrainiert, erfahren und besaß eine Menge Hintergrundwissen. Eine ausgezeichnete Bergsteigerin. Sie hatte im Wallis alle Viertausender bestiegen.

Auf meine Frage, warum sie auf das Matterhorn wolle, wenn sie doch schon mehrmals oben gewesen sei, meinte sie: »Nur Ihretwegen. Ich habe das Preisausschreiben mitgemacht, weil ich schon immer davon geträumt habe, einmal mit Ihnen zu klettern.«

Ich wurde verlegen. »Ich kann es nicht besser als andere«, relativierte ich ihre Erwartungen.

»Sie sind etwas Besonderes.«

Nein, rot wurde ich nicht, aber munter. Ich kam mir vor wie ein Bergführer.

Mein erstes Geld hatte ich als Bergführer in den Dolomiten verdient, und die Erfahrungen von damals waren in meiner Erinnerung noch lebendig. Um ein Haar wäre ich an der Guglia di Brenta beim Führen umgekommen. Es war noch im unteren Teil. Ich war mit einem geistlichen Herrn unterwegs, einem älteren Pfarrer. Wir gingen am Seil. Im Schrofengelände stiegen wir ein Stück weit gleichzeitig. Ausgerechnet in einem Flachstück rutschte er hinter mir aus. Ich konnte mich nirgendwo halten und flog aus dem Stand. Beinahe hätte mich der gute Mann über die Felskante befördert. Wenige Zentimeter vor dem Abgrund fand ich Stand. Wäre ich hinuntergestürzt, hätte ich ihn mitgerissen. Seit dieser Begebenheit habe ich als Bergführer immer gesichert, auch wenn es nur um Felsstufen von wenigen Metern ging.

Das Matterhorn war für einen Führer alles andere als ein Spaziergang: eine lange Tour, viel Schrofenkletterei. Wer hinaufkommen wollte, musste früh losgehen.

Am Abend vor unserem Aufstieg sollte im Tal ein Abendessen mit Journalisten und Fotografen stattfinden. Ich war damit nicht einverstanden. Ich wollte am Abend auf die Hütte kommen.

»So geht das nicht«, rebellierte ich. »Ich will morgen, um drei Uhr früh, mit den ersten Seilschaften aufbrechen und nicht als Letzter, wenn alle anderen schon unterwegs sind.«

»Und warum?«

»Weil uns sonst Steine auf den Kopf hageln und wir an den vielen anderen Seilschaften nicht vorbeikommen.«

»Das geht nicht«, sagte der die Redaktion vertretende Journalist.

»Warum soll das nicht gehen?«

»Wir müssen am Einstieg Bilder machen.«

»Wie bitte?«

»Sie können erst am Einstieg starten, wenn es hell geworden ist.«

»Wer sagt das?«

»Unser Vertrag. Wir müssen den Einstieg fotografieren.«

»Unmöglich.«

»Herr Messner, es geht hier nicht um Ihren Aufstieg aufs Matterhorn, sondern um ein Spektakel, das als Geschichte ins Blatt muss.«

»So wurde nicht mit mir verhandelt.«

»Sie haben der Geschichte, die wir ausgelost haben, zugestimmt. Zur Ausschreibung gehören die Besteigung und die Reportage darüber.«

Wieder gab ich nach. Auch diesmal schöpfte ich keinen Verdacht, dass es eigentlich um etwas ganz anderes ging.

Am nächsten Morgen wurden wir zu dritt mit dem Hubschrauber zum Einstieg geflogen. Ein Fotograf knipste und flog zurück ins Tal.

Es war taghell, als wir loskletterten. Der Fotograf war mit seinen Aufnahmen sicher nicht zufrieden, ich hatte zu sehr zur Eile gedrängt.

Meine Begleiterin, Linda mit Vornamen, kletterte blendend. Sie war sicher, hatte eine phantastische Kondition. Sie ging so zügig hinter mir her, immer am gespannten Seil, dass ich keine Mühe hatte, meinen Rhythmus zu finden. Am Matterhorn sichert der Bergführer bei guten Gästen nicht ununterbrochen über Standplätze, sondern klettert vor und holt den Gast an schwierigen Passagen am Seil nach. Nur selten bleibt er an Felsköpfen oder Haken stehen, um sich selbst zu sichern.

Wir stiegen schnell, überholten eine Seilschaft nach der anderen, und ich war vergnügt, denn ich freute mich auf den Gipfel. Wir hatten ungefähr die Hälfte des Weges geschafft und uns inzwischen in das Mittelfeld der aufsteigenden Seilschaften vorgeklettert, als mir jemand » Obacht! « zurief. Wir bewegten uns gerade links vom Hörnli-Grat, weil wir dort die anderen Seilschaften überholen konnten, ohne über sie hinwegklettern zu müssen, als mich einer auf den » richtigen « Weg aufmerksam machte. Wir gingen neben der üblichen Route, aber immer noch in relativ leichtem Gelände. Rechts von uns blieben die Seilschaften zurück. Es herrschte ein Gedränge, fast wie im Frühling auf einer Stadtpromenade. Plötzlich tauchte wieder dieser Kopf über mir auf. Auf einer Felskante saß ein Mann – an seiner Sprache erkannte ich, dass er Schweizer war – und schrie mir zu: » Du bist falsch! «

» Ob richtig oder falsch, weiß ich schon selber «, rief ich zurück. Aber er gab keine Ruhe.

» Auf deiner Route kommst du nicht weiter. «

» Ich komme überall weiter. «

» Ich bin Bergführer hier und weiß es besser. «

» Kann schon sein, aber ich kenne mich selbst ganz gut aus. Wo man weiterkommt, sehe ich auch. «

Trotzdem ließ ich mich verunsichern und kletterte an die Felskante zurück, wo die Originalroute verlief. Hätte ich meinen selbstgewählten Weg weiterverfolgt, wäre ich ohne Hindernis zum Matterhorngipfel gekommen.

Genau in dem Moment, als ich an die Stelle kam, an der dieser Bergführer saß, erblickte ich eine kleine Hütte vor mir. Sie sah aus wie ein Kiosk. Der Bergführer erklärte mir, dass sein Gast krank sei und er mit ihm absteigen müsse. Alles klang so glaubwürdig, dass ich nicht auf die Idee kam, er könnte vielleicht als Späher auf dem Felsvorsprung postiert gewesen sein.

Beim Anblick der Hütte verschlug es mir einen Augenblick lang die Sprache. »Das gibt es nicht!«, entfuhr es mir wie ein Fluch. Aber in der Hütte stand ein leibhaftiger Mann, der mich heranwinkte: das Gesicht sonnenverbrannt, schulterlanges Zottelhaar, Dreitagebart, Sonnenbrille, weißes Hemd, schwarze Fliege und schwarzer Anzug. Er sah aus wie eine Mischung aus Zirkusdirektor und in die Jahre gekommener Zuhälter und wirkte an diesem Ort so deplatziert wie ein Rolls-Royce in der Bronx. In seinem Knopfloch steckte eine rote Nelke.

»He, Sie da, kommen Sie mal. Das ist mein Matterhornkiosk. Ganz neu«, rief er wie ein Straßenverkäufer.

Überrascht drehte ich mich zu Linda um.

»Was ist denn das?«, fragte ich sie.

»Weiß ich nicht. So was habe ich noch nie am Matterhorn gesehen. Beim letzten Mal war die Hütte nicht da.«

Wir traten näher heran. Immer noch am Seil.

»Guten Morgen«, sagte ich lachend. Ich war bester Laune. Auch Linda grüßte den Mann hinterm Tresen.

»Guten Morgen«, erwiderte er.

Dann, während ich vorbeigehen wollte, kam auch noch ein Vorwurf: »Sie sind ein bisschen spät dran?«

Ich blieb ganz ruhig.

»Wir sind spät losgegangen, aber die Letzten werden die Ersten sein«, scherzte ich.

»Eine Stärkung zwischendurch?«

»Soll das eine Schnapsbude sein?«

»Das ist der Matterhornkiosk, ein neuer Service. In Zukunft wird es auf jedem Berg in der Schweiz einen solchen Kiosk geben.«

»Haben Sie auch Telefon?«

»Funkverbindung, ja.«

»Und ich habe gedacht, endlich Ruhe zu haben. Ein Telefon gehört nicht hierher«, schimpfte ich los.

»Aber mein Kiosk ist ein Erfolg. Wollen Sie Tee, eine Zeitung? Alles im Angebot. Von der Tagespresse zu den Illustrierten, Süßwaren, Schnaps?«

Langsam stieg die Wut in mir auf. Ich zog die Mütze ab und fuhr mir mit der Hand durch die Haare.

»Auch Sie gehören nicht hierher!«, herrschte ich den Kauz an.

»Ich bin da anderer Auffassung. Vielleicht gehören Sie …«

Unwirsch schnitt ich ihm das Wort ab. »Nein, Sie gehören nicht aufs Matterhorn und der Kiosk nicht und der ganze Plunder auch nicht.«

»Was heißt hier Plunder? Von den Kuckucksuhren zum Beispiel verkaufe ich den Japanern bis zu zwanzig Stück am Tag. Dann habe ich Bambis, kleine Geschenke zum Heimnehmen für die Kinder oder die Ehegatten. Schöne Souvenirs. Ich führe sogar Knallbomben im Angebot. So kleine Raketen, wissen Sie, für den Gipfel.«

»Wer ist denn so dumm, hier etwas zu kaufen? Man kann das Zeug doch nicht hinauf- und wieder heruntertragen.«

»Ich kaufe eine Bombe, eine Tischbombe für den Gipfel«, sagte Linda begeistert.

»Nein!«, ging ich entschieden dazwischen. »Nein, sonst wird der Gipfel noch verschissener, als er ohnehin schon ist. Wenn wir jetzt oben noch Knallbomben zünden und Müll liegen lassen, ist alles zu spät. Ich gehe nicht mit Leuten aufs Matterhorn, die am Gipfel Bomben werfen. Ich gehe auch nicht mehr aufs Matterhorn, wenn dieser Kiosk nicht verschwindet«, brüllte ich.

»Aber ich bitte Sie, bei diesem Service.«

Wieder unterbrach ich energisch: »Ich werde beim Bürgermeister von Zermatt Beschwerde gegen diese Sauerei einlegen. Er kann doch keine Baugenehmigung für eine solche Hütte gegeben haben! Dieser Kiosk macht das Matterhorn kaputt, ein für alle Mal kaputt.«

»Aber ich trage doch zum Wohl der Bergsteiger bei. Die Tageszeitungen bringe ich jeden Morgen in zwei Koffern hoch.«

»Eine große Leistung«, höhnte ich. »Aber Ihr Geld können Sie irgendwo anders auch verdienen. Sie versauen unser Matterhorn,

Sie machen es kaputt. Mir gehört es zwar nicht, aber ich komme nicht mehr her, nie mehr.«

Ich wandte mich zu Linda: »Wir gehen jetzt. Wir lassen uns doch nicht von diesem Kiosk aufhalten.«

Wütend stapfte ich los. Da behauptete dieser Mensch, dass solche Kioske bald überall in der Schweiz stünden, denn er hätte herausgefunden, dass es sich lohnte. Alpenweit auf halbem Wege zum Gipfel jeweils ein Kiosk, wo man Kaffee trinken, Schnäpse und Tageszeitungen kaufen konnte. So absurd das Angebot – selbst Taucherbrillen hatte ich entdeckt –, so wenig kam ich auf die Idee, dass da irgendetwas nicht stimmen konnte. Ich traute uns Alpenvermarktern alles zu, und während ich meinen Zorn darüber in den Boden stampfte, spannte plötzlich das Seil.

Linda war stehen geblieben.

»Nachkommen«, brüllte ich. Sie aber blieb wie angewurzelt stehen, und als ich am Seil zerrte, hielt sie sich mit beiden Händen am Kiosk fest.

»Warte, ich will was trinken.«

»Nicht hier!«

»Mir ist schlecht, tut mir leid, aber ich muss sofort was trinken.«

Ich ließ mich erweichen und ging zurück zum Kiosk.

Während Linda einen Saft trank, verwickelte mich der Verkäufer wieder in ein Gespräch.

»Ein Artikel, der hervorragend geht, sind die Bücher von Reinhold Messner«, verkündete er mit einem leicht ironischen Unterton in der Stimme.

»Nein«, stöhnte ich entsetzt. Als ob alles andere nicht schon gereicht hätte. Dabei war ich mir nicht einmal sicher, ob der Typ mich auf den Arm nehmen wollte oder es ernst meinte.

»Aber ja doch«, fuhr er unbeirrt fort. »Zum Beispiel dieses eine hier über die Achttausender.«

Er nahm ein Exemplar aus dem Regal und hielt es triumphierend hoch.

»Das ist eine Beleidigung für mich«, donnerte ich los. »Wenn meine Bücher in einem Kiosk am Matterhorn verkauft werden, ist das für mich eine Beleidigung. Ich sollte keine Bücher mehr schreiben.«

In diesem Augenblick näherte sich ein Hubschrauber. Ich blickte zum Himmel. Er kreiste direkt über uns. Ein Mann wurde abgeseilt. In der Hand hielt er eine Flasche. Mein Ärger wich einem Schmunzeln. »Die machen hier einen Spaß mit mir«, sagte ich halblaut.

Kurt Felix, den ich nur aus dem Fernsehen und dem Namen nach kannte, begrüßte uns strahlend.

»Ich muss schon sagen, es ist ein mulmiges Gefühl, tausend Meter über dem Abgrund zu schweben«, lachte er und überreichte mir den Champagner.

»Dass meine Bücher auch am Matterhorn verkauft werden, hätte mich wirklich hellhörig machen müssen«, erwiderte ich amüsiert. Inzwischen hatte ich begriffen, warum ausgerechnet an dem Tag, als ich das Matterhorn bestieg, ein Kiosk dort stand, hatte die versteckten Kameras hinter der Hüttenwand entdeckt, hatte verstanden, warum Linda mich mit der kleinen List wieder zurückholen musste.

Zusätzlich zu meinem Honorar handelte ich mir den Kiosk ein, der heute als Bienenhaus unter meiner Burg Juval steht. Mit der Ausstrahlung der geplanten Fernsehsendung »Verstehen Sie Spaß – Der Kiosk am Matterhorn« war ich einverstanden.

Ein Jahr vorher hatte ich mit ein paar Helfern der Umweltorganisation »Mountain Wilderness« eine Seilbahn am Montblanc blockiert: den Gondellift von der Punta Heilbronner auf die Aiguille du Midi. Wir wollten mit dieser Aktion zeigen, dass es ein Sakrileg ist, allerorten Bahnen zu bauen und zu unterhalten. Inzwischen hat diese Aktion Früchte getragen. Die Umweltminister von Italien, Frankreich und der Schweiz, der Länder also, zu denen der Montblanc gehört, haben sich getroffen und sind bemüht, diesen Dreiländerberg als Euro-Park unter besonderen Schutz zu stellen.

Wir haben die Straße zu den Drei Zinnen blockiert, die in der Hochsaison so überlastet ist, dass der Verkehr zum Erliegen kommt. Kilometerweit stauen sich die Autos, es stinkt entsetzlich nach Abgasen, der Geräuschpegel ist unerträglich, die Menschen werden aggressiv.

An der Marmolada haben wir Giftmüll aus einer Schlucht geholt und nachgewiesen, wie er in diesen Graben gespült wurde, der von unten nicht einsehbar ist.

Seit einigen Jahren sind mir solche Aktionen wichtiger geworden als Expeditionen. Vor allem wenn ich sie mit politischen Diskussionen verbinden kann. Dadurch erfuhr nicht nur eine breite Öffentlichkeit von den Umweltproblemen am Berg, sondern auch die politisch Verantwortlichen. Ich wollte sie zwingen, konkrete Verbesserungsvorschläge zu machen.

Im Sommer 1994 war ich in Indien, im Garwal-Himalaja, wo ich für den Himalayan Environmental Trust, eine Umweltschutzgruppe, die ich mitbegründet habe, ein Projekt für die Säuberung dieses Gebietes erarbeiten half. Das Ganges-Quellgebiet ist durch viel zu viele Expeditionen überfordert, die Umgebung die verdreckteste im gesamten Himalaja. Wir nahmen vor Ort eine Mülltrennung vor. Giftmüll wie Medikamente und Batterien wurden ins Tal gebracht und dort entsorgt, anderer Müll verbrannt oder vergraben. Immerhin erreichten wir mit dieser Aktion, dass sich die Umweltminister von Bhutan, Nepal, Pakistan und Indien in Neu-Delhi zusammensetzten, um mit mir über weitere Projekte dieser Art zu diskutieren. Gemeinsam überlegten wir uns Strategien, wie man unsere Erfahrungen himalajaweit umsetzen kann. Veränderungen sind nur mit den politisch Verantwortlichen möglich. Deshalb müssen sie aufgeklärt und in die Verantwortung genommen werden. Denn nur sie und die Massenmedien vermögen den Ideen weniger engagierter Idealisten und Umweltschützer die notwendige Breitenwirkung und Durchsetzungskraft zu verschaffen.

Wir Bergsteiger müssen zu unserem Fehlverhalten stehen – zu lange hefteten wir uns die Eroberung der Gebirge auf unsere Fahnen – und aktiv daran mitarbeiten, dass ein Umdenken stattfindet. Die Rede vom sanften Tourismus und sanften Bergsteigen bekommt nur dann einen Sinn, wenn das Propagierte auch zur Tat wird.

Als die Sendung vom »Kiosk am Matterhorn« ausgestrahlt wurde, stellte Kurt Felix den Skiakrobaten und diplomierten Bergführer Art Furrer vor, den Mann, der am ›Horu‹ als Kioskbesitzer den Lockvogel gespielt hatte. Mein Gast übrigens, Linda, steckte mit ihm im wahrsten Sinne des Wortes unter einer Decke. In Wirklichkeit hieß sie Gerlinde Furrer und war seine Ehefrau. Gemeinsam mit Kurt Felix hatten die beiden den Plan mit dem Preisausschreiben ausgeheckt.

Art Furrer wirkte in ziviler Aufmachung immer noch verwegen: schnauzbärtig, brauner Kurzhaarschnitt, Brille, schwarzer Cowboyhut.

»Sie müssen sich das so vorstellen«, erzählte er den Zuschauern verschmitzt: »Steiler Grat, rechts und links geht es tausend Meter tief runter. Berge ringsum, so weit das Auge reicht. Und unterhalb des Matterhorngipfels klebt wie ein Vogelnest am Fels mein Kiosk, wo man alles kaufen kann. Die Vorbereitungen waren nicht einfach. Nachdem der Deal mit dem Preisausschreiben eingefädelt war, wussten wir, wann Reinhold Messner das Matterhorn besteigen würde. Wir brauchten Spezialisten, den besten Hubschrauberpiloten, ein schwindelfreies Kamerateam, um den Bergsteiger der Bergsteiger verschaukeln zu können. Am Vorabend des Aufstiegs flog der Hubschrauber an der Rückseite des Berges, die man vom Tal nicht einsehen kann, in einer schwierigen Operation die »Kiste« hoch. Auf 4000 Meter Höhe verbrachten das Filmteam von »Verstehen Sie Spaß« und ich die Nacht. Wir freuten uns diebisch auf das verdutzte Gesicht, das Reinhold Messner machen würde, wenn er die Bude entdeckte.«

Der Kiosk, halb Oktoberfesthäusl, halb Schwarzwaldhütte, behangen mit Prawda, Le Monde, Observer, Frankfurter Rundschau,

Bildzeitung, Bunte, La Stampa, mit Schnorchel, Schwimmwesten und anderem unsinnigen Zeug, das man auf 4000 Meter Höhe garantiert nicht brauchte, hatte mich nicht stutzig gemacht. Meine Verstandesschärfe musste wohl doch auf den Achttausendern ein wenig gelitten haben.

Während ich auf der einen Seite über meine Naivität und Gutgläubigkeit immer wieder nur den Kopf schütteln konnte, war ich auf der anderen Seite sehr froh, dass ich durch diese Geschichte Gelegenheit hatte, Millionen von Menschen über Umweltprobleme und Belastungen, denen die Berge inzwischen ausgesetzt sind, aufzuklären. Als ich die Seilbahn am Montblanc blockierte, gab es darüber in den Medien wenig zu sehen oder zu hören. Weil die Aktion Fremdenverkehrsbetreibende, Bergführer und Lokalpolitiker störte. Sie wollten keine öffentliche Diskussion über Seilbahnen.

Am Matterhorn, dem Modeberg der Modeberge, war der Wirkungseffekt enorm, und ich bin Art Furrer und Kurt Felix für ihre Idee dankbar. Es ist mir ein Anliegen, die Menschen dafür zu sensibilisieren, dass unsere Berge im Jahre 2000 nicht so aussehen dürfen wie das Matterhorn mit dem Kiosk. Hütten, Wege, markierte Steige gibt es bereits zur Genüge, und wir haben auch das Recht, in die Gebirge hineinzugehen, wenn wir die Verpflichtung ernst nehmen, die Berge so zu hinterlassen, wie sie ehemals waren. Die Gesundheit des Menschen und eine intakte Natur gehören untrennbar zusammen. Die Möglichkeit, wilde Landschaften zu erfahren, spontan auf ihre Gefahren zu reagieren, an der Hochgebirgsnatur seine eigenen Grenzen abzustecken, muss heute auf zwei Fronten verteidigt werden: gegen die Zerstörung der Gebirge und gegen die Öko-Fundamentalisten, die den Menschen nicht als Teil der Natur begreifen. Werte wie Stille, Weite, Erhabenheit und Harmonie sind Grundvoraussetzung zum Leben. Der Mensch hat seine Erfahrungen über Jahrtausende aus wilden Landschaften geholt. Sie zu respektieren und zu schonen hat oberste Priorität. Denn der Mensch ist dort in seinen menschlichen Fähigkeiten gewachsen, wo ihm die Natur seine Ängste und Schwächen zeigte.

10

Vom Leben mit Familie

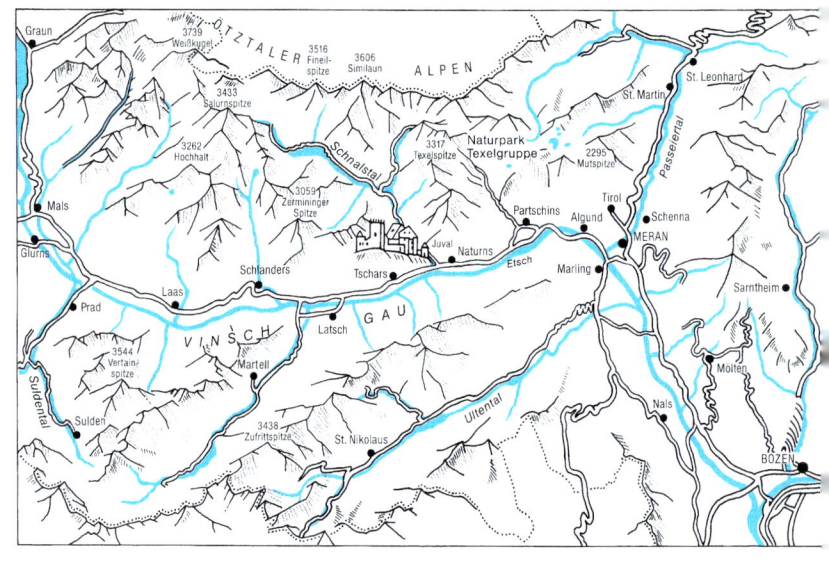

Zwischen Meran und Nepal

Den Winter 1992/93 verbrachte ich mit meiner Familie in Nepal. In Kathmandu hatte ich ein Haus gemietet, ging mit Freunden in die Berge und zeigte der fünfjährigen Magdalena und dem zweijährigen Gesar Simon dieses exotische Land.

Da die beiden Kinder schon in der Grundschule Italienisch lernen sollen, haben wir uns entschlossen, unseren Zweitwohnsitz in München aufzugeben und in Sabines Jugendstilwohnung in Meran zu ziehen. In der schulfreien Zeit im Sommer wohnen Sabine und die Kinder auf Juval, wo ich meinen Wohnsitz habe und meine alternative Landwirtschaft betreibe. Làyla, meine ältere Tochter, lebt bei ihrer Mutter in Canmore in Kanada.

Gesar Simon konnte über den Himalaja fliegen, weil er wusste, dass ich ihn auffing. Und der Widerhall, den so viel Vertrauen auslöste, war nichts als mein Selbstvertrauen, das mit den Kindern wuchs.

Gesar Simon, Magdalena, Sabine und Christoph an einem klaren Herbsttag vor der Ruine der Altrateiser Alm hoch über dem Schnalstal. Gemeinsam gehen, rasten, reden, heimkommen – bis keiner mit seiner Einsamkeit

mehr allein war. Wir hatten begonnen, die Schluchten und Steilhänge über Juval auszumessen, auf Felszinnen und in Abgründe zu steigen. Bis hinab ins Pfossental, bis hinauf zu den Firnfeldern der Ötztaler Alpen.

Kräftig blies der Wind in unser Segel und zog uns über den zugefrorenen Reschensee: den Kindern zum Spaß, mir als Training, uns allen als Ahnung einer späteren Verlassenheit: der Reise zum Nordpol im Frühling 1995.

Zu Hause bei den Kindern

Im Frühling 1989, als wir in einer Gruppe internationaler Bergsteiger versuchten, die Südwand des Lhotse zu durchsteigen, kamen Sabine und Magdalena mit bis ins Basislager. Magdalena war 15 Monate alt, ein Wickelkind, das gerade laufen konnte. Im Zelt war es eng, sie fühlte sich gefangen. Nach draußen konnte sie nicht, denn es war zu steil, zu windig, zu staubig. Magdalena litt. Als sie ihre Lieblingsspeisen, Parmesankäse und Speck, verweigerte und immerzu jammerte und weinte, dachten wir, sie sei höhenkrank geworden. Im Laufschritt begaben wir uns nach Pheriche, ich mit dem weinenden Kind auf dem Rücken, Sabine und der Koch mit einer Trägerlast hinterher.

In der winzigen Sherpa-Siedlung Pheriche stürzten wir gleich ins Hospital, einer Hütte aus zwei Räumen mit Dach. Der Arzt stellte bei dem Kind außer einer leichten Ohrenentzündung nichts fest. Magdalena wurde mit einem Mal quietschfidel, lachte und plapperte munter drauflos, als wäre nie etwas gewesen, und verdrückte genüsslich einige Flaschen Cola. Das Kind hatte wohl einfach zu lange an dem kalten und windigen Platz im Basislager bleiben müssen, wo der Sandsturm die Schleimhäute austrocknete. Ein zufällig eintreffender Hubschrauber, der gekommen war, um einen höhenkranken Trekker auszufliegen, nahm Sabine und Magdalena mit nach Kathmandu. Die beiden reisten nach Hause.

Vier Jahre später kamen wir wieder nach Nepal. Für drei Monate. Am Stadtrand von Kathmandu hatten wir ein Haus mit Garten gemietet und wollten dort den Winter verbringen. Wir hatten uns zu dieser längeren Auslandsreise erst 1992 entschieden, und zwar deshalb, weil einerseits die Kinder noch nicht in die Schule gingen, wir also keine Rücksichten auf Unterrichtszeiten nehmen mussten, andererseits zu befürchten stand, dass die Umweltbelastungen in Kathmandu in den nächsten Jahren in einem Maße zunahmen, das ein Leben dort unerträglich machen würde.

Mit 400 Kilogramm Übergepäck, zwei Kindern, unserem Hausmädchen Angelika und den Eltern von Sabine kamen wir im Dezember 1992 in der Stadt an. Wir waren alle übernächtigt, und die Freundin, die für uns ein möbliertes Haus gefunden und gemietet hatte, war nicht in der Stadt. Das Haus bot genügend Platz für uns alle, aber wenig Wohnlichkeit. Der dazugehörige Garten war von einer Mauer umgeben und wirkte, abgesehen von einigen blühenden Blumen und Bäumen, ziemlich steril. Unser Vormieter hatte alles in bester Ordnung hinterlassen, nur keine Warnung. Als Produktionsleiter von Bernardo Bertolucci war er zwei Tage vor unserer Ankunft ausgezogen, weil der Film »Little Buddha« abgedreht war. Zum Einstand gab es weder ein Fest noch elektrisches Licht. Wir wurden gleich mit einem Problem konfrontiert, das in Kathmandu zu den Alltäglichkeiten gehört: Energiemangel. Nepal muss wegen seiner hohen Schulden dem Nachbarland Indien Billigstrom abgeben. Zum Leidwesen der Einwohner von Kathmandu, denen abwechselnd entweder am Morgen oder am Abend täglich für vier Stunden der Strom abgedreht wurde. Wir saßen also gleich nach unserer Ankunft im Dunkeln. Das Haus war kalt und ungemütlich. Es fehlte an warmen Zudecken, Besteck, Kerzen. Eine Heizung gab es nicht.

Zum Glück hatten wir Tham. Er war immer und überall für uns da. Ihn hatte ich vor mehr als zehn Jahren als Kochgehilfe am Makalu kennengelernt. Er verbrachte später einen Sommer bei uns in Südtirol und war danach immer mit mir auf Expeditionen, wenn ich im Nepal-Himalaja unterwegs war. Ich hatte ihn für die drei Monate in Kathmandu als »Mädchen für alles« engagiert. Er sollte Angelika im Haushalt helfen, einkaufen, Wäsche waschen, denn Waschmaschinen gab es 1993 in Nepal noch nicht. Selbst große Hotels ließen die Wäsche per Hand waschen. Vermutlich war es billiger, als die Geräte zu importieren und zu warten.

Gesar Simon, gerade zwei Jahre alt, war ein begeisterter Mit-wäscher. Jeden Tag kletterte er mit Tham auf das Flachdach unseres Hauses und half beim Einweichen. Die Wäsche wurde in große Schüsseln gelegt und ein paar Stunden lang stehen gelassen. Gesar Simon weichte ein, was immer er fand, sich selbst eingeschlossen. Er verehrte Tham dermaßen, dass er ihn in allem nachahmte, selbst beim morgendlichen Gruß: »Good morning, Memsab. Good morning, Sab.«

Für die Kinder war es eine wunderbare Zeit, vor allem während der letzten sechs Wochen, als es Frühling wurde. Die Luft war ganz weich und warm. Im Februar schon liefen Magdalena und Gesar Simon nackt im Garten herum, schliefen im Zelt, das ich ihnen vor dem Haus aufgebaut hatte, und spielten mit den Nachbarskindern, von denen es unendlich viele gab. Obwohl sich nepalesische Kinder in der Öffentlichkeit nicht auszogen, planschten sie mit den beiden Nackedeis in der Wanne mit.

Wir genossen das intensive Zusammensein mit Kindern, Großeltern und einigen Freunden, die aus Europa zu Besuch gekommen waren. Mit Magdalena, die morgens in den Kindergarten von Kathmandu ging, übte ich nachmittags »Abseilen« vom Flachdach des 2. Stocks. Ohne jede Angst und mit dem größten Vergnügen ließ sie sich ans Seil binden und schwebte die acht Meter an der Hauswand herab. Gesar Simon hingegen bewegte sich mehr auf den Spuren David Copperfields: Er entwickelte sich zum fanatischen Entfesselungskünstler. Wann immer er mich erblickte, stürmte er mit einem Stückchen Seil in der Hand auf mich zu und versuchte mich zu fangen. Seine Knotentechnik konnte auch Gäste länger an den Esstisch fesseln, als ihnen lieb war.

Mit Sabine machte ich einige größere Touren. Mit Ransmayrs ging es nach Dolpo, mit Ralf-Peter Märtin unternahm ich einen Wintertrip durch Mustang. Ins Sherpa-Land ging ich zuletzt alleine, um meine Recherchen zum Yeti fortzusetzen.

Daheim in Kathmandu versorgte derweil Angelika die Kinder, die vorher mit den Großeltern das Tal des Kali Ghandaki entlanggewandert waren.

Die beiden Blondschöpfe waren in unserem Viertel eine Art Sehenswürdigkeit. Sie wurden bestaunt und betastet. Die Kinder zuckten anfangs zurück, wenn Passanten ihnen das Gesicht tätschelten oder über die Haare streichelten. Sie waren so etwas von Fremden nicht gewohnt. Ich erklärte ihnen, dass blonde Haare für Nepalesen etwas Besonderes seien, weil auch der kleine Buddha blond gewesen sein soll.

Unsere Kinder mussten lernen, mit diesem exotischen Land und mit dem Leben auf der Straße zurechtzukommen. Die täglichen Eindrücke von Armut, Schmutz und Elend beschäftigten sie auch in ihren Träumen. Verkrüppelte Gleichaltrige, die bettelten, Todkranke, die auf der Straße dahinvegetierten, Straßenkinder, die sich abends auf ein paar Kartons zum Schlafen legten, waren hier Alltag.

Als das Rhesusäffchen eines Nachbarn sich losriss und in den Stromkreis der Hochspannungsleitung geriet, direkt vor unserem Haus, gab es einen Riesenknall. Alle Leute liefen auf die Straße, auch wir und Hans Kammerlander mit seiner Frau Brigitte, die gerade zu Besuch da waren. Wie paralysiert starrte Magdalena auf das Tier. Der Affe hing in seinem Schock da oben, versuchte herunterzuklettern und schaffte es nicht. Magdalena weinte. Sie wollte, dass wir dem Tier halfen, doch ohne Leiter war nichts zu machen. Irgendwie schaffte der Affe es dann allein. Das letzte Stück fiel er herunter. Uns alle ergriff Mitleid, als wir das halb verschmorte Äffchen am Boden hocken sahen. Die Einheimischen aber wollten das Tier töten. Entsetzt verfolgten die Kinder, wie die Menge plötzlich mit Steinen und Stöcken nach ihm warf. Sie konnten nicht begreifen, dass dem Äffchen niemand half. Dass es vielleicht besser war, das schwer verletzte Tier von seinem Schmerz zu befreien, verstanden sie nicht. Auch keine andere Erklärung befriedigte sie.

Als wir uns entschlossen hatten, einen Winter mit den Kindern in Kathmandu zu verbringen, wussten wir, welche Risiken damit verbunden waren: Seuchengefahr, Ungeziefer jeder Art, politische

Unruhen. Das Wasser in Kathmandu ist alles andere als sauber, und jeder ist Ansteckungen ausgesetzt. Wir achteten zwar streng darauf, dass die Kinder kein Leitungswasser benutzten, kontrollierten alles, was sie aßen und tranken. Trotzdem wurden sie krank. Obwohl alles Wasser im Haus gefiltert und abgekocht wurde. Wir hatten Glück. Schlimmeres als Diarrhö bekamen sie nicht, obwohl sie bei unserer Hausmeisterfamilie mit allerlei »Leckereien« gefüttert wurden und dort unbeaufsichtigt aus dem Familientopf mitaßen.

Angelika und die Kinder mieden die stickige Innenstadt, wo viele Arbeiter und Touristen mit Mundschutz herumliefen. Sabine und ich hingegen gingen gerne durch die engen Straßen, handelten um Antiquitäten und Teppiche, besuchten unsere tibetischen Bekannten und Freunde. In Kathmandu kennt jeder jeden, und die dort lebenden Ausländer sind gastfreundlich und immer begierig darauf, Neuigkeiten aus Europa zu erfahren oder eine gute Flasche Wein zu genießen.

Die Kinder lernten eine von unserer Lebensart völlig abweichende Welt kennen. Die Sitten und Gebräuche der Einheimischen machten sie neugierig, regten sie an, ließen sie Tag für Tag staunen. Sie lernten, toleranter zu sein gegenüber allem, was ihnen unbekannt war. Gesar Simon wurde von einer großen Leidenschaft für Elefanten erfasst, die er fast täglich auf den Straßen von Kathmandu sah, und er erzählte allen Besuchern von »seinen« Tieren. Heute noch behauptet er, hoch oben am Vinschger Sonnenberg seine Elefanten versteckt zu halten, die er täglich füttern gehe. Ab und zu, so erzählt er Freunden, rutschten sie auf ihrem Hintern die Hänge herunter bis ins Tal. So entstünden die Rinnen, die überall am Sonnenhang zu sehen sind.

Magdalena verband mit der achtjährigen Yasmaan, einem der Hausmeisterkinder, bald eine innige Freundschaft. Jede plapperte in ihrer Sprache, und sie verständigten sich darüber hinweg mit Handzeichen, Gesten, Grimassen. Die beiden steckten unentwegt zusammen. Selbst als selten anwesender Vater hatte ich gegen Yasmaan keine Chance. Der Schneider musste das gleiche Hosenkleid für Magdalena nähen, wie Yasmaan es bei Festen trug, damit die zwei Mädchen als »Schwestern« auftreten konnten.

Im März, einen Tag vor der Abreise, erklärte Magdalena, sie wolle Yasmaan mit nach Europa nehmen. Sie verlangte ernsthaft, wir sollten Yasmaan als unser Kind aufnehmen. Yasmaans Mutter zögerte. Der Vater war nicht da. Eine Entscheidung blieb aus. An diesem denkwürdigen Abschiedstag stach Gesar Simon dem kleineren Bruder von Yasmaan mit einer Sichel, die im Garten herumgelegen hatte, in den Bauch. Ob als Warnung vor der diskutierten Familienvergrößerung oder nur aus Ungeschicklichkeit, haben wir nicht herausgefunden.

Als es heißer wurde in Kathmandu, kam zum Strommangel der Wassermangel dazu. Die Zisterne auf unserem Dach füllte sich über Nacht nicht mehr auf. Wir mussten also das Wasser rationieren. Wir duschten und wuschen uns seltener. Bis wir merkten, warum uns das Wasser ausgegangen war. Sabine fand heraus, dass unser Nachbar, der ein Haus baute, über Nacht unser Wasser anzapfte. Für Ärger und lange Diskussionen war es zu spät, denn unsere Heimreise stand bevor.

Sabine und die Kinder schoben auf der Heimreise noch eine Woche Badeurlaub in Goa ein, derweil ich zur 40-Jahr-Feier der Erstbesteigung des Mount Everest in Nepal blieb. Während ich mit Sir Edmund Hillary und Chris Bonington Erinnerungen austauschte, ging mir immer wieder der eine Gedanke durch den Kopf: Wo waren all die Sehnsüchte und Ängste aufgeschrieben, die dieser Berg als unüberwindliches Hindernis zwischen zwei Welten aufgestaut hatte? Wir Besteiger hatten, während wir am Berg waren, nicht gewusst, was daheim passierte. Wir alle hatten geschickt unterschlagen, wie wir bei unseren Expeditionen Gedanken und Gefühle hatten abschweifen lassen. Wie oft wären wir lieber vorzeitig nach Hause gegangen, anstatt uns in einer Art Selbstvergewaltigung zu zwingen, vor Ort zu bleiben?

Ich kannte die Sehnsucht nach der Lebenspartnerin von vielen Expeditionen her. Bei früheren Aufenthalten in Nepal hatte ich dieses Gefühl monatelang unterdrückt. Doch war ich in Bezug auf mein Bergsteigerziel immer zu ehrgeizig gewesen, als dass ich meiner Liebe nachgegeben und eine Expedition in den Wind geschrieben hätte.

Ich habe aber immer verstehen können, wenn jemand diesen mutigen Schritt tat. Ich habe 1975 einen Expeditionskameraden von mir verteidigt, der das Basislager an der Lhotse-Südwand verließ, um zu seiner Familie zurückzukehren, statt an dieser kalten, steinschlaggefährdeten Wand herumzuklettern und sein Leben aufs Spiel zu setzen.

Seit ich drei Kinder habe, sind die Zeitspannen, die ich von daheim weg sein möchte, kürzer geworden. Nicht nur, weil ich viel bei meinen Kindern sein will und mich für ihre Erziehung mitverantwortlich fühle, vor allem weil ich gar nicht anders kann. Zwar kann ich die Kinder in der Phantasie auf Reisen mitnehmen – so fülle ich beim langen Gehen meine innere Welt mit Menschen, die mir etwas bedeuten: Kinder, Frauen, Freunde –, aber es bleibt immer zu wenig. Ich muss mit ihnen spielen, sie »tratzen«, sie anfassen. Wenn ich heute weniger bergsteige, reise, suche, dann deshalb, weil ich mit den Kindern einen Mittelpunkt gefunden haben. Wenn ich gehe, sind Làyla, Magdalena und Gesar Simon dabei. Aber umgekehrt ist die physische Abwesenheit des Vaters für die Kinder ein Vakuum, das sie geistig nicht ausgleichen können. Sie vermissen mich. Meine Nordpolexpedition dürfte deshalb die längste Reise werden, die ich den Kindern noch zumute. Dafür werde ich ihnen viele Gute-Nacht-Geschichten von Eisbären, eingefrorenen Schiffen und Eskimos erzählen. Was mich andererseits immer wieder schmunzeln lässt, ist der gesunde Pragmatismus, den die Kinder hinsichtlich dessen, was ihr Vater tut, entwickelt haben. Sie wundern sich nicht darüber, dass *ich* nach Grönland gehe, sie wundern sich höchstens darüber, dass andere Väter *nicht* nach Grönland gehen. Das, was ich tue, ist für sie normal, unser Leben, das wir führen, das Selbstverständliche. Die Risiken, die ich bei meinen Expeditionen in Kauf nehme, sind für die Kinder zu abstrakt, als dass sie sie als Gefahr empfinden. Sie wollen höchstens wissen: »Was tust du, wenn ein Eisbär kommt?«

»Erschießen tue ich ihn«, antworte ich dann, und sie ziehen zufrieden ab.

Zum Älterwerden gehört auch die Erfahrung, dass Gefahr und Tod zum Leben gehören. Sabine weiß, dass die Nordpolexpedition gefährlich ist. Ich habe alles mit ihr abgesprochen. Aber sie weiß ebenfalls, dass ich durchkomme, wenn es ein Durchkommen gibt. Sie akzeptiert mein Tun, und sie hätte sich nie mit mir zusammengetan, wenn sie nicht großes Vertrauen in meine Grenzgänger-fähigkeiten mitgebracht hätte.

Unsere Beziehung lebt stark von diesem Wechselspiel – böse Zungen sprechen von Wechselbad – von Weggehen und Wieder-kommen. Diese Gegenpole – Abschied und Heimkommen – binden und verbinden, und sie verleihen unserer Beziehung Stabilität. Ständig aneinandergefesselt zu sein bringt größere Schwierigkeiten mit sich. Wir Menschen sind offensichtlich nicht darauf angelegt, auf engem Raum zusammenzuleben. Ich habe, gerade weil ich immer wieder weggehen konnte und mit Frauen zusammen war, die mich weggehen ließen, ein paar sehr schöne Liebesbeziehungen erlebt. Drei dieser nicht festgeschriebenen Verbindungen habe ich über eine relativ lange Zeit genießen können, trotz meines extremen Lebens.

Sabine und ich bemühen uns, die »größeren« Reisen zu teilen und die »kleinen« zusammen zu machen. Sabine hat mich nach der Antarktisexpedition in Neuseeland abgeholt, und nach der Grön-landdurchquerung stand sie in Thule an der Küste. Für sie war der Besuch in Grönland eine Reise in ein kaltes, unbekanntes Land, aber auch der Einstieg in ein Stück von meiner Welt. Die Kinder haben dabei sehr viel mitbekommen, weil wir beide, Mutter und Vater, unterwegs waren und ihnen davon erzählen konnten.

Ich bin froh, dass ich nicht schon früher Vater geworden bin. Im

Alter von 25 Jahren war ich zu unruhig, unfertig, arm. Kleine Kinder hätten mich in meiner Lebensäußerung, in meiner Lebenslust so sehr eingeengt, wie sie mein Leben heute bereichern. Ich bin überzeugt davon, dass sie mir neben Freude auch Kraft geben. Immer wenn ich mit dem Rücken zur Wand stehe, wachsen mir Konzentration und Willen zu. Weil ich an die Kinder denke. Das sind keine altruistischen Gründe, es sind egoistische Gefühle. Denn nichts ist mir wichtiger als meine Kinder.

So ist das Heimkommen plötzlich wichtig geworden. Zu Hause ist für mich immer dort, wo meine Kinder sind, wo meine Familie ist. Hält sie sich in Nepal auf, komme ich dorthin nach Hause. Zu Hause ist für mich ein Zustand und kein geographischer Punkt, keine Gewohnheit und keine Festung von Sicherheiten.

Mit Sabine gab es von Anfang an eine Art stillschweigender Übereinkunft über meine Reisen. Heute gönne ich mir einen Grenzgang pro Jahr. Der muss sein. Mehr nicht.

Jahrelang wollte Sabine verstehen, woher meine Rastlosigkeit kommt, was mich umtreibt. Heute ist ihr das WARUM nicht mehr wichtig.

»Wichtig ist, dass du wieder heimkommst«, sagte Sabine, als ich die Nordpolexpedition vorzubereiten begann. »Bist du bei uns, dann zieht es dich weg – bist du weit weg, dann sehnst du dich nach Kindern und Frau.«

»So ist es.«

»Deine Ruhelosigkeit hat Spuren hinterlassen, auch bei den Kindern und mir.«

»Solange ich ein leidenschaftlicher Störer meines eigenen Friedens bin«, antwortete ich ihr, »bleibe ich erträglich.«

»Dann mach dich auf den Weg, denn wenn du bliebest, wärst du nicht mehr der Mensch, den wir lieben. Dein Körper wäre unterfordert, dein Geist auf Wanderschaft und das Leben mit dir unerträglich. Tu, was du tun musst, und geh!«

11

Vom Gehen übers Eis

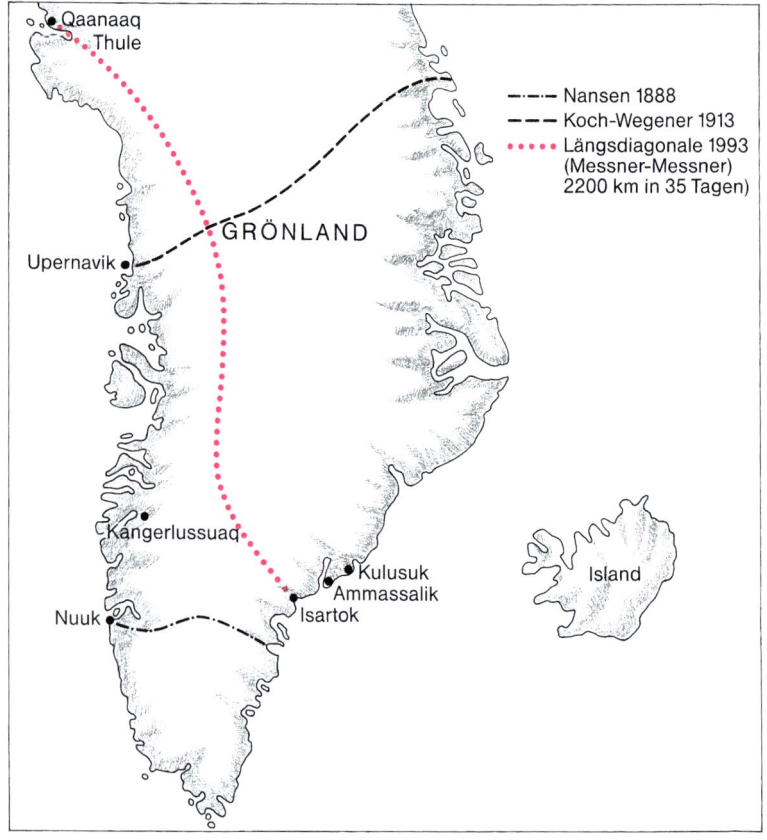

Grönland-Längsdiagonale

Im Frühling 1993 gelang es meinem Bruder Hubert und mir erstmals, Grönland ohne fremde Hilfe diagonal von Südosten nach
Nordwesten zu durchqueren. Wir liefen dabei auf Skiern, zogen
unsere Proviantschlitten selbst und setzten Segel ein wie Nansen
1888, als er diese riesige Insel erstmals am Südzipfel durchquert
hatte. Für die mehr als 2200 Kilometer lange Strecke benötigten
wir ganze 35 Tage.

Die Enge der elterlichen Wohnküche hatte uns neun Kinder schon früh auf die umliegenden Skihänge, in die Wälder, ins Gebirge gedrängt. Mitten in Grönland, im winzigen Zelt, erzählten Hubert und ich uns von daheim.

Einmal unterwegs, wurde jede Reise zum Alltag. In selbstauferlegter Disziplin taten wir, was wir tun mussten: Wir gingen, segelten, rasteten, wenn wir müde waren, bauten unser Lager auf und ab. So ging dieses

Leben mitten in Grönland weiter, Tag für Tag, Woche für Woche, als wäre es sinnvoll. Keine Sehnsucht nach Anerkennung mehr, nur noch Unterwegssein.

Was sich um uns ausbreitete, hätte das Mittelmeer sein können oder ein Stück magermilchblauer Himmel. Der einzige lebendige Punkt hinter mir war mal Boot, mal Segel, je nachdem, wie ich blickte.

Der lange Weg nach Thule

Unser Aufbruch in Isartok war ein Trauerspiel. Um keine Zeit zu verlieren – das uns begleitende Fernsehteam musste zwei Tage später wieder zurück sein –, packten wir unsere Schlitten am Rande eines Dorfes, mitten im Schnee auf dem Hügel, auf dem uns der Hubschrauber ausgesetzt hatte.

Wir zählten unsere Essensrationen und Benzinreserven ab – sie sollten für 120 Tage reichen, wenngleich wir in maximal 90 Tagen die mehr als 2200 Kilometer lange Laufstrecke nach Thule schaffen wollten –, prüften Kompass und GPS-Gerät und legten abwechselnd Matten und Schlafsäcke über die im Schlittenbauch gestapelten Lasten. Zuletzt verstaute ich eine Rolle mit Landkarten, die wir beim Marsch nach Norden sukzessive brauchen würden.

Hubert und ich verschnürten die Schlitten und schauten uns an. War alles okay? Hatten wir an alles gedacht? Proviant, Brennstoff und Ausrüstung hatten wir zwischen Südtirol und dem Eismeer dreimal abgewogen und überprüft, um das Schlittengewicht so gering wie möglich zu halten und doch gleichzeitig Stürme oder Krisen aussitzen zu können. Wir fühlten uns für den Marsch nach Thule über das Inlandeis Grönlands gerüstet.

Um ganz sicherzugehen, durchstöberten wir ein letztes Mal die Kisten, Plastikcontainer und Seesäcke, in denen wir die Expeditionsausrüstung bis zum Startpunkt unseres Marsches transportiert hatten, um die dünnwandigen Schlitten aus Plastik und Kevlar auf der Flugreise nicht zu zerbrechen.

»Nichts vergessen.«

»Also dann auf nach Thule!«

Großzügig verschenkten wir das Verpackungsmaterial an ein

paar Grönländer, die uns bei den Vorbereitungen zugeschaut hatten. Auch meinen Rucksack gab ich her, denn er würde meinen Schlitten nur mit zusätzlichem Gewicht belasten. Dann spannten wir an.

Hubert legte sich gleich so ins Geschirr, dass bereits nach hundert Metern bei der ersten Steigung das Zuggestänge riss. Wir konnten es flicken. Als wir endlich auf dem Eissee waren – die Kameracrew zog mit den beiden Hundeschlitten, auf denen sie ihre Ausrüstung beförderte, voraus –, konnte ich meine Gedanken ordnen. Noch einmal verglich ich im Geiste die Ausrüstungsliste mit den Sachen, die wir in die Schlitten gepackt hatten. Es fehlte nichts.

Die eine Karte, schoss es mir wie ein Blitz durch den Kopf. Ich erstarrte und blieb stehen. Wie bei einem Unfall, wenn man die Vorgänge in einer Art Zeitlupentempo wahrnahm, erschien vor meinem geistigen Auge der Moment, als ich diese Landkarte sorgfältig in den Rucksack gesteckt hatte, zwischen Rückenpolsterung und ein eingenähtes Tuch, damit sie nicht knittern konnte. Ich hatte sie einfach vergessen, und der Rucksack war verschenkt.

Diese spezielle Karte war für den Beginn der Reise gedacht, für die ersten 50 Kilometer, um vom zugefrorenen Meer über Gletscher und an daraus hervorragenden Bergspitzen, sogenannten Nunataks, vorbei auf das Inlandeis zu gelangen. Bevor ich mit Hubert darüber sprach, erfand ich Ausflüchte. Ich kannte die Geographie dieses Gebiets und auch die Marschzahlen, um zwischen den Eisbrüchen durchzukommen, hätte also den Weg auch ohne diese Detailkarte finden können. Was aber, wenn wir nicht weiterkamen und umkehren mussten? Im Nebel vielleicht? Der Weg zurück aus dem Nichts des gleichförmigen Hochlandeises wäre bei »Whiteout« ohne diese Karte nicht zu finden gewesen. Ich ließ anhalten. Beschämt erklärte ich unseren Begleitern meinen Fehler und besprach mit Hubert die Lage.

»In zwei bis drei Tagen sind wir in der nächsten Karte«, beschwichtigte ich ihn.

»Du meinst also, wir kommen auch so weiter?«

»Im Grunde brauchen wir nur genau nach Norden zu laufen. Problematisch wird es dann, wenn wir zurückmüssen oder Whiteout haben. Es ist besser, wenn ich die Karte hole, derweil du die Kolonne weiterführst. Ich folge dann eurer Spur bis zum Lagerplatz.«

Als ich ein paar Stunden später wieder aufschloss, kam Sturm auf. Ich hatte den Rucksack in einem Eskimohaus gefunden. Die Karte befand sich noch genau dort, wo ich sie hingesteckt hatte. Jetzt konnte uns nichts mehr geschehen. Wir wussten genau, wo wir waren, wenigstens auf der Landkarte.

Thule ist die nördlichste Dauersiedlung in Grönland: 77° 25' Nord, 69° 25' West. Dort wollten wir hin.

Schon bald nach diesem missglückten Start in Isartok, 65° 40' Nord, 38° 55' West, südlich von Ammassalik, sah es schlecht aus. Sturm, Schneetreiben und 30 Grad unter null trieben uns ins Zelt. Es war einer dieser unbarmherzigen Fallwinde aus dem nördlichen Eiskap, der uns gleich am ersten Abend lange Stunden in Schrecken versetzte, bis die Angst zur Gewohnheit wurde. Wir hockten im Zelt und stützten es von innen, ohne zu reden, ohne zu kochen, ohne zu schlafen. Auch unser Fernsehteam, das uns noch einen weiteren halben Tag begleiten sollte, war in Bedrängnis. Ebenso die beiden Grönländer, die die zwei Hundeschlitten mit der Kameraausrüstung lenkten. Als uns die Gruppe Stunden später verließ, schneite es immer noch. Wir stapften in ein Grau aus Schneetreiben und Nebel hinein. Wenigstens stürmte es nicht mehr.

Einen ganzen Tag lang liefen wir steil bergauf. Wir mussten hinauf aufs Hochland und hofften, in einer knappen Woche auf dem stellenweise bis zu 3400 Meter mächtigen Inlandeis zu sein. Dann erst wollten wir nach Nordosten ziehen. Aber am gleichen Abend noch kam ein schlimmer Sturm auf, den die Grönländer als Piteraq bezeichnen, der uns 24 Stunden lang ans Zelt fesselte. Während dieser gesamten Zeit stemmten wir von innen unsere Rücken gegen den Wind, der aus einer Höhe von 3000 Metern auf die Küste herunterfiel und so eiskalt und so stark war, dass er Zelte zerreißen und Häuser wegtragen konnte.

Der Sturm hatte Spuren in Huberts Gesicht hinterlassen. Es war eingefallen, seine Augen lagen in Höhlen, seine Nase wirkte größer als sonst. Wir hatten nicht gekocht und nichts gegessen. Trotz der Daunenschuhe waren unsere Füße im Schlafsack starr vor Kälte. Den Hunger aber und die Angst behielt jeder für sich.

Nachdem der Sturm sich gelegt hatte, bereiteten wir uns eine Mahlzeit und brachen gleich anschließend auf. Wir gingen nur einen Tag weit. Dann verbannte uns der nächste Piteraq ins Zelt. Diesmal gleich für mehrere Tage.

Am Morgen des 28. April wütete der Sturm noch immer. Der Not gehorchend, blieben wir also im Zelt und übten uns in Geduld. Zum Schlafen waren wir zu aufgeregt, zum Lesen zu müde. So dösten wir meist dahin. Ich begann, mir Thule aus dem Kopf zu schlagen, diese 500 Einwohner umfassende Siedlung, das nördlichste Dorf der Welt, wo es, wie ich glaubte, noch richtige Eskimos gab, die ihr traditionelles Leben führten.

Wie schon zwei Tage zuvor raste der Piteraq einer Serie von Springfluten gleich über die Schneefläche. Als wollte er die Welt zerstören. Nichts als Schnee und Sturm und Eis und mittendrin unser Zelt! Zwar hatten wir unsere beiden Schlitten vor die Sturmseite gestellt, damit wir dem tobenden Wind nicht völlig ungeschützt ausgesetzt waren. Trotzdem hatten wir Angst.

Viele Stunden lang lagen wir wach, hoffend, betend sogar, immer in der Sorge, ohne die doppelte Stoffplane um uns in wenigen Stunden zu erfrieren oder irgendwie von dieser Erde gefegt zu werden. Immer dieser Druck! Das ununterbrochene Schlagen der Zeltwände im Sturm machte einen ohrenbetäubenden Lärm. Immerzu diese Ungewissheit!

Wieder stützten wir das Zelt von innen mit unseren zusammengekauerten Körpern, klamm, müde, verzweifelt, als wären wir nur noch da, um gegen den Sturm standzuhalten. Die äußere Zeltplane durfte unter keinen Umständen reißen. Niemals!

Einen Piteraq überlebt man nur in einem heilen Zelt. Nach 18 Stunden Sturm waren zwei Verankerungen gerissen. Ich wollte hinaus, um sie zu fixieren. Als ich mich aus dem Lee vor dem Zelteingang erhob, blieb mir sofort die Luft weg. Der Schnee stob mir ins Gesicht! Instinktiv schloss ich die Augen und kroch zu Hubert ins Zelt zurück. Er zog den Reißverschluss zu, und ich schüttelte mich. Wir schauten uns an.

»Wie sieht's aus?«

»Hoffnungslos.«

Hubert lehnte sich wieder zurück und stemmte sich weiter gegen den Sturm. Auf der Gegenseite, wie ein halber Ballon, die ausgebauchte Zeltwand. Irgendwann musste der Piteraq ja mal aufhören.

Hubert ist mein jüngerer Bruder, Kinderarzt von Beruf und ein begeisterter Skifahrer und Surfer. Als Kind war er mit uns älteren Brüdern geklettert, und in seiner Studienzeit war er viel gelaufen. Seine Ausdauer ist phänomenal.

Der dritte Tag begann, wie der zweite aufgehört hatte: stürmisch. Aber es war heller geworden. Hubert öffnete den Zelteingang. Noch mehr Licht fiel ins Zelt.

»Scheint die Sonne?«, fragte ich.

»Nein.«

»Und der Horizont?«

»Keiner.«

»Die Landschaft?«

»Keine Landschaft.«

»Was dann?«

»Nichts zu sehen. Alles grau.«

»Wie grau?«

»Nichts als grau.«

Die Zeit, die Hubert vergönnt war, in den Grenzgang hineinzuwachsen, war abgelaufen. Auf seine Frage, ob unsere Situation normal sei, nickte ich nur. Also waren wir ausgeliefert. Dieser Sturm machte es unmöglich, das Zelt zu verlassen, und zwei Grenzgänger, die nicht gehen können, aber 2200 Kilometer Laufstrecke vor sich haben, sind gescheiterte Grenzgänger. Wir ahnten, was uns erwartete, wenn wir den Weitermarsch trotzdem riskierten. Jetzt hinauszugehen, das Zelt abzubauen und weiterzuziehen war nicht nur blanker Unsinn, es grenzte an Selbstmord. Die Grenzen zu überschreiten, die der Sturm uns aufzwang, wäre tödlich gewesen.

Dieses Warten war für Hubert eine neue Erfahrung. Es hob jenen Respekt auf, den alle Laien Berufsabenteurern gegenüber haben. Die Erkenntnis, dass sich der Eisgeher unterzuordnen hatte, lehrte ihn, das Grenzgängertum als instinktiven Sport zu begreifen.

Nicht nur einmal ertappte ich mich in diesen Tagen dabei, wie ich Hubert mit »Günther« ansprechen wollte, obwohl dieser seit bald einem Vierteljahrhundert tot war. Umgekommen beim Abstieg vom Nanga Parbat 1970. So sehr erinnerten mich kleine Gesten von Hubert, sein Selbstverständnis, einzelne Gedankengänge an Günther, unseren Bruder, der früher mein Partner gewesen war, dass die Zeit zwischen 1970 und 1993 wie aufgehoben schien.

Ob ein Grenzgang gelingt oder scheitert, hängt entscheidend davon ab, wie sich der Einzelne in seiner Verzweiflung sich selbst gegenüber verhält, für welches Selbstverständnis er sich entscheidet. Hubert begeisterte sich nach diesem Sturm mit jedem Tag mehr.

Wir entschlossen uns, auch bei starkem Wind zu gehen und trotz der großen Kälte, trotz Whiteout zu segeln. Der Wind, meist aus Südost oder Südwest, musste genutzt werden. Aussitzen ließ sich die »Grönland-Längsdiagonale« nicht.

Am 2. Mai begannen wir unseren »Ritt« über die holprige, windverblasene Schneefläche des grönländischen Inlandeises, der uns auf der Karte schneller vorankommen ließ, als wir es in der Realität empfanden. Unsere Welt war eine ovale Scheibe, die in der Länge vielleicht acht Kilometer, in der Breite etwa sechs Kilometer maß. Davor und dahinter immer nur das Nichts.

Es war nicht die zeitliche Bedrängnis, in die uns der Sturm gebracht hatte, die uns antrieb, sondern unser Entschluss, trotz der Temperatur von minus 46 Grad und des unentwegt von Kanada her blasenden Windes weiterzumachen. Wir setzten die Segel öfter als ursprünglich gedacht ein und folgten dabei wegen der Anstrengung – den ganzen Tag segeln ging über unsere Kräfte – einem gleichmäßigen Rhythmus: Laufen – Segeln – Laufen – Segeln. Bis zu 16 Stunden am Stück. Dieser Entschluss sollte uns den Erfolg bringen.

Ich hatte dieses Segeln schon in der Antarktis gelernt und praktiziert. Hubert aber hatte es nur auf dem zugefrorenen Reschensee in Südtirol versuchsweise geübt. Im Sandkasten sozusagen, nicht in der freien Wildbahn. Meine Bedenken aber waren fehl am Platz. Hubert beherrschte das Segeln bald besser als ich. Dank seines ausgeprägten Gefühls für Schnee und Wind konnten wir es wagen, bei Whiteout, bei schlechter beziehungsweise bei gar keiner Sicht zu segeln, solange die Beine trugen. Ohne jede Sorge, uns zu verlieren, fuhr ich voraus. Bei schwachem Wind mit 27 Quadratmeter großen Segeln, bei starkem Wind mit kleineren. Wir erreichten Geschwindigkeiten, die wir uns vorher niemals hätten träumen lassen: im Durchschnitt 60 Kilometer pro Tag. Beim Starten oder beim Einsacken der Segel halfen wir uns gegenseitig, denn vor allem die großen Segel zerrten immerzu, und sie mussten, wenn sie nicht mehr gebraucht wurden, eingerollt und schön geordnet im Schlitten verstaut werden. Sonst konnte man sie nie wieder auslegen.

Warum wir so schnell vorankamen? Ganz einfach, wir vertrauten einander, liefen und segelten hintereinander her wie zwei Zugvögel.

Viele mögen sich fragen, wie ein Kinderarzt von heute auf morgen in ein so schwieriges Projekt einsteigen konnte. Nun, Hubert ist mein Bruder, und es stimmten die Voraussetzungen. Er ist ein sportlicher Mensch, hatte drei Jahre lang für diese Reise trainiert und – was das Wichtigste war – hatte einen ähnlichen Zugang zur Wildnis, zur Natur wie ich. Als Kinder haben wir am gleichen

Hang das Skifahren gelernt, später oft die gleichen Skitouren gemacht. Wir haben unsere nächste Umgebung, das ganze Tal, im Winter wie im Sommer, ausgemessen, bis wir sie begriffen hatten. Hubert war fast zehn Jahre jünger als ich, aber er ging mit der gleichen Neugierde. So wie er als Junge die Skier hinaufgetragen, angeschnallt und von jeder Alm heruntergefahren war, ging er jetzt durch Grönland. Daher sein Instinkt für die Schneeverhältnisse, die Entfernungen, die Anstrengung.

Hubert und ich waren aber nicht nur nach Grönland gereist, um eine Strecke auf Skiern zurückzulegen, die ohne Depot und technische Hilfe noch kein Mensch vor uns geschafft hatte, sondern auch um Eskimos kennenzulernen. In Ammassalik hatten wir mit einigen Leuten geredet, die sich Grönländer nannten. Und wir hatten gemerkt, dass nicht jeder Grönländer ein Eskimo sein wollte. Die Grönländer sind eine Ethnie, die Teile der Eskimokultur und europäische Lebensweisen in sich vereint, etwa seit der Mitte des 17. Jahrhunderts entstanden. Ammassalik mit seinen 885 Einwohnern war ein typisches Beispiel dafür: ein Touristenort, aus dem die Eskimokultur verschwunden zu sein schien. Ein wohlhabendes Dorf.

Weiter im Süden, in Isartok, hatten wir es mit Jägern und Fischern zu tun, die selten aus ihrem Nest herauskamen. Sie zogen in der nächsten Umgebung herum, im Winter mit Hundeschlitten, im Sommer mit dem Boot. Sie suchten oft wochenlang die ganze Gegend nach Eisbären ab, jagten Robben. Zum Leben reichte ihre Beute nicht. Die dänische Regierung aber griff seit Jahrzehnten unterstützend mit Subventionen ein, sodass es zu einem Videogerät, Zigaretten und Kaffee reichte.

Das Leben der Eskimos hatten wir uns anders vorgestellt: Vielleicht nicht so, wie Nansen es beschrieben hatte, aber eigenständiger und härter.

Hoch im Norden, wo unser Ziel Thule lag, hofften wir jene in Europa idealisierte ursprüngliche Welt vorzufinden. An den langen

Abenden malten wir uns ein Eskimodorf aus, wie Peary Nansen oder Rasmussen es in ihren Büchern beschrieben hatten. Wir freuten uns auf Thule.

Wir hatten daheim, als wir Kinder waren, immer Hunde gehabt. Ich konnte mich gut an einen Schäferhund erinnern, einen Rüden namens Rolf, den wir Buben als Schlittenhund abgerichtet hatten. Wir legten ihm ein Geschirr um, spannten ihn vor den Rodel, nahmen Leine und Peitsche, und los ging es. »Rolf« war nicht ungefährlich. Gelegentlich biss er, und wenn er einen anderen Hund sah, legte er sich dermaßen ins Zeug, dass es uns vom Schlitten warf. Wir landeten im Schnee, und der Hund verschwand hinter der nächsten Kurve.

Wir haben das Gefährt nie beherrscht. Auch weil der Hund stärker war als wir.

Heute weiß ich, wie schwierig es ist, einen Hundeschlitten zu führen, und dass es mit einem einzelnen Hund vor dem Schlitten nicht funktioniert. Genauso wie ich weiß, dass ich das Unterwegssein auf dem flachen Eis nicht im steilen Gebirge lernen konnte.

Drei Wochen lang liefen und segelten Hubert und ich nach Norden. Wir steigerten uns in einen Rausch des Weiterkommens hinein, der uns immer frecher werden ließ. Wir waren ein übermütiges Team.

Trotz großer Kälte und null Sicht trieben wir uns gegenseitig an wie zwei Buben beim Wettlauf. Oft standen wir um Mitternacht auf und waren dann 16 Stunden lang auf den Beinen. In der Kombination von Laufen und Segeln, wobei wir je nach Windstärke die 10 oder 27 Quadratmeter großen Segel einsetzten, schafften wir 120, 140, einmal sogar 160 Kilometer an einem einzigen Tag. Innerhalb von drei Wochen hatten wir mehr als 1300 Kilometer zurückgelegt.

An jedem Morgen, nach jeder Pause, riefen wir uns ein »Auf nach Thule« zu und staunten am Abend über unsere neue Position, die wir mittels unseres GPS-Gerätes bestimmten. Über jeweils drei Satelliten errechnete unser batteriebetriebenes Instrument den genauen Punkt auf der Eisfläche, auf dem wir lagerten. Ich übertrug die Position auf die Landkarte und errechnete die Marschzahl für den Weiterweg.

Oft war der Himmel bewölkt, und es gab Nebel. Totale Mattscheibe. Trotzdem gingen wir hinaus und weiter. Unsere Fingerkuppen waren erfroren und die Füße wegen der Kälte gefühllos. Weiter! Immer nach Norden! Wenn wir uns im Whiteout verloren hätten, wären wir verloren geblieben, jeder für sich.

Hubert fuhr als der bessere Segler immer hinter mir her. Ich wusste, dass er nicht stürzte, nicht zurückblieb. So schnell der Wind trieb, fuhr ich mit dem Kompass voraus, die Koordinaten im Kopf.

Wir hatten inzwischen mehr als die Hälfte der Gesamtstrecke zurückgelegt und waren uns sicher, die Durchquerung statt in den geplanten 90 Tagen in nur einem Monat zu schaffen, als unser »Ritt« plötzlich eine dramatische Wende nahm. Wir fuhren im Whiteout immer knapp hintereinander her über ungutes Gelände mit Sastrugis und Löchern. Da flog ich in hohem Bogen hinaus. Als hätte ich die Katastrophe erwartet, blieb ich liegen. Hubert schoss an mir vorbei. Ich kam nicht mehr auf die Beine, denn der Schlitten war trotz des Zuggestänges über mich drübergegangen. Hubert schaute zurück, glaubte, dass ich mich verletzt hätte, bremste und flog selber hin. Er rappelte sich wieder auf, doch in dem Moment, als er das Segel am Schlitten fixieren wollte, riss der Sturm es ihm aus der Hand, und weg war es. Inzwischen wieder auf den Beinen, sah ich, wie Huberts Segel davonjagte. Dann folgte einer seiner Handschuhe. Wir reagierten rasch, spannten die beiden Schlitten hintereinander und fuhren mit dem Wind gegen unsere Marschrichtung. Dem Segel nach, dem Handschuh nach! Es gelang uns, den Handschuh zu fangen, jedoch nicht, das Segel einzuholen. Nach einer Stunde gaben wir auf. Wir hockten uns hin. Trotz der Kälte, trotz des Sturms, saßen wir mit hängenden Köpfen auf dem

Schlitten. Dann wurde das Zelt aufgebaut. Am nächsten Tag ordneten wir alles neu. Obwohl wir von nun an mit den großen Segeln auskommen mussten – bei starkem Wind konnten wir also nicht mehr segeln, sondern nur noch laufen –, blieben wir vergnügt. Wir lagen gut in der Zeit. Es dürfte kein Problem sein, rechtzeitig anzukommen.

Als mir im Traum mitten auf dem Eis in Grönland Alfred Wegener begegnete, war das, als ob beim Osterspaziergang ein naher Verwandter kurz stehen blieb. Es war warm, die Luft war weich, und der Schnee funkelte glitzernd in der Sonne.

»Ihr müsst den Wind in zwei Säcke füllen«, riet der Polarforscher, der zweimal, 1913 und 1931, durch Grönland gelaufen war. Er sah mich an, als wüsste er eine Antwort auf alle Rätsel dieser Erde.

Der bis zu drei Kilometer dicke Eispanzer, auf dem wir lagerten, war wie ein Archiv, das Geheimnisse aus längst vergangener Zeit barg: ein jahrtausendealtes Gedächtnis aus unzählig vielen, zu millimeterdünnen Jahresschichten zusammengepressten Schneelagen, die Informationen über Klima, Luftzusammensetzung und Meeresströmungen über Jahrtausende gespeichert hatten. Ich besaß keinen Schlüssel zu diesem Archiv, aber Wegener schien alles zu wissen. Noch ehe ich ihm Fragen stellen konnte, verschwand er. Am anderen Morgen wurden wir von einem Donnerschlag aus dem Schlaf gerissen, der die Ankündigung des Weltuntergangs hätte sein können.

Es war, als bebte kurz die Erde, und als wir den Zelteingang aufrissen, hoffte ich ein Flugzeug zu sehen, das mit Überschallgeschwindigkeit über uns hinweggeflogen sein musste. Aber nichts. Nur ein ferner Nachhall, der von uns weg über das Eis zu rollen schien.

Hubert und ich blickten uns ratlos an. Sodann erzählte ich ihm von meinem Traum, von der Begegnung mit dem Wissenschaftler und Grönlanddurchquerer Wegener, und wir lachten wie zwei Kinder, die sich einen Scherz ausgedacht hatten. Eine Antwort aber auf die Frage nach der Erschütterung der Eisfläche fanden wir nicht.

»Du hättest Wegener danach fragen sollen«, witzelte Hubert.

»Ja, Wegener hat hier alle nur denkbaren wissenschaftlichen Untersuchungen durchgeführt, mit dem Ballon, Bohrkernen, Sprengstoff.«

»Das ist es«, unterbrach Hubert meine Aufzählung. »Wegener sprengt wieder.«

Nach dem Frühstück zogen wir uns an und schlüpften hinaus ins Freie. Der Horizont lag wie Blei, die Sicht war schlecht wie so oft. Trotzdem wollten wir weiter. Die Schlitten wurden gepackt, das Zelt abgebaut und in Huberts Schlitten verstaut. Es konnte losgehen. Wir spannten uns vor die Schlitten, schauten uns ein letztes Mal um und riefen uns das morgendliche »Auf nach Thule« zu.

Das Vertrauen zu Hubert wuchs mit jedem Tag und mit zunehmendem Ausgesetztsein. Der Wind verblies unsere Spur in Minutenschnelle, und trotzdem überkam uns kein Gefühl des Verlorenseins. Obwohl verloren im weißen Nichts, fühlten wir uns sicher, stark und erfolgreich. Am Abend im Zelt herrschte jene menschliche Wärme, die jeden Zweifel vertrieb.

»Nie mehr werde ich mich auf ein Streitgespräch über solche Touren einlassen«, sagte ich einmal zu Hubert.

»Warum auch?«

»Das habe ich nicht mehr nötig.«

Wir steigerten unser Tempo. Bis ich bei Whiteout so plötzlich auf eine Spalte zuraste, dass ich nicht mehr bremsen konnte. Im Zuggeschirr eine unbändige Kraft, den schweren Schlitten hinter mir, riss ich das Segel steil nach oben und schwebte über den schwarzen Abgrund hinweg, Hubert hinter mir her.

»Weiter«, brüllte ich zurück, und wir landeten beide auf sicherem Grund.

Die großen Segel drohten uns in Stücke zu reißen, so stark tobte der Sturm. Wir hielten an, packten die Segel zusammen und fuhren mit dem einen kleinen Segel, das uns verblieben war, weiter; Hubert mit seinem Schlitten voran, ich in seinem Schlepptau. Wie zwei Irre schlingerten wir durch das scheinbar unendliche Nichts, rasten über Sastrugis, an Spalten vorbei. Wir sahen nicht die Hand vor den Augen, geschweige denn den Boden unter unseren Skiern.

Wohin bewegten wir uns? Mir war, als hätten wir allen Halt, jede Orientierung verloren. Es gab kein Oben und kein Unten mehr. Die Schneefläche unter uns schwankte nach allen Seiten, der leere Raum vor uns präsentierte sich plötzlich als Wand, dann wieder als Abgrund.

Der Nebel verstärkte sich, und es war, als bräche die Nacht herein. Dabei sank die Sonne nicht mehr unter den Horizont. Aber wir sahen sie nicht, alles war wie weggewischt.

Erst als wir stehen blieben und das Segel einrollten, begannen wir wieder klar zu denken. Was hatten wir getan? Nichts war gefährlicher als Übermut im Erfolg. Wir hatten uns wieder einmal hineingefahren in den Rausch der Geschwindigkeit, hatten die vielen Gefahren nicht mehr als solche wahrgenommen und sie auch nicht einkalkuliert.

Kleinlaut spannten wir uns vor die Schlitten und liefen jetzt nach Nordosten, Richtung Thule. Wir waren nach Grönland gekommen, um durchzukommen, nicht um umzukommen. Wir hatten genügend Zeit und ausreichend Proviant und Brennstoff. Es gab keinen Grund zur Eile. Der Rekord – die längste je vom Menschen zurückgelegte Strecke ohne Depot, die höchste je erreichte Durchschnittsgeschwindigkeit beim Eisgehen mit Skiern und Segeln – zählte nicht. Was jetzt zählte, war der Alltag jenseits von Sinn und Zweck, waren die morgendliche Lebensfreude nach einem Traum von der »Eroberung des Nutzlosen« und diese grenzenlose Solidarität beim tagtäglichen Aufbruch: »Auf nach Thule.« Nie mehr, schwor ich mir beim Laufen, endgültig nie mehr würde ich mich auf eine Diskussion über Sinn und Zweck einer solchen Reise einlassen. Warum nur waren mir die Moralisten und Möchtegerne so viele Streitgespräche wert gewesen. Die Tat allein zählte. Wer mit mir streiten wollte, sollte zuerst nachmachen, was Hubert und ich jetzt taten.

Wir suchten den Horizont jetzt nach Berggipfeln ab. Sie waren zuerst so winzig, dass sie uns als Teil einer Spiegellandschaft erschienen. Fasziniert beobachteten wir, wie diese Berge langsam vor uns wuchsen, und wir konnten uns ausrechnen, wie weit es war, bis wir in Thule sein würden. Plötzlich entdeckten wir Eisbärenspuren im Schnee. Offensichtlich eine Mutter mit zwei Jungen. Wir erschraken, hatten wir doch kein Gewehr dabei. Es gab weit und breit niemanden, der uns hätte verteidigen können.

Drei Tage lang liefen wir noch bis ans Meer. An der Küste trafen wir mit unseren Frauen zusammen, die auf die Stunde genau dort angekommen waren, um uns am Ende des Gletschers in Empfang zu nehmen.

Auch in Thule ist von der ursprünglichen Eskimokultur nicht viel übrig geblieben. Sterile Fertighausbauten, Container am Rand einer Insel, Baggerkultur. Zwar gingen die Eskimos auf die Jagd, aber sie lebten unseren europäischen Lebensrhythmus. In ihren Hütten lief ununterbrochen das Videogerät. Sie sahen sich Star-Wars-Filme an, während sie mit uns redeten, Kaffee tranken oder telefonierten. Gleichzeitig hing einem der Geruch von ranzigem Robbenfleisch in der Nase. Im Geiste lebten die Thule-Eskimos offensichtlich in einer völlig anderen Welt als in der, die ich draußen vor den Hütten sah: Das Eismeer und die Berge dahinter waren nur noch Kulisse. Diese Menschen hatten früher mit großem künstlerischen Geschick ihren Lebensraum beschrieben, besungen und erforscht. Auf streichholzgroßen Holzstücken hatten Generationen von Jägern ganze Küstenstücke »kartografiert«. Heute ließen sie sich von den Errungenschaften der Kommunikationstechnologie in eine andere Welt entführen und vergaßen ihren Lebensraum. Wir haben ihnen alles genommen, indem wir ihnen unsere Kunstprodukte und unsere Moral brachten.

Die Expedition war zu Ende; wir ließen uns über Kanada nach Resolute Bay an der Nordwestpassage ausfliegen. Dort testete ich meine Ausrüstung auf dem Packeis für meine nächste große Reise, die Expedition zum Nordpol.

Allen Vorsätzen zum Trotz gab ich auf der Heimreise Neugierigen und Journalisten bereitwillig Auskunft über unsere Grönland-Längsdiagonale. Als ob die Tat doch nicht genügte.

»War Grönland für Sie eine Zwischenstation zwischen Antarktis und Nordpol?«

»Nein, Grönland war eine vollkommen eigene Reise. In der Antarktis habe ich zwar die Idee entwickelt, Grönland zu durchqueren, und der Nordpol wird folgen, aber diese Diagonale war toll.«

»Warum wollten Sie der Länge nach darüberlaufen?«

»In der Antarktis habe ich gemerkt, wie sehr mir dieses lange Gehen entspricht. Die Angst, die ich vor der Antarktisdurchquerung verspürt hatte, war auf dem Eis wie weggeblasen. Damit wusste ich, dass Eisgehen eine Tätigkeit ist, die mir entspricht, weil sie meiner Seele, meinem Wesen entspricht.«

»Und warum?«

»Ich kann nicht erklären, warum das so ist, ich weiß nur, dass es so ist.«

»Gehen als Rausch also?«

»Ich könnte mir ein Leben nur gehend vorstellen. Über das tibetische Hochland. Im Himalaja. In der Antarktis. Am Nordpol. In Grönland. Dort provoziert die absolute Kargheit der Landschaft einen Horizont, der auch nach innen hin offen ist. In einer solchen Atmosphäre stellt sich Distanz zwingend ein. Wenn ich das Immergleiche der Natur akzeptiere, beginnt ein Denken, das der Meditation entspricht. Tagelang, wochenlang, monatelang sieht man nichts als Schnee, Schnee und nochmals Schnee. Keine Menschenseele, keinen Baum, keinen Strauch. Nur am Rand der Insel stehen Berge, und diese lösen sich nach zwei, drei Tagen Marsch aus dem Blickfeld.«

»Bei so viel Einsamkeit kriege ich Angst.«

»Das Auf-sich-selbst-zurückgeworfen-Sein in der Eiswüste hat mit Aufatmen zu tun. Die Tatsache, dass jeder für sich allein in dieser Welt steht, wird sichtbar, greifbar, hörbar. Wir sind Einzelne, verloren im Weltall wie in der grönländischen Eiswüste. Das ist nicht tragisch. Es erscheint nur unmenschlich. Wenn wir in einer Stadt allein sind, einsam, verloren, können wir daran verzweifeln. In der Mitte von Grönland nicht. Weil wir uns mit diesem Einzelnen identifizieren. Wir können dazu stehen.«

»Das klingt so radikal eindeutig.«

»Die Kompromisslosigkeit der Eiswüste ist ohne Vergleich. Bei den Achttausendern gibt es ein Basislager. In Grönland nicht. Man kann nirgendwohin zurückgehen, wenn man einen Ausrüstungsgegenstand vergessen hat.«

»Ist dies also der wesentliche Unterschied zwischen Berg und Wüste?«

»Wenn ich darüber nachdenke, inwiefern sich das Eisgehen vom Bergsteigen unterscheidet, dann wird mir klar: Das Ausgesetztsein auf dem Inlandeis ist ungleich größer als auf den höchsten Bergen dieser Erde. Vor 50 Jahren, als die Erschließung durch Hütten und Lager noch nicht existierte, war das Bergsteigen mit dem Eiswandern vergleichbar. Die Menschen waren damals in den Bergen sich selbst, den Gefahren und Zufällen ausgeliefert. Heute ist die Ausgesetztheit in den Bergen räumlich und zeitlich begrenzt. Bergsteiger können diesen unterschiedlichen Grad der Ausgesetztheit in den Bergen und in Sand- oder Eiswüsten nicht nachempfinden, denn sie ordnen Wanderungen ihren Dimensionen zu. Das ist ihr Fehler.

Wenn ich noch einmal zu den großen Bergen zurückkehre, dann mit den gleichen Vorzeichen wie in Grönland. Ich werde mir eine Gegend suchen, in der es nur ein Vor und kein Zurück gibt. Ich möchte im Karakorum ähnlich ausgesetzt sein wie mitten im arktischen Packeis. Verloren in Hochtälern, Gletschern, Flanken, Wänden. Das Basislager mit Mannschaft, Arzt, Sherpas, Küchenpersonal, Reservematerial muss ausfallen. Ich möchte mein Bergsteigen von dieser Art Schutzhüttensituation lösen. Einen Tag Aufstieg und zurück ins Basislager, fünf Tage Aufstieg und zurück ins Basislager ist heute kein Grenzgang mehr. Am Mount Everest war ich maximal eine Woche weg. Gab es Probleme, konnte ich absteigen. Natürlich war ich am Hillary Stepp, knapp unter dem Everest-Gipfel, ausgesetzt. Jeder Schritt nach oben bedeutete zwei Schritte vom Basislager weg. Aber diese Ausgesetztheit war relativ klein im Vergleich zu jener in der Mitte Grönlands, wo jeder Schritt nach vorne zwar auch zum Ziel führen kann, aber erst nach vielen Wochen der Ungewissheit.«

»Welchen Stellenwert hat der Gedanke an eine Rettung? Sie sind ja noch nie gerettet worden. Spielt bei Ihrer Planung die feste Überzeugung, alleine durchzukommen, überhaupt eine Rolle?«

»In der Antarktis hätte es vielerorts eine Rettungsmöglichkeit gegeben. Wir wussten es. Ohne Kommunikationssystem hätte uns die chilenische Regierung – wir sind von Chile aus gestartet – nicht in die Antarktis hineinfliegen lassen. In Grönland war es ähnlich. Das Polar Institute in Dänemark vergibt Genehmigungen. Grönländer sind an diesem Zustimmungsverfahren ebenfalls beteiligt. Ohne Garantie, dass zu jedem Zeitpunkt einer Durchquerung Rettung angefordert werden kann, gibt es kein Permit. Niemand garantiert eine Rettung, aber sie muss versucht werden können.«

»Also ein Abenteuer mit Netz?«

»Am Nordpol ist es theoretisch möglich, die Kommunikationstechnologie zu Hause zu lassen, denn auf offenem Ozean gibt es keine nationalen Gesetze. Ich würde auch dann zum Nordpol aufbrechen, wenn es die modernen Rettungsmöglichkeiten nicht gäbe. Rettung am Nordpol aber ist nicht immer und allerorten möglich. Amundsen zum Beispiel ist bei dem Versuch, die Nobile-Mannschaft auszufliegen, umgekommen.

Trotzdem, wir halten heute Kontakt über Satelliten. Und wenn ich mir am Nordpol das Bein brechen würde, dann würde ich versuchen, mich retten zu lassen. Ein Held bin ich nicht.«

Dass wir die Strecke nicht in 90, sondern in nur 35 Tagen absolvierten, gefiel anderen Grönlanddurchquerern nicht. Mit einem von ihnen ließ ich mich in jene Art von Gespräch verwickeln, die ich mir geschworen hatte nicht mehr zu führen. Dass ich diese dumme und unsinnige Diskussion um das Für und Wider des Einsatzes von Segeln nicht abbrach, zeigt neben meinem Hang zur Rechthaberei, dass ich ein zutiefst streitbarer Mensch bin, der es einfach nicht fertigbringt zu schweigen. Ich verteidigte mein Tun, und gerade das war es, was ich mir vorgenommen hatte nicht mehr zu machen. Die Tat allein sollte zählen. Grönland habe ich durchquert, weil es mir Spaß machen sollte. Und Spaß muss ich nicht erklären.

12

Vom Durchqueren
der Wüste

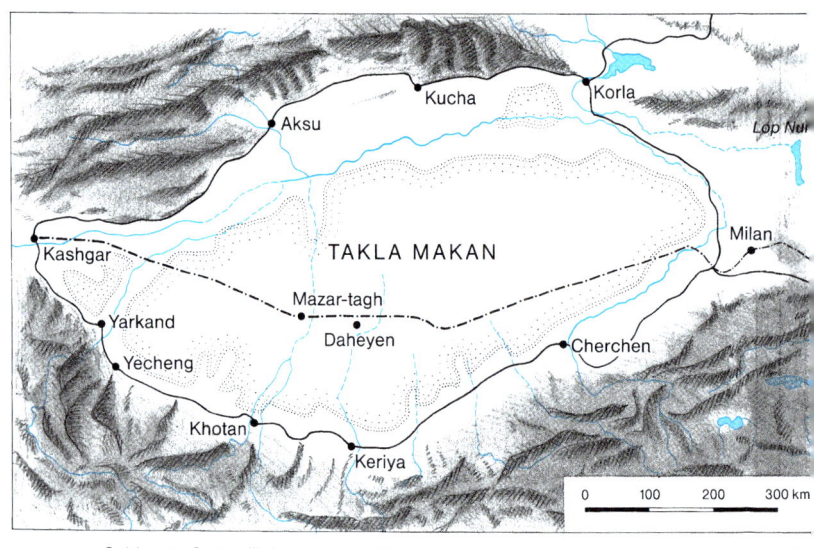

Seidenstraße (südlich und nördlich) — · — · — · — Plan zur Längsdurchquerung 199.

Takla Makan

Im Herbst 1993 unternahm ich den aussichtslos erscheinenden Versuch, die Flugsandwüste Takla Makan im äußersten Westen von China der Länge nach zu durchqueren. Eingerahmt vom Tianshan-Gebirge im Norden und dem Kun-lun-shan im Süden, breitet sich südlich des fruchtbaren Tarimbeckens eine der heißesten und gefährlichsten Gegenden der Erde aus, jenes unbewohnbare Tiefland zwischen zwei Armen der Seidenstraße, die einst das heutige Peking mit Vorderasien und Europa verbunden hatten. In der Takla Makan, wo Vegetation, Wasser und Wege nahezu ganz fehlen, erfuhr ich bald meine Grenzen.

In den Ruinen von Milan stocherte ich mit dem Skistock nach Spuren.
Ein Lingam aus Lehm und der Rest einer Festung als Kimme und Korn
für einen Blick in die von Menschen verwüstete Welt.

Tag für Tag nur Sand und Himmel und Hitze. Kein Vogel, kein Stein, kein Wasser. Wenn ich ging, gaben die Knie nach wie der Sand; wenn ich rastete, saß ich müde vor einer ungeheuren Masse verwitterter Gebirge.

Dieser Sandwüste hatte ich nichts entgegenzusetzen als meine Sturheit. Teilnahmslos und ihrer eigenen Gesetzmäßigkeit gehorchend, wanderten auch die Dünen, und während wir weiterzogen, verwüstete auch die Zeit.

Nein, sagte der alte Uigure am Wüstenrand, nein, ich sollte nicht wieder zurückgehen in die Takla Makan. Nicht wegen der Todesgefahr, sondern wegen der Geister, die dort die Einzelgänger mit Luftspiegelungen verwirrten.

Allein in der Wüste des Todes

Erstaunt und zugleich erleichtert, eine vertraute Stimme gehört zu haben, wandte ich mich um und blieb erschrocken stehen. War da nicht eine Gestalt, die über die Sanddünen huschte, gebückt, sandgrau, immer weiter in die Wüste hinein? Ein Tier? Kein Mensch konnte so schnell durch die Wüste laufen, wo kein Weg war, kein Steig, keine Spur.

Hinter jedem Dünenkamm ein neues Tal, eine nächste Düne, die Erhebungen von Mal zu Mal höher und dahinter schließlich nach allen Himmelsrichtungen eine gleichmäßige Tiefe: undurchdringbar wie Milchglas in ihrer fernen Helligkeit. Dahinter kein Himmel mehr und keine Wüste.

Alle, die in dieser Wüste allein gelassen worden waren, sollen Stimmen gehört haben, und schon Marco Polo erzählte von bösen Geistern, die sich in der »Wüste des Todes« aufhielten und die Reisenden mit allerlei Blendwerk ins Verderben lockten.

Eine graugelbe Sandsäule stand plötzlich vor mir über der flimmernden Ebene. Wie ein Derwisch wirbelte die Windhose über die Wüste, kreiselte herum, verharrte einmal da, einmal dort.

Die Sonne schimmerte hinter einem Schleier, und blauer Dunst lag über dem Horizont. Links von mir, im Süden, ahnte ich immer noch die Berge hinter einem bleifarbenen Vorhang aus Staub und Hitze. Oder waren da keine Berge mehr?

Ich blieb stehen, als es knisterte. Der Wind schleuderte mir Sand in die Augen. Staub wirbelte um mich herum und in einer Spirale in den Himmel. Immer mehr Staub und Sand flogen vom Boden auf, drangen mir in Mund, Augen, Nase. Einen Augenblick lang geriet ich in Panik. Plötzlich aber war alles vorbei. Ich stand gebückt in der endlosen Ebene, und der Wirbelwind fegte weiter nach Nordosten, Richtung Lop Nur.

So begann ein Sandsturm, von Einheimischen als Buran bezeichnet, der drei Tage lang dauern sollte. Es war nicht der Wind, der mich hoffnungslos machte, auch nicht die schlechter werdende Sicht, es waren meine Selbstzweifel.

Als ich im Herbst 1992 aus derselben Wüste herausfuhr – wir hatten den Zentralteil in einer Gruppe von Trekkern mit Kamelen und zu Fuß durchquert –, war mir ein Projekt in den Kopf gekommen, das mich übermütig machte. Ich wollte diese Wüste allein durchqueren, und zwar nicht der Breite nach, von Süden nach Norden, sondern von Osten nach Westen und ohne Kamele.

Die Takla Makan hat die Form einer schmalen Ellipse. Sie ist in der Mitte etwa 500 Kilometer breit und von Lou-lan bis Kashghar 1300 Kilometer lang. Ich kannte nach meiner ersten Reise einige Wasserstellen im Zentralteil der Wüste und war mir sicher, weitere Brunnen zu finden. Auch hatte ich das Leben der Einheimischen, die den Sommer über an ausgetrockneten Flussläufen und Randoasen ihre Tiere hüten, beobachtet. Ich glaube nicht nur, ich wusste, die Wüste war der Länge nach zu durchqueren. Wenigstens theoretisch. Auch wenn praktisch alles dagegensprach.

»Ein sinnloses Unterfangen wäre es, wollte man die Wüste ihrer Länge nach durchqueren; denn man würde dazu fast ein Jahr brauchen und könnte für eine so lange Zeit keine Lebensmittel mit sich führen«, hatte schon Marco Polo festgestellt, der am Südrand der Takla Makan vorbeigezogen war.

Von Urumqi reiste ich zwischen Gobi und Takla Makan nach Osten, um unbeobachtet in die Berglandschaft südlich des Lop Nur zu gelangen. Die Durchquerung der Takla Makan war nicht verboten, den lokalen Behörden erschien ein Überleben ohne logistische Unterstützung vor Ort so undenkbar, dass nie auch nur ein Vorschlag zur Reglementierung von Reisen in die Wüste gemacht worden war. Anders das Gebiet um den wandernden See Lop Nur, das seit Jahren Atomversuchsgebiet war und folglich für alle Reisenden tabu. So wie in der Wüste Nevada wurden auch hier immer wieder unterirdisch Atombomben gezündet.

Im Oktober 1993 kam ich nach Milan, einer alten Siedlung im Süden der Wüste, die völlig verlassen war. Nach Ruojang durfte ich nicht, weil die Straßen dort kontrolliert wurden und diese Region für Touristen gesperrt war. Also schlug ich mich weiter im Norden durch, über Lössboden, durch verstaubte Pappelwälder und Schotterwege.

Bald ging die Wüstensteppe in Steinscherbenwüste über, der Vegetationscharakter wurde einförmiger. In den ehemaligen Flussläufen wuchs Kamisch, jenes Schilfrohr, das die Nähe des Wassers verriet. In den Bodeneinsenkungen zwischen den Dünen, Bajire genannt, standen Tamariskensträucher.

Die Landschaft wurde immer eintöniger, und nach ein paar Tagen erschienen nur noch Sandmassen vor mir, in unendlich vielen, verschieden hohen Hügeln um mich hingestreut. Ein betäubendes Bild.

Mein Unterwegssein folgte dem Rhythmus von Tag und Nacht. Ich schlief ohne Zelt, im Schlafsack, aß am Morgen und späten Abend. Tagsüber ging ich. Nur am frühen Nachmittag machte ich eine längere Pause, rastete im Schatten einer Düne oder eines Baumstrunks, wenn Schatten zu finden war.

Die Jahreszeit war ideal: erträglich die Hitze am Tag und die Kälte der Nacht, sodass ich im Schlafsack nicht fror.

Noch kam ich häufig zu Nomaden und leeren Weilern, die nur zeitweise von Menschen bewohnt wurden. Im Norden von Shorkol sah ich Bohrtürme aufragen und ging nachts weiter, um nicht gesehen zu werden.

Um schneller voranzukommen, trug ich immer nur so viel Wasser mit mir, dass es bis zum nächsten Brunnen reichte. Dort wurde wieder Wasser geschöpft. Von den Einheimischen konnte ich meist auch Essen kaufen, Auskünfte einholen, lernen. Mit neuen Nahrungsmitteln und Wasserreserven ging ich in das nächste Stück

Wüste hinein wie in die nächste Etappe eines langen Laufs. Sorgen machte mir nur das vorletzte Stück, die Strecke von einem Brunnen hinter Mazar-tagh bis vor Markit: mehr als 200 Kilometer ohne Brunnen, ohne Einheimische, ohne Fluchtweg. Irgendwie hoffte ich, bis dahin genügend Erfahrung, Ausdauer und Durchhaltewillen zu haben, um nicht verrückt zu werden.

Schon Marco Polo hatte in den Gefahren eines Wüstenmarsches all jene Selbsttäuschungen erkannt, an die wir unser Leben hängen. Die Plätze, an denen es Wasser gab, waren gezählt, und es gab nirgendwo Wasser für eine große Zahl von Menschen und Kamelen, »aber doch genug für fünfzig bis hundert Personen samt ihren Lasttieren«. Vierbeiner und Vögel traf er in der Takla Makan nicht an, weil dort kein Futter zu finden war.

Wenn aber einer zurückblieb und die Karawane weiterzog, hörte er sich bei seinem Namen rufen, sah vertraute Gestalten und zuletzt sich selbst als einen Gefährten. Allein kam der Zurückgebliebene immer weiter vom Weg ab. Nachts trieben ihn die Ängste und Geräusche, die er selbst machte, wie einer, der vortäuscht, keine Angst zu haben, dem Zug der Untergegangenen zu. Am Ende wurde er irre.

Als Geist unter Geistern nistete sich der Verschollene nun in anderer Leute Köpfe ein, verwirrte sie mit dem Lärm von Kamelglocken, die es nicht gab, mit Irrlichtern, die der Sternenhimmel auf den Rand der Wüste spiegelte, oder mit Ungeheuern, die ihnen aus ihren eigenen Spuren nachkrochen. Jeder sah, hörte, roch seine ihm eigenen Ungeheuer, und er floh sie.

Die anderen, all jene, die weiter dem Führer folgten, rückten näher zusammen, sie marschierten in strenger Formation, schworen auf Recht und Ordnung wie die Menschen in den Städten, denen Lärm und Geschäftigkeit und Hektik die ganze Sicherheit bedeutete.

Das letzte Lasttier trug die Glocke mit dem Schlegel aus einem Kamelknochen, damit alle wussten, wohin die Karawane zog. Trotzdem wurde die Herde immer kleiner.

Ich war seit Tagen allein und bemühte mich auch jetzt, in der Bedrängnis des Sandsturms, nicht an die enorme Strecke zu denken, die noch zurückzulegen war.

Am ersten Tag im Sandsturm brauchte ich mehr Wasser als sonst. Am zweiten wurde es schlimmer. Hätte ich nicht getrunken, ich wäre nicht mehr von der Stelle gekommen. Alles war mit Sandschleim verklebt: Mund, Nase, Lungen.

Die Luft war dermaßen mit Sandstaub durchsetzt, dass sie stofflich erschien. Dieser Staub in der Luft hing in den Haaren, in den Kleidern, in den Atemwegen. Ich musste durch den Mund atmen, und Trinken war wie ein Reflex. Am Abend waren statt drei Litern sechs oder sieben Liter verbraucht.

Der Entschluss, nach Süden auszuweichen, war keine Wahl, es war eine Flucht. Ich musste dringend meine Wasserreserven auffüllen. Selbst bei klarem Himmel durfte ich meinen Wasserverbrauch nicht auf null setzen. Eine bestimmte Menge Flüssigkeit pro Tag braucht der Mensch in der Wüste, sonst trocknet er rasch aus.

Mit Hilfe von Karte und Kompass arbeitete ich mich durch den Wirbelsturm nach Süden vor. Es war nicht allzu weit bis zu den ersten grünen Flussläufen, wo ich Nomaden zu treffen hoffte.

Auf den Dünenkämmen, wo der Sand fester zusammengepackt war, kam ich schneller voran als in den Mulden, und ich konnte ihnen jetzt folgen, weil sie von Nordosten nach Südwesten verliefen. Auch war es von Vorteil, dass die festeren, flacheren Hänge nach Norden hin lagen, von wo ich aufstieg. Über die steileren Abhänge rutschte ich nach Süden hin ab. Der Sand glitt hinter mir nach wie ein Schneerutsch.

Wie lange noch, bis die dicke Luft sich auf den Wüstenboden legte? Die Sonne kam nicht durch die morgendlichen Staubnebel, und Entfernungen täuschten. Alles war jetzt Sand.

An Trugbilder hatte ich mich gewöhnt, und die Zeit las ich auf dem langsamen Weg aus der Wüste von meiner Armbanduhr ab, die auch Höhen, Temperatur und Datum anzeigte. Diese Koordinaten prägten sich als Orientierungsmarken im Kopf ein.

Als einen Tag später die Luft im Süden leichter wurde, dann durchscheinend und gegen Abend hin klar, konnte ich weit vor mir Gebirgsmassen sehen. Oder waren es wieder nur Berge aus Sand?

Wie Warzen ragten in einer Mulde vor mir die ersten Tamariskenhügel aus einer weichen Sandfalte, die Wurzelstöcke halb entblößt, jeder Ast eine Verrenkung. Diese Baumkrüppel überlebten in einer solchen Gleichgültigkeit, dass ich bei ihnen Rast machte, völlig teilnahmslos an einen der mannshohen Kegel gelehnt.

All meine Begeisterung, meine Energie, mein Stolz waren dahin. Nichts als Leere in mir. Angesichts dieser ungeheuren Weite der Wüste hatte nichts Bestand. Woher hatte ich die Sinnhaftigkeit und die Bedeutung für mein Experiment genommen, und welchen Größenwahn verfolgte ich mit meinen Beinen?

Als Sven Hedin diese von allen Meeren am weitesten entfernte Wüste 1896 durchqueren wollte, brach er mit nur vier Begleitern, acht Kamelen, zwei Hunden, zehn Legehennen und drei Schafen auf. Er suchte im feinen, gelben Wüstensand nach verborgenen Märchenburgen und Siedlungen, aber hinter jedem Kamm erhob sich nur ein neuer, und die Dünen wurden immer höher. Als das Wasser knapp wurde, war es für eine Umkehr zu spät. Vom Durst und der Leere ringsum verwirrt, genarrt von vertrauten Stimmen und ausgedörrt vom Flugsand, verkroch er sich mit seinem letzten Begleiter tagsüber tief in den nachtkühlen Sand, um nachts weiterzusuchen. Dass er schließlich den Khotan Darya erreichte und Wasser fand, grenzt an ein Wunder. Ich glaube ihm, wenn er erzählt, dass nur die Liebe zu einer Frau, die seinen »gesunden, kalten Verstand umnachtet« hatte, ihn in die Wüste hineinlockte: »Sollten doch all diese großen Eroberungen im Herzen Asiens, in Tibet und der Wüste Gobi ihretwegen gemacht werden.« Diese Liebe führte ihn zum Glück auch wieder heraus.

Auch ich liebte eine Frau, die hinter der letzten Düne zurückgeblieben war, aber dieser Wüstenmarsch gehörte nicht zu meinem

Imponiergehabe, »um ihre Bewunderung und ihr Lob zu gewinnen«. Er war mir manchmal wie ein Herumtasten zwischen den Irrlichtern der Ekstase erschienen, eine Hoffnung, mir vergessene Sehnsucht in die Erinnerung zurückzuholen. Jetzt war all das nichtig.

Juval war plötzlich näher als die Erkenntnis, dass ich aufgegeben hatte. Als ich mich erhob, den Rucksack aufnahm, folgte ich keinem ausgetrockneten Ehrgeiz, nur noch dem Selbsterhaltungstrieb. Es war eine Flucht aus der eingestandenen Dummheit.

So ging ich dem Leben entgegen.

Zuerst sah ich eine Fliege, später huschte eine Eidechse über den Sand, und dann flogen plötzlich Gänse auf. Die goldgelben Sanddünen besaßen jetzt einen stumpfen Glanz, und die Staubwolken hatten sich gelegt.

Öfter jetzt kreuzten die Spuren wilder Tiere meinen Weg. Weit weg am Horizont stand eine Reihe Pappeln. Es dämmerte bereits, als ich dort ankam.

Am gleichen Abend traf ich eine Hirtenfamilie. Obwohl sie misstrauisch waren, gaben sie mir zuerst Tee, dann Maisbrot, Schafmilch und auch Eier. In ihrer Laubhütte war es kühl. Sie blieben mir gegenüber zurückhaltend, luden mich aber ein, bei ihnen zu schlafen.

Am anderen Tag brieten die Uiguren Hammelfleisch für mich, und sie führten mich zum Brunnen. Ich hätte, erholt und mit neuem Proviant, in die Wüste zurückgehen können. Ich tat es nicht. Nicht weil meine Gastgeber abgeraten hätten, sondern weil ich Angst hatte. Ich sehnte mich viel stärker nach Hause als nach Beifall oder Wüstensand.

Hinter dem Ufer des Cherchen Darya musste die Steppe beginnen, dahinter lebten die Menschen in festen Siedlungen, an befahrbaren Straßen, in Kasernen und Lehmhäusern.

Dort musste ich mich wieder vor der Polizei verstecken.

Die Entscheidung, die Durchquerung aufzugeben, kam aus dem Bauch. Vielleicht hätte ich zehn Jahre vorher, weil ich ehrgeiziger war, einen zweiten Anlauf gemacht. Ich wäre zurückgekehrt in die Wüste. Jetzt wollte ich nur noch nach Hause. Meine Gefühle waren dabei so klar wie die Herbstluft.

Nur am Rande der Gebirge, wo die Flussläufe Schmelzwasser bis in die Wüste führen, gab es Dauersiedlungen. Die Seidenstraße verband diese Oasen, die es zeitweilig zu staatlicher Selbständigkeit gebracht hatten und die heute noch blühende Gartenlandschaften mit jeweils einer Handelsstadt im Zentrum sind. Auf der Nordroute liegen Hami, Turfan, Korla, Kucha und Aksu. Auf der Südroute Khotan und Yarkand, weiter östlich Ruoqiang und Qemó, wohin ich, einmal aus der Wüste heraus, kommen würde. Das Gebiet war für Touristen gesperrt, aber ich hoffte, mich nach einer Ruhepause am Rande der Wüste bis nach Khotan durchschlagen zu können.

Bei den Nomaden fand ich alles, was ich brauchte, um mich zu erholen: Wasser, Brennholz, Proviant und menschliche Gesellschaft. Der tote Wald rechts von uns, lauter verdorrte Pappelstämme, gab Anlass, nach wilden Tieren zu fragen und nach dem Holztransport für den Winter. Nein, Tiger gab es nicht mehr hier, auch keine Wölfe, und das Holz holten die Chinesen mit ihren Lastwagen nach Qemó.

Der Brunnen bestand aus einem Rohr, das in den Boden geschlagen worden war. Es kam sauberes Wasser heraus. Ich wusch mich gründlich und trank viel. In der Nacht plagte mich Schlaflosigkeit. Was wäre gewesen, wenn mich der Sandsturm im letzten Drittel der Wüstendurchquerung überrascht hätte?

Verbotenerweise schlich ich bis an die südliche Seidenstraße und benutzte die normale Busroute nach Norden. Quer durch die Wüste ging es auf einer Schotterpiste nach Korla.

An der Hauptstraße in Korla stieg ich aus dem Bus: staubverkrustet, Schweißränder in den Kniekehlen und am Rücken. Der 40-Sitzer ratterte weiter, das Dach weiß, die Türen blau gestrichen.

Ich hockte mich in die erste Straßenwirtschaft und bestellte ein Bier. Der Verkehr war ohrenbetäubend laut, Kinder liefen umher zwischen den Pappeln am Straßenrand.

Auf der acht Meter breiten Straße herrschte ein Gewimmel von Pferdefuhrwerken, Bussen, vorsintflutlichen Lastwagen und Fahrradfahrern.

Ganz unvermutet redete mich ein junger Mann an. Sein Englisch war tadellos, und ich lud ihn ein, sich zu setzen. Er war Makler von Beruf. Er war vielleicht 25, mittelgroß und schmal, schwarzhaarig mit Bürstenschnitt und hieß Way Wayne, aber er nannte sich »Bright«.

»Woher?«, fragte er ganz nebenbei, und ich sagte:

»Takla Makan.«

»Öl?«, schrie er laut und sah mich erwartungsvoll an.

»Nein, nur Sand.«

»Hier rauscht seit ein paar Jahren das Öl«, erzählte er, während neben uns auf einem Handwagen zwei geblümte Doppelbetten vorbeigezogen wurden. «In der Takla Makan liegt so viel Öl, dass den Chinesen die Mittel nicht ausreichen, danach zu forschen. Die Korla-Tarim-Petroleum-Exploration hat die halbe Stadt gemietet. In zwei Jahren schon wollen sie fünf Millionen Tonnen im Jahr fördern. Im Norden der Wüste wird zurzeit an sechs Stellen gebohrt, die Südweststrecke soll erschlossen werden, und 73 000 Quadratkilometer im Südosten, in der Gegend von Ruoqiang, sollen ausländischen Firmen zur Ausbeutung überlassen werden. In zehn Jahren ist die gesamte Takla Makan umgegraben, und wir sind reich.«

»Gibt es auch schon Pipelines?«

»Sicher. Bisher nur 250 Kilometer. Bald werden es mehr sein, viel mehr. 18 neue Ölvorkommen sind erst wieder gefunden worden, und an weiteren 127 Stellen wird gesucht. Straßen müssen gebaut werden, Unterkünfte und Hospitäler für die Arbeiter und weitere Bürohäuser.«

Ich gehörte nicht zu den Ölsuchern, und bei der Vorstellung von

Bürohäusern bekam ich Platzangst. Wenn ich mir diese »Wüste des Öls« vorstellte, war ich nun doch froh, noch »in der Wüste des Todes« gewesen zu sein.

Am Abend im Hotel trank ich nach Wochen der Abstinenz wieder meinen Rotwein. »Pearl of Silk Road« stand auf dem Etikett. Darunter waren drei Kamele in der Wüste abgebildet, Stimmung Sonnenuntergang.

Im Flugzeug von Urumqi nach Peking saß ein deutscher Geschäftsmann neben mir. Er kannte mein Gesicht und sprach mich an.

»Sie sind sicher nicht des Öls wegen hier?«

»Nein, ich war in der Wüste.«

»Ich habe davon gelesen. Ein paar Europäer und fünf Chinesen wollten doch die Takla Makan der Länge nach durchqueren?«

»Ja, aber zu denen gehöre ich nicht.«

»Dachte ich mir doch. Ihre Popularität geht zurück auf das Höhenbergsteigen. Das Eiswandern, die Sandwüsten passen nicht zu Ihnen.«

»Was Sie sagen, denken viele. So bin ich in das Klischee des Bergsteigers gerutscht. Es stört mich aber nicht, dass es nur wenige Leute interessiert, was ich am Süd- oder Nordpol mache. Der Mount Everest liegt ihnen näher. Bei mir war es früher auch so. Ich hatte, bevor ich in die Antarktis ging, keinen blassen Schimmer von diesem riesigen Kontinent.«

»Muss man ihn deshalb gleich überqueren?«

»Ich schon. Diese langen Märsche entsprechen meinem Wesen. Im Grunde bin ich nur ein neugieriger Mensch, nicht ein Bergsteiger.«

»Für die Leute sind Sie Bergsteiger.«

»Ich war wirklich ein besessener Bergsteiger. Aber heute bin ich auch Bergbauer, Sammler, Familienvater, Eiswanderer und Wüstendurchquerer.«

»Was stört Sie an dem Bild, das andere von Ihnen haben?«

»Ich möchte von den anderen endlich als gleichwertiger Mensch verstanden werden. Ich bin kein Exot mit größeren Lungen, einem langsamen Herzschlag und einer dickeren Haut. Natürlich habe ich Anerkennung gewollt und sie auch bekommen. Wir alle brauchen Anerkennung. Was mich stört, ist dieses Unverständnis meiner Person gegenüber. Es weht mir auf dem Dorfplatz, in jedem Vortragssaal entgegen. Ich will nicht ein Leben lang dagegen anreden müssen. Die Leute sollen endlich begreifen, dass ich nichts als meine Träume, die mich wie die Neugierde seit meiner Kindheit verfolgen, realisieren will. Und meine Neugierde hat sich immer wieder verlagert. Als Kind wollte ich klettern. Später stieg ich auf die höchsten Berge, wo die Luft dünn ist. Wie ist es, wenn nicht der Sauerstoff, sondern die Wärme fehlt, fragte ich mich dann, und ich ging in die Antarktis. In Grönland, mitten im Winter, fehlte das Licht und in der Wüste das Wasser.«

»Ist das der gemeinsame Nenner Ihrer Grenzgänge, dieses wechselweise Verzichten auf die lebenserhaltenden und lebensspendenden Elemente: Licht, Luft, Wasser, Wärme?«

»Ja, und nur weil ich genau so ein Mensch bin wie jeder andere auch, mache ich dabei Erfahrungen.«

»Dann bleiben Sie sich selbst also auch ein Rätsel?« Mein Nachbar lächelte verständnisvoll.

»Man muss doch nicht immerzu versuchen, sich und andere zu ergründen.«

Meine Antwort kam so trotzig, dass ich den Widerspruch zu meinem Leben darin als aufgelöst postulierte.

Unter uns lag die Wüste.

Selbsterkenntnistrip? Unsinn! Diese Reisen jenseits jeder Eroberungs- und Forschertätigkeit waren nichts als Selbstbetäubung, meine Ego-Trips nichts als die Marotte eines Nichtschwimmers, der immerzu über senkrechte Felswände ging, über Geröll, Kare, über die steinernen und gefrorenen Meere und zuletzt über Sand, zu dem alle Gebirge zerfielen, immer näher an den Abgrund hin. Was hier der Sandsturm war, war dort die Mure oder der Steinschlag in einer senkrechten Wand. In den Schluchten und Abgründen der

Gebirge gab es nur Angst und Schrecken und Tod, im Innersten der Wüste nur Verzweiflung und Leere.

Wie viele Städte, wie viele Kulturen sind in der Takla Makan untergegangen? Versprengte Soldatenhaufen aus der Armee Alexanders des Großen haben vor mehr als zwei Jahrtausenden an Orten gesiedelt, die jetzt völlig mit Treibsand zugedeckt waren, Tibeter hatten ihre Dzongs, Klosterfestungen, gleich mitten in der Wüste gebaut, auf Felsen vorzugsweise oder auf mächtigen Tamariskenhügeln, die heute noch aus der Wüste ragen wie von Menschenhand geschichtete Kegel.

Am Beginn dieses Jahrhunderts schon hatten der Schwede Sven Hedin und der britische Archäologe Sir Aurel Stein ein paar dieser Stätten entdeckt und Tafeln mit Schriftzeichen und Gravierungen, Bildern und Tonscheiben mitgenommen. Wie viele Karawansereien es einst gegeben hatte, wusste niemand zu sagen. Eines aber war sicher: Die Wüste von heute war vor zweitausend Jahren noch zur Hälfte grün gewesen, und es gab Karawanenwege mit Brunnen und Unterkünften von Norden nach Süden, von Osten nach Westen, mitten durch die Landschaft, die heute als »Wüste des Todes« gilt.

Hier war das Ende der Menschenwelt nicht Hypothese, sondern Realität, sichtbar in ein paar Ruinen mitten in der Steinscherbenwüste, hörbar im Sandrieseln, das die Spuren zudeckte, riechbar im Brackwasser, das ein paar Meter unter der Oberfläche in ein ausgeschaufeltes Sandloch sickerte.

Die turksprachigen, moslemischen Uiguren am Rande der Takla Makan übersetzen den Namen ihrer Wüste mit einem schicksalsschweren Satz: »Du gehst hinein, aber kommst nicht mehr heraus.« Das galt für die Hunderttausende von Zwangsarbeitern, Kriminellen, die ihre Strafe als Ölarbeiter abdienten, zusammengepfercht in Lagern am Rande der Wüste, das galt für die politischen Gefangenen, die seit Jahrzehnten in Konzentrationslagern irgendwo in der Öde dahinsiechten, das galt für mich, der ich für meinen Bewegungsdrang Weite, immer mehr Weite brauchte.

Die Takla Makan war Gulag und Chaos zugleich, toter als die Berge, obwohl sie ganze Städte unter sich begraben hielt.

Nicht einmal Aasvögel kreisten über so viel Leblosigkeit.

Warum also kamen alle großen Gedanken aus der Wüste?

Moses kam aus der Wüste, Christus war in der Wüste gewesen, die Propheten gingen in die Wüste. Die meisten Religionen kommen aus der Wüste. Als ob dort starke, einmalige Erfahrungen geboren werden könnten. Klare Erkenntnisse reifen in kargen Landschaften. Ich ging nicht in die Wüste, um eine neue Religion zu stiften. Im Gegenteil, ich hielt nicht allzu viel von Religionsstiftern, die die Menschheit mit immer neuen Idealen fütterten. Was ich in der Wüste suchte, war Zuflucht in der Wildnis, die immer mit Begrenztheit zu tun hat: als Hilfe für meine orientierungslose Seele.

Das Hungern, die karge Landschaft, sie helfen klarer zu sehen, ohne zu denken. Wenn das Wasser fehlt, fangen wir an zu halluzinieren, und wenn dann nichts mehr an das Dasein der Menschen erinnert, schlägt die Verlassenheit jäh um in Verrücktheit.

Die Verzweiflung in der Wüste, wenn der Durst zu groß geworden ist, dass man nicht mehr weitergehen will, ist entsetzlich. Gegen die Kälte kann ich gehen, aus der sauerstoffarmen Zone am Mount Everest kann ich nach unten steigen. In der Wüste aber, wenn alles Wasser verbraucht ist, kann ich nicht einmal mehr nach Wasser suchen. Es ist hoffnungslos still, wenn einer ganz auf sich selbst zurückgeworfen ist beim Sterben, und wenn er aufhört zu denken, hallen ihm vertraute Stimmen in den Ohren wider.

Die Wüste ist das schwierigste Gelände, das es auf der Erde gibt, weil sie das Ende und die Hoffnungslosigkeit ausdrückt. Vielleicht sind Religionsstifter deshalb dorthin gegangen. Und wenn sie wiederkamen, brachten sie den Menschen Hoffnung mit und eine neue Ordnung und Visionen.

Das Spiel, das wir alle spielen, führt wie eine Spirale immer weiter von uns weg und immer weiter auch weg von der Realität dessen, was wir Menschen auf dieser Erde bedeuten. Wir sind in eine Verlorenheit katapultiert, die uns glauben lässt, wir beherrschten die Welt!

Ich werde meinen Kindern den Nanga Parbat zeigen, und ich werde in späteren Jahren mit ihnen gehen und weitergehen und nochmals gehen. Das Gehen als Zugang zur Welt, als wichtige Erfahrung für das Leben, ist ohne Ersatz. Dabei muss niemand Grenzgänger werden, nur erfahren, dass Gehen eine Hilfe ist, mit dem Leben zurechtzukommen. Ich habe vor kurzem damit angefangen, die Umgebung von Meran kennenzulernen. Ich bin froh, dass ich auf dem Ifinger noch nicht war und nicht auf der Zielspitze und nicht unterm Hirzer. Lauter Wüsten vor der Haustür. Als ich vor wenigen Monaten in Meran einzog, war alles so neu und nah. Aber ich werde in den nächsten Jahren auf die Berge über Meran steigen und Distanz gewinnen.

Den Weg hinaus aus der Wüste hatte mir ein Nomade gewiesen. Ohne ein Wort.

Als Sven Hedin einen solchen Nomaden am Rand der Wüste gefragt hatte, wie weit sich die Sandwüste erstreckte, soll er geantwortet haben: »Bis ans Ende der Welt, und bis dorthin ist es ein Weg von drei Monaten.«

Bis zur Zielspitze oberhalb von Meran ist es gleich weit, wenn ich die Rätsel in meiner Seele einfach Rätsel sein lasse.

13

Vom Steigen im Gebirge

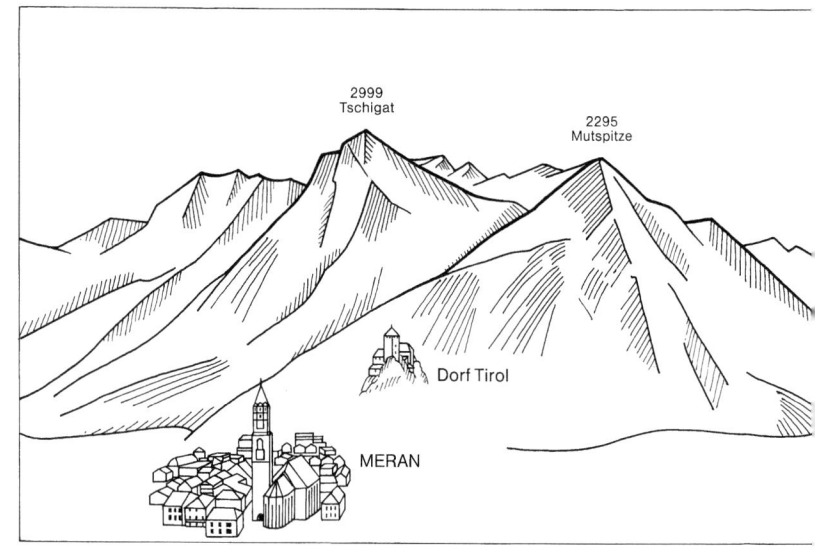

2999
Tschigat

2295
Mutspitze

Dorf Tirol

MERAN

Eine Höllenleiter vor der Haustür

In den ersten Junitagen 1994 stieg ich von Meran auf die Mutspitze und weiter über die Rötelspitzen auf den fast 3000 Meter hohen Tschigat in der Texelgruppe.

Diese Bergtour, obwohl ein großer Höhenunterschied dabei überwunden werden musste, war nicht besonders schwierig. Sie war lang, anstrengend und führte mich als verwurzelten Südtiroler hinauf über das Land, das mir mit all meinem Tun zu einer Falle geworden ist, aus der ich mich nicht befreien kann.

Hinter jedem Bergkamm präsentiert sich ein neuer Abgrund, ein neues Tal, weitere Bergketten und hinter diesen ein tieferer Horizont, noch mehr Leere: Als gäbe es sie wirklich, die Höllenleiter ins Nichts.

Ganz links geht es zum Gipfel des Tschigat über Meran, mein jüngster »Hausberg«, den ich schon lange besteigen wollte. Aber nicht im Sinne einer Fluchtmöglichkeit. Wohin sollte einer im Gebirge auch fliehen?

Und wovor? Vor sich selbst! Nein, nirgends ist man sich selbst, seiner Einsamkeit, seiner Angst, seiner Begrenztheit mehr ausgeliefert als in den Bergen. So hoch ich auch steigen würde, es gab kein Entkommen.

In vielen Stufen steigen diese Faltengebirge in das Schwarz des Himmels, bis ins Nichts hinter den letzten Bergkamm. Beim Blick nach unten findet sich kein Halt mehr, auf der Spitze des Berges nichts als Ausgesetztheit.

Die Spitze des Berges

Mit schlafwandlerischer Sicherheit und zugleich hastig, als wäre ich auf der Flucht, zog ich im langen Hausflur meine Bergstiefel an. Bevor ich die Wohnung verließ, sah ich noch einmal im Kinderzimmer nach, obwohl ich wusste, dass es leer war. Sabine machte mit Gesar Simon, Magdalena und ihren Eltern Badeurlaub am Atlantischen Ozean.

Ich schloss die Wohnungstür so behutsam, als ob die Kinder schlafen würden, lief die Treppen hinunter zum Hintereingang und über den Hof in die Stadt. Es war noch dunkel und die Stille so unheimlich wie in der Einöde.

Über drei Straßenecken folgte ich dem Weg, den Magdalena immer in ihren Kindergarten geradelt war, und hielt dann geradewegs auf den Berghang zu, der sich nördlich von Meran erhob und mit dem schwarzen Nachthimmel verschmolz.

Der älteste Name des Gebirges, in das ich hinaufsteigen wollte, war Tirolische Alpen, nach dem Stammschloss der Herren von Tirol, das auf den Südhängen dieser steil abfallenden Kämme liegt.

Ohne jede Terrassenbildung und Eisbedeckung bauen sich direkt darüber steile Bergflanken auf. Diese zweieinhalbtausend Meter Höhendifferenz aus dem Etschtal bis in die unmittelbare Nähe der ersten Gletscherberge wirkten vor allem aus dem tropischen Garten unserer Winterwohnung so irreal, dass ich sie ausmessen wollte, seit wir in Sabines Wohnung eingezogen waren.

Mit jedem Schritt, den ich Kehre um Kehre den Tappeiner Weg hinaufstieg, kam mir die Stadt darunter wie ein Trugbild der Abgeschiedenheit vor. Ihre einzelnen Lichter strahlten keinerlei Wärme aus, nur Verlassenheit und Verzweiflung und Verfall.

Der Weg war breit genug und heller als die Umgebung, sodass ich ihm auch ohne Taschenlampe folgen konnte. Losgelöst aus der Umklammerung der Erreichbarkeit und der Verpflichtungen, schritt ich zügig bergan. Mit dem schnelleren Atmen nahm auch jenes vertraute Angetriebensein überhand, das ich schon als Bub empfunden hatte, wenn ich allein durch die nächtliche Landschaft ging: Ein bisschen Ängstlichkeit war dabei und eine leichte Verwirrtheit ob der Vertrautheit, die mich umfing, und viel Lebensfreude.

Am Tiroler Kreuz trat ich in den Wald ein. Es war noch nicht Tag, aber jetzt so hell, dass ich nicht mehr auf den Morgen warten musste. Über den Bäumen sah ich den Lichtkeil, den die aufgehende Sonne irgendwo hinter den Bergen durch eine Scharte warf.

Als ich auf dem Serpentinenpfad zu den steilen Wiesen der Muthöfe anstieg, schlug das Gezwitscher der Vögel über mir zusammen wie ein Gewitter.

Ich ging gerade so schnell, dass ich dabei Lust in den Oberschenkeln spürte, und ich atmete die frische Waldluft mit einer Gier ein, als wäre sie begrenzt. Nie blieb ich stehen, um Atem zu holen oder zu schauen, wenn ein Vogel sich schwerfällig aus dem Unterholz erhob. Ich stieg dem Rhythmus des Herzschlages entsprechend und in dem Bewusstsein, dass ein langer Weg vor mir lag.

Warum ich heute so selten auf die Berge steige, wollte ein alter Bekannter kürzlich wissen.

»Ganz einfach, weil ich Kinder habe. Sie halten mich daheim«, hatte ich geantwortet und war weitergegangen.

Nicht der Gipfel und nicht ich selbst waren das Zentrum meiner Lebensfreude, sondern die Kinder und dieses Land.

Nein, ich war im Alter nicht altmodisch geworden, ich war nur verantwortungsbewusster, anhänglicher, teilhabender – aus Egoismus.

Plötzlich hörte ich ein Geräusch, das groben Schuhen auf leisen Steinen glich, und ich sah im Steilhang unter mir die Umrisse eines Mannes, der über eine Lichtung floh, als hätte ich ihn bei einem Verbrechen ertappt. Ich lachte in mich hinein, während der Mann, sein Gewehr in der Hand, den Abhang nach unten hastete, als ob es gälte, sich aus der Schusslinie zu bringen.

Vor dem zweiten Hof verließ ich den Feldweg und nahm einen Steig, der nach rechts in die Wälder zurückführte.

Dieses Steigen war für mich so natürlich wie das Gehen. Ich konnte deshalb nicht begreifen, warum so viele versuchten, einen Wettkampfsport aus dem Bergsteigen zu machen: Bergsteiger, alpine Vereine und sogar der Dachverband aller Alpinistenvereinigungen. Als ob die Vergleichbarkeit der höchste aller Werte wäre. Es ist nie nach meinem Geschmack gewesen, mit einer Nummer auf dem Rücken herumzulaufen – nicht als Bürger, nicht als Sportler und auch nicht als Bergsteiger.

Das Klettern in der Halle mag als messbare Sportart geeignet sein wie Turnen, Hochsprung oder Tanzen. Das Klettern am Berg ist es nicht.

Mir ging es beim Klettern nie darum, einen Unterschied herauszustellen zwischen mir und den anderen, ob besser oder schlechter, sondern mir ging es um Bewegung, um Schwierigkeitsgrade, um Ausgesetztsein. Vielleicht ging es mir auch darum, mit jener Ängstlichkeit zurechtzukommen, die zum Bergsteigen gehört wie der Abgrund. Als ich dieser Tage wieder einmal auf den Campanile Basso in der Brentagruppe stieg, nachmittags vom Tal aus auf diese Nadel aus Fels, von der aus Andalo aussieht wie ein aufgegebener Weiler, erinnerte ich mich an meine Soloüberschreitung der Guglia di Brenta, wie dieser Dolomitturm auch genannt wird, die mehr als dreißig Jahre zurücklag.

Von der Sfulimini-Vette kommend, wanderte ich mit meinem Gast zur Tosa-Hütte. Damals führte ich viel, verdiente mir damit mein erstes Geld und lernte dabei immer wieder neue Klettergebiete kennen. Über den Sentiero delle Bocchette gingen wir unter dem Campanile Basso vorbei. Dabei beobachtete ich zwei Burschen, die gerade in seine Ostwand eingestiegen waren. Es war schon später

Nachmittag. Die beiden müssen sich beeilen, dachte ich, wenn sie nicht biwakieren wollen.

Mein »Herr« war schon hoch in den Fünfzigern, Schulseelsorger von Beruf und ein tüchtiger Bergsteiger. In der Brentagruppe hatten wir miteinander viele klassische Führen wiederholt. An der Cima Margarita, an der Cima Tosa, am Torre di Brenta. Auch auf der Guglia di Brenta waren wir schon gewesen. Seine Begeisterung hielt immer noch an. Allein auf die »Stegerführe« an der Cima Alta war der Herr Pfarrer nicht gut zu sprechen. Sie hatte ihm das Letzte abverlangt. Er mochte sonst harte Touren, und auch Kälte und Nässe ertrug er geduldig. Diese Westwand aber war ihm zu viel gewesen. Schuld hatte allerdings dieser Herr Steger. Er hätte die Führe seinerzeit bei der Erstbegehung 1928 falsch eingestuft. Der Herr Pfarrer war der Meinung, dass der Überhang und die senkrechten Risse weit unterbewertet waren. »Das ist nicht drei, das ist fünf.« Sicher, dieser Hans Steger, der Erstbegeher, war ein großer Kletterer gewesen. Aber das mit der Bewertung fand mein Pfarrer unverzeihlich, auch wenn der Himmel den »Fehler« schon lange vergeben hatte. War es doch die mittlere Schwierigkeit, die uns bewogen hatte, diese Route zu wählen: III–IV.

Damals war der sechste Schwierigkeitsgrad (VI) der höchste, und mein Gast kletterte maximal bis IV.

Wir kamen gut miteinander aus. Ich passte mein Tempo seinem Schritt an, und er hatte nichts dagegen, wenn ich ab und zu eine schwierigere Variante kletterte, als Fleißaufgabe sozusagen. Er sah es sogar gerne, wenn ich an den freien Nachmittagen die eine oder andere Führe alleine durchstieg.

Auf der Tosa-Hütte waren wir gern gesehene Gäste. Die Tochter des Hüttenwirts verwöhnte mich, und bei Regentagen saß ich oft stundenlang in der Küche. Dabei blieb es. Die geistliche Aufsicht störte uns nicht. Aber ich war damals schüchtern und in der Liebe unerfahren.

Der Herr Pfarrer las am Sonntag die Heilige Messe, und ich hatte dabei die Aufgabe, die Predigt ins Italienische zu übertragen.

Satz für Satz. Dass bei meinem mangelhaften Italienisch keiner der Gläubigen in schallendes Gelächter ausbrach, war wohl darauf zurückzuführen, dass die Italiener großteils tolerante Menschen sind und ich der Bergführer des geistlichen Herrn war.

Als wir an jenem Nachmittag auf die Hütte kamen, gab es ein großes Hallo. Man beglückwünschte den Herrn Pfarrer. »In Ihrem Alter ... und diese Fahrten.« »Alle Achtung.« Dino, der Hüttenwirt, ließ es sich nicht nehmen, uns persönlich zu bedienen, weil die Haustochter in der Küche gebraucht wurde. Viel Salat und Obst, er wusste schon, wie in den letzten Jahren. Er setzte sich zu uns, erkundigte sich nach unseren Plänen und erzählte dann von seiner Zeit als Bergführer, von seinen Erstbegehungen. Er wusste viel aus der Erschließungsgeschichte der Brenta. Von Paul Preuß war oft die Rede und natürlich von der Ostwand der Guglia. Dino selbst hatte sie durchstiegen, damals, als noch kein Haken steckte. »Sie ist steil wie ein Kirchturm, aber griffig. Nur ausruhen kann man nirgends. Von unten bis oben senkrechter Fels. Un Capolavoro«, sagte er immer wieder. So nennen die Italiener ein Meisterwerk, auch in der Kunst.

Mir fielen die Burschen von der Ostwand wieder ein. Wo die wohl waren?

Plötzlich packte mich eine Idee. Ich entschuldigte mich, eilte in mein Zimmer und holte das Seil. Vor der Hütte band ich es auf den Rücken und lief los. Hinauf in die Bocca di Brenta. Ein frischer Wind blies mir entgegen. Drüben an der Westseite stürmte ich hinunter. Über Schotter und harten Schnee rannte ich talwärts bis unter die Südwand. Entgeistert blieben ein paar Leute stehen. »Der ist wohl verrückt«, hörte ich einen sagen. Ja, ich war verrückt. Ich wollte auf die Guglia. An diesem Abend und allein.

Die ganze Südwestverschneidung stand in der Sonne. Während meine Augen auf die Fehrmannführe fixiert waren, trafen mich die ersten Schatten des Abends. Bald würde die Sonne untergehen.

Es gab keinen Zweifel, der Weg war von der Natur klar vorgezeichnet. Dreihundert Meter fester senkrechter Fels.

Ich stieg ein. Wie leicht ich doch war. Ich schwang mich von Riss zu Riss, spreizte eine überhängende Verschneidung hinauf, schob mich über ein Bändchen nach rechts. Ich stieg weiter, immer weiter, dynamisch, rhythmisch, konzentriert. Der ganze Körper war gespannt.

Obwohl ich damals ein extremer Kletterer war, ein fanatischer noch dazu, gab es für mich im Fels nichts Schöneres als diesen vierten und fünften Schwierigkeitsgrad.

Alles in mir war Bewegung. Der Rhythmus steigerte sich noch, und meine Kräfte waren dieser Steigerung gewachsen. Ich schaute voraus, suchte immer wieder mit den Augen den bestmöglichen Weg und musste so nie stehen bleiben. Ich war ja allein und brauchte niemanden zu sichern.

Hoch oben verließ ich den Verschneidungsgrund nach rechts. Dort schien noch die Sonne, und die Wand war gut gegliedert. Ich wusste nicht, wie lange und wie hoch ich gestiegen war.

Jemand rief. Am Sentiero delle Bocchette waren einige Wanderer stehen geblieben. Sie sahen mir zu. Sie gingen erst weiter, als ich hinter der Schulter verschwand.

Wenige Minuten später stand ich unter der Ostwand der Guglia. Über ein breites Band war ich nordseitig um den Gipfelturm herumgelaufen. Von irgendwoher tönte Hakengeklimper. Das müssen die beiden von heute Nachmittag sein, dachte ich. Sie werden jetzt abseilen.

Lange überlegte ich nicht, ehe ich einstieg. Es war schon spät und die Ostwand seit Stunden ohne Sonne.

Nach zwanzig Metern fand ich den ersten Haken. Ich ignorierte ihn. Einem Überhang wich ich rechts aus. Schon nahmen die Schwierigkeiten ab, ich stieg aus. Ich war nicht zum ersten Mal auf dem Gipfel der Guglia – und ich war nicht allein. Die beiden anderen waren gerade vor mir ausgestiegen und wollten gleich mit dem Abstieg beginnen. Ob ich mit ihnen abseilen wolle? Ja, gerne. Und ob auch ich zur Tosa-Hütte wolle? Ich nickte. Dann gingen wir gemeinsam.

Es war schon Nacht, als wir in die Hütte traten. Während ich meine Begleiter dem Herrn Pfarrer vorstellte, bat mich der Wirt, in der Gaststube eine Durchsage zu machen: »Morgen um acht Uhr Heilige Messe, wobei die Predigt auch auf Italienisch gesprochen wird.«

Natürlich war ich mit zwanzig ein ehrgeiziger Kletterer gewesen. Ich wollte frei, schnell und gut klettern können. Dieser Ehrgeiz aber war nicht gegen andere gerichtet, er steigerte nur die Ansprüche, die ich an mich selbst stellte.

Ähnlich erging es mir später beim Bergsteigen. Ich wollte Möglichkeiten in die Tat umsetzen, Ideen verwirklichen, nicht Rekorde aufstellen. Und wenn ich scheiterte, fühlte ich mich nicht als Verlierer. Ich hatte nie Probleme damit, die Leistungen anderer Bergsteiger anzuerkennen, wenn sie nicht zu Rekorden verfälscht wurden.

Ein Jahr nachdem Walter Bonatti zum 100-jährigen Jubiläum der Erstbesteigung des Matterhorns in einem viertägigen Alleingang die Begehung der Nordwand als Krönung seiner einzigartigen Karriere als Profibergsteiger gelungen war, versuchte ich im Winter 1966, diese Route zu wiederholen. Dabei ging es mir nicht um den Vergleich, es ging mir um meine Erfahrung in dieser Wand. Wir waren damals zu dritt – Peter Habeler, Sepp Mayerl und ich als gerade Einundzwanzigjähriger. Klettern konnte ich gut, aber mein Erfahrungsschatz war bescheiden. Auch konnte ich noch nicht mit meinen Zweifeln umgehen.

Als wir in die Wand einstiegen, war das Wetter gut. Viel Neuschnee aber lag auf den Felsen.

Am ersten Tag kletterten wir bis zum Beginn des »Engel-Querganges«. Dort biwakierten wir auf abschüssigen, vereisten Felsen – stehend an die Wand gelehnt. Am zweiten Klettertag bewölkte sich der Himmel, und unsere Ausrüstung zeigte Mängel. Unser Respekt vor Walter Bonatti wuchs an.

Je höher wir kamen, umso verlorener hingen wir am abwärts geschichteten Fels, der steiler aufragte als ein Kirchturmdach und viermal so hoch war wie der Eiffelturm.

Schnee rieselte von oben, und die Luft war voll von Eiskristallen. Da wir wenige Felshaken dabeihatten, traf es jetzt mich auszunageln.

Du musst ihn kriegen, sagte ich zu mir selbst, während ich mit dem Hammer an einem krummen Haken herumklopfte. Die Handschuhe waren so vereist, dass sie am Holzstiel abrutschten, und die Finger klebten am Eisen.

»Ich kriege ihn nicht«, sagte ich, zuerst leise, nur zu mir selbst. Später schrie ich es zu den anderen hinauf.

»Ich kriege ihn nicht!«

Ein Haken mehr oder weniger, dachte ich und wollte weitersteigen.

»Ist doch egal«, sagte Sepp.

Fünf Haken mehr oder weniger, dachte ich.

»Er bricht sowieso ab.« Dieser Gedanke klang wie eine Ausrede. Zehn Haken mehr oder weniger.

»Ich muss ihn kriegen«, sagte ich laut zu mir selbst.

Wir standen in der Mitte der Wand. Wenigstens sechshundert Meter waren es noch bis zum Gipfel und ebenso viele bis zum Einstieg.

»Hast du ihn?«

»Nein.«

»Was dann?«

»Herausschlagen muss ich ihn, was sonst.«

»Was ist es?«

»Ein Messerhaken!«

»Messerhaken brauchen wir.«

»Ich weiß.«

Ich nahm den Pickel und versuchte es mit der Hebelwirkung. Doch selbst damit war dem Eisenstift nicht beizukommen. Er rührte sich nicht.

»Lass ihn stecken!«, rief Peter, wie immer ungeduldig.

»Meinst du, wir kommen aus?«

»Hast du alles probiert?«

»Ja, er ist ganz verbogen.«

»Nimm den Pickel!«

»Ich versuch's noch einmal.«

Peter nickte mir zu und spannte das Seil. Ich stand immer noch am Standplatz. Die nächste Biwaknacht würde schlimm werden. Mehr als zwanzig Grad unter null. Biwaks im Winter sind immer unangenehm, auch wenn man sich später gerne daran erinnerte. Plötzlich gab der Haken nach. Geschafft, dachte ich.

»Einziehen«, rief ich.

Ganz langsam, zu langsam kamen wir weiter. Dazu diese Zirren am Himmel und keine Sonnenstrahlen in dieser vereisten, halt-losen Mauer. Mein Wille weiterzumachen war größer als mein Können.

Wir waren fast am Ende des »Engel-Quergangs« am Abend des zweiten Tages. Die Haken waren verbogen, umgeschlagen oder zurückgelassen. Was tun? Wir hatten damit gerechnet, schneller zu sein, in zwei Tagen durchzukommen. Es begann jetzt leise zu schneien.

»Wir haben zu wenig Haken.«

»Für den Aufstieg?«

»Auch für den Rückzug.«

»Was machen wir dann?«

Keiner sagte ein Wort.

»Wie viele Haken haben wir noch?«

»Ein Dutzend vielleicht.«

»Damit müssen wir auskommen.«

Doch keiner wusste so recht, wofür. Wenn wir am anderen Tag bis zum Gipfel gekommen wären, hätten wir über den Hörnligrat absteigen können. Das Abseilen über die Nordwand war schwierig.

Wir warteten ab.

Aber das Warten nutzte nicht. Wir seilten also ab.

Es war dies nicht mein erster Rückzug, aber mein schlimmster. Kälte, Schnee, Nacht. Peter seilte als Erster ab. Fünfzig Meter freie Luftfahrt. Dann kam ich. Schneerutsche! Der Atem blieb aus.

Meine Stirnlampe war kaputt oder ausgebrannt. Ob der Haken hielt? Weit unter mir ein Licht.

»Peter, hast du Stand?«

»Ja, aber alles vereist!«

Ich hörte ihn klopfen. Zehn Minuten. Zwanzig Minuten. Dazwischen nur Kälte und Nacht und Abgrund.

»Stand«, rief er um Mitternacht.

So ging es die ganze Nacht lang weiter. Bis zum Morgen.

Unten angekommen, hatte ich nur noch einen einzigen Haken an meinem Klettergurt. Er war ganz verbogen.

»Das ging knapp«, sagten wir wie aus einem Munde.

Ich nahm den einen Stift in die Hand und schälte den Schnee von der Öse. Es war ein Messerhaken. Der vom anderen Tag. Ich zeigte ihn Peter und Sepp.

»Der ist kaputt«, sagten sie, »zu sehr verbogen, unbrauchbar.«

Ich drehte ihn noch einmal um und warf ihn in die Luft. »Ein Hoch auf Walter Bonatti.« Der Haken fiel in den Schnee.

Dessen Wintererstbegehung war kein Rekord gewesen, vielmehr der Ausdruck höchsten bergsteigerischen Könnens, wie 1954 seine Besteigung des K2. Als die Französin Cathrine Destiville die Bonatti-Route am Matterhorn im Februar 1994 wiederholte, auch sie allein, freute ich mich über ihren Erfolg. Mehr noch über das Selbstverständnis einer Frau, die dem klassischen Alpinismus seine Unschuld zurückgab.

Es kommt beim Bergsteigen nicht darauf an, neue Rekorde zu erfinden. Sich der Natur auszusetzen ist alles.

Der Grenzgang ist nur dort möglich, wo es Grenzen gibt. Deshalb kann ich mich mit der »No-Limit-World« einer jüngeren Generation von Grenzgängern nicht identifizieren. Welch maßloses Selbstbewusstsein haben doch jene Alpinisten entwickelt, die die Wand zur Rennstrecke, Höhenmeter zur Maßeinheit und das Gebirge zur Postkartenidylle degradiert haben. Jung und gut durchtrainiert, spielen sie uns jene Omnipotenz vor, die alle inneren und äußeren

Grenzen negiert, um einer Gesellschaft, die den unbegrenzten Fortschritt zu ihrer Religion gemacht hat, ihre Vorreiterrolle zu demonstrieren.

Ich weiß, dass ich von vielen als Tabubrecher, Rekordbergsteiger und Eroberer gesehen werde. Sogar als Macho werde ich verehrt. Leider. Schon vor zehn Jahren hat die Wochenzeitung *Die Zeit* unter dem Titel »Helden« einen Kommentar dazu veröffentlicht, der alle Klischees wiederholt, die Werbeleute und Schlagzeilendichter zu meiner Person erfunden haben. Zum Schluss aber sagt der Kommentator etwas Wesentliches: dass es Helden nicht gibt und nur der begrenzte Mensch, als »armer Hund«, Erfahrungen machen kann.

»Er fürchtet die Einsamkeit nicht, die Kälte nicht und auch nicht den Tod. Er bezwingt die höchsten Gipfel, die steilsten Felswände, die tiefsten Gletscherspalten. Er ist ein ganzer Mann, ein kluger Mann, ein schöner Mann – er redet, hingerissen und mitreißend, ohne je ins Stottern zu kommen; er badet im eisigen Gebirgswasser, ohne mit den Zähnen zu klappern. Reinhold Messner, Bergheld aus Villnöss in Südtirol.

Am Sonntagabend sahen wir ihn wieder, in einem kurzen, gleichwohl denkwürdigen Fernsehfilm von Werner Herzog: ›Gasherbrum – Der leuchtende Berg.‹ Als einen neuen Aguirre, einen anderen Fitzcarraldo, als einen aus dem Geschlecht der wahnwitzigen Abenteurer und Eroberer zeigte uns Herzog seinen Freund und Helden – und die Berge als ein Land des Schweigens und der Heiligkeit.

Und einmal zeigte er auch die Kehrseite der Tollkühnheit. Der Hüne Reinhold Messner, vom Bergtod seines Bruders berichtend, verwandelte sich in ein hilflos schluchzendes Kind. Der Ton lief weiter, die Kamera erstarrte, einen endlosen Augenblick lang sah man der anderen Wahrheit ins Gesicht: dass jeder Held auch ein armer Hund ist. Und umgekehrt.«

Als ich aus dem Wald hinausstieg in den hellen Morgen und in die steilen Grashänge, trafen mich die ersten Sonnenstrahlen. Trotzdem blieb die Luft kalt. Wenn ich sie mit einem Zischen aus meinen Lungen ausstieß, wurde sie sichtbar und schwebte davon.

Immer dem Steilhang zugewandt, hetzte ich aufwärts, durch felsige Ruinen, über Steige, die Gratkante entlang.

Rechts von mir lag das tiefe Hochtal noch randvoll mit bleierner Dunkelheit unter den Säumen der Gipfelkämme.

Manchmal blieb ich jetzt stehen, um Atem zu holen, manchmal fuhr ich mir mit der Hand über den Mund, aus dem Speichelflocken hingen. Ich hatte mir keine Zeitvorgabe ausgedacht, und dennoch stürmte ich hinauf zur Mutspitze, die Hände auf die Oberschenkel gestützt. Es war das jagende Herz, das Muskeln und Kopf antrieb, schneller und weiter zu steigen, dazu eine ungeheure Wut darüber, dass ich mich nicht öfter aufraffte zu solchen Gewaltanstiegen.

Oben angekommen, blieb ich nicht stehen, schaute nicht, horchte nicht, ich eilte im Laufschritt hinab. Lang konnte ich den vollen Lauf über Steine und Felsrinnen nicht halten. Es ging bald wieder steil aufwärts, und ich hetzte auf Händen und Füßen über einen Felsgrat, auf allen vieren immer höher, immer tiefer ins Gebirge hinein.

Ich hörte nur noch meinen Atem und ab und zu das Kollern losgetretener Steine. Seit dem Jäger in der Nacht war ich keinem Menschen mehr begegnet, und die Stadt lag jetzt zweitausend Höhenmeter unter mir. Schneereste füllten einzelne Mulden und Rinnen. Am Fuß der Steilwände lagen sie lang gezogen und großflächig, wie ein schützender Saum. Darüber trockenes Urgestein, zu riesigen Haufen getürmt, mit merkwürdigen Einlagerungen steil gestellter Kalksteinschichten.

Bei diesem tierischen Steigen, bei diesem Weiter gegen jede Vernunft überfiel mich die Erinnerung an die erste Besteigung des Tilicho Peak in der Annapurna-Gruppe, eine Bergtour, die ich im

Sommer 1971 angefangen hatte, weil ich das Herumhocken im Basislager nicht mehr ertrug.

Als ich eines Morgens von der Wasserstelle zum Hauptlager zurückkam, schob der Wind die Nebel zur Seite, und weit über uns wurde ein Gipfel frei. Es war der Tilicho Peak, aber der Name war völlig unwichtig. Der strahlend weiße Firn hatte eine ungeheure Anziehungskraft. In diesem Augenblick vergaß ich alles. Ich vergaß zu fotografieren, den Berg zu studieren, ihn in die Karte einzuzeichnen. Ich sog nur das Bild in mich auf. Als der Berg wieder in den Nebelschwaden verschwunden war, stand mein Entschluss fest. Ich wollte diesen Eisdom besteigen. Seine Höhe wusste niemand genau. Die Sherpas nannten ihn anders als die Fachleute in Europa.

Drei meiner Kameraden wollten mitkommen. Die anderen zogen es vor, im Hauptlager zu bleiben. Einige hatten sich die Fünftausender der nächsten Umgebung zum Klettern ausgeguckt.

Wenige Stunden später überschritten wir zu acht einen mehr als fünftausend Meter hohen Pass. Wir erreichten einen toten Gletscher. Zwischen Steinblöcken, Seen und Spalten suchten wir den besten Weg bis hin zu den Einstiegsfelsen »unseres« Berges. Nur ein schmaler Streifen vertikale Bergwelt war zwischen dem Gletscher und einer Nebelbank sichtbar. Ab und zu schichtete ich an Hügeln und strategisch wichtigen Punkten einige Steine zu einem »Männchen« übereinander. Mit diesen Orientierungshilfen hoffte ich, den Rückweg wiederzufinden.

Am späten Nachmittag waren die vier Sherpas, die uns halfen, die Lasten zu schleppen, sichtlich müde geworden. Sie weigerten sich mit aller Entschiedenheit weiterzugehen. So entschloss ich mich, am Gletscherrand, unmittelbar unter einem Gratturm, das Lager aufzuschlagen. Zu viert blieben wir dort. Die anderen stiegen wieder ab.

Wir stellten die beiden Zelte so unter einen Eiswulst, dass sich die Eingänge gegenüberstanden. So hatten wir das Gefühl, in einem einzigen Zelt zu hausen.

Als ich am Morgen erwachte, hing das Dach feucht und schwer über mir. Sofort war mir klar, dass es in der Nacht geschneit hatte.

Die anderen, die vor mir wach geworden waren und vor dem Zelt herumtraten, verrieten mir mit ihren Flüchen nichts Neues. Ich kannte diese Stimmung von der Nanga-Parbat-Expedition. Ich drehte mich um und schlief weiter. An einen Aufstieg war vorerst nicht zu denken.

Ich stand erst auf, als von den Zeltplanen Wasser tropfte. Ich zog mich an, und weil meine Kameraden die Nase voll hatten, machte ich einen kleinen Rucksack zurecht. Einige Sonnenstrahlen fielen jetzt auf den Lagerplatz. Die drei anderen froren. Sie hatten kaum geschlafen und wollten so rasch wie möglich ins Hauptlager zurückkehren.

Im Nu hatte die Sonne den Neuschnee von den Felsen geleckt. Alles um mich herum troff. Aber tausend Meter höher oben lag der Schnee noch gefroren auf den Felsinseln.

Als die anderen damit begannen, die Zelte abzubauen, stieg ich zu einem Grat empor, der zum Gipfel hinaufzog. Wasser rann aus allen Ritzen und Rissen. Der Fels dampfte. Über eine Rampe erreichte ich den Grat. Wieder baute ich einen Steinmann auf. Ich umging einen Turm, einen zweiten und erreichte nach einer Kletterstunde eine Scharte. Ich war außer Atem geraten, blieb stehen, um zu rasten. Meine Kameraden nahmen sich vierhundert Meter tiefer unten wie rote Markierungspunkte aus. Zwischen den Zelten am grauen Gletscher gingen sie umher.

Steil baute sich der Grat über mir auf. Weiter oben verlor er sich im Nebel. Ich verkürzte die Abstände von Steinmann zu Steinmann. Mit jedem Meter nach oben wuchsen auch die Schwierigkeiten, den Weg ins Basislager zurückzufinden. Mit zunehmender Höhe spürte ich die Sauerstoffarmut der Luft. Meine Rastpausen häuften sich.

Ein Steilaufschwung folgte dem anderen. Der Fels wurde brüchiger. Der Neuschnee war weich und wässrig. Sechs oder sieben Aufschwünge hatte ich hinter mir, als sich plötzlich die Konturen einer mächtigen Schneekuppe über mir im Nebel abzeichneten. Der Gipfel?

Ich beschleunigte mein Tempo. Völlig ausgepumpt kam ich oben an. Es ging nach allen Seiten abwärts. In etwa sechzig Meter Entfernung aber setzte wieder ein Grat an. Er war wechtenbesetzt, viel wilder als der vorhergehende.

Ich steckte den Pickel neben mich in den Schnee, ließ mich fallen und nahm die Brille ab. Ich schloss die Augen, so grell war das Licht. Dann packte ich eine Handvoll Schnee, drückte ihn so fest zusammen, dass ein Wasserfaden herausrann, und warf ihn weg. Es war Mittag vorbei. Mehr als vier Stunden war ich ohne längere Rast aufwärtsgestiegen. Meine Beine wollten nicht mehr. Ich war so müde, dass ich kaum einen klaren Gedanken fassen konnte.

Bald hatte ich die Fähigkeit, folgerichtig zu denken, wiedergewonnen. Ich verglich meine Höhe mit der eines gegenüberliegenden Gipfels. Dann stand ich auf, und ohne den Entschluss zu Ende gedacht zu haben, stieg ich weiter. Zuerst stapfte ich über einen weichen Schneegrat abwärts, dann einen Schneehang nach links aufwärts. Ich hielt mich an den Felsen, weil die Kletterei dort weniger anstrengend war.

Nach kurzer Zeit erreichte ich einen Absatz. Ich kletterte um zwei »Gendarmen« – freistehende Felstürme auf dem Grat – herum und stand am Beginn einer mehr als fünfzig Grad geneigten Eiswand. Die Steigeisen griffen gut. Nur manchmal, wenn von der Wand gegenüber ein Séracstück abbrach, blieb ich stehen. Ich drückte dann den Pickel fest in das Eis. So konnte ich mich von der Angst befreien, mitgerissen zu werden.

Ich beobachtete die Schneemassen, die sich wie Wasserfälle über die Abbrüche ergossen und am Wandfuß zu riesigen Kegeln anhäuften.

Eine kleine Séracstufe umging ich links und erreichte wenig später einen leicht ansteigenden Grat. Auch hier war der Schnee weich und das Weiterkommen anstrengend. Schritt für Schritt zwang ich meine Beine vorwärts. Immer wenn ich nicht mehr konnte, verglich ich meine Höhe mit der des gegenüberliegenden Gipfels. Es konnten nur noch wenige Höhenmeter fehlen.

Ich stieg rascher. Hatte kein Gefühl für Zeit und Raum mehr. Nur noch Nebel rund um mich herum und mein Herz, das ich schlagen hörte. Als ich am höchsten Punkt den Rucksack abwarf, wusste ich nur, dass ich sofort zurückmusste. Es blieben mir weniger als fünf Stunden bis zum Einbruch der Nacht.

Die Uhr zeigte bereits nach zwei. Die Nebel spielten um mich her, rechts am Grat stand ein mächtiger Eisturm, ein Horn. Einen Augenblick lang schien es meinen Gipfel zu überragen. Dann riss die Nebelwand auf, und ich sah, dass ich höher stand, ganz oben war. Nur im Süden ragte für wenige Sekunden ein noch höherer Berg aus den Wolken. Es muss die Annapurna gewesen sein.

Der Abstieg ging schnell, rascher, als ich gedacht hatte. Am Hochlagerplatz, den ich nach vier Stunden erreichte, war niemand mehr. Ich konnte die Stelle noch erkennen, wo die Zelte gestanden hatten. Über den toten Gletscher stolperte ich weiter abwärts. Mit letzter Kraft mühte ich mich die Gegensteigung zum Pass hinauf. Dann wankte ich auf der anderen Seite hinab. Im feinen Schotter hob ich nur abwechselnd die Füße. Kleine Erdrutsche kamen nach. Bemüht, das Gleichgewicht nicht zu verlieren, sank ich Schritt für Schritt tiefer.

Als ich im Hauptlager ankam, war es Nacht. Die Kameraden hatten sich im Esszelt versammelt, mit dem Abendessen aber nicht begonnen.

»Warst du oben?«

»Ja.«

»Am Gipfel?«

»Ja.«

»Auf welchem Gipfel?«

»Auf irgendeinem Gipfel, auf dem von heute früh.«

Ist es nicht tröstlich, dass ich als Geschichtenerzähler gegen das Fernsehen und die Hollywood-Bilderwelt bestehen kann, dachte ich, während ich über die Rötelspitzen hoch über Meran Stufe um Stufe nach oben stieg. Von meinem Kamm aus, der das Plateau der

Spronser Seen nach Süden begrenzt, hatte ich Einblicke in eine Urgesteinswelt, deren Steinhalden auf keiner Bühne der Welt Platz gefunden hätten. Und trotzdem konnte ich sie vor meinen Zuhörern ausbreiten, auftürmen, erschaffen, wenn ich mich beim Erzählen an diesen Moment erinnerte.

Ich blieb einen Augenblick lang stehen, mitten im Geröll, schaute nach links in die Tiefe, wo Meran nur noch unter einem hellen, amorphen Lichtfleck zu ahnen war.

Die Felsen auf meiner Route ließen keinen anderen Blick zu als den auf den nächsten Tritt. Die Steine waren mit Flechten und Moosen bewachsen und oft nur lose über den Hang gestreut.

Zwischen dem Abgrund zum Himmel, den sich nur die Menschen in den Tälern immer und immer wieder als etwas Erhabenes vorgestellt haben, und der Leere des Gebirges stieg ich im Schutz der Mittagssonne dem Gipfel des Tschigat entgegen. Der Schnee war jetzt weich, und der Wind fegte so laut, dass er an den scharfen Felskanten meinen Atem übertönte.

Ich rastete jetzt häufig, denn meiner Atemlosigkeit war eine Müdigkeit gefolgt, die mich zu immer gleichen Selbstgesprächen zwang.

Ich war keinem klaren Gedanken mehr zugänglich.

Mit Vernunft und Ordnung war dem Gebirge nicht beizukommen. Wer den Verhaltensregeln unserer vertrauten Welt folgte, kam vielleicht auf den Gipfel hinauf, nie aber in die dunklen Winkel seiner Seele hinab.

Als wir 1977 zu viert aufgebrochen waren, um die Dhaulagiri-Südwand im Himalaja zu versuchen, ging es nicht um Gipfel oder Leben, sondern um einen neuen Weg. Wir scheiterten, weil wir einen so großen Berg einfach nicht denken konnten. In der Wandmitte gab ich auf: Brüchiger Fels und Lawinen hatten die Kletterei zum Glücksspiel gemacht. Auf Glück allein aber wollte ich mich nicht verlassen.

Wenn ein Eisstück, so groß wie das Empire State Building, aus der Gipfelwand des Dhaulagiri ausbrach, bebte einige Minuten lang die Erde, während die Trümmer die Steilwand herabstürzten. Später, wenn der Schneestaub am Gletscher unter der Wand emporwirbelte wie Gischt, wurde es dunkel. Der Luftdruck einer solchen Lawine blies uns noch in einer Entfernung von zwei Kilometern um.

Mit dem Aufstieg allein war es nicht getan. Nach jedem Versuch mussten wir ins Lager zurück. Oft wurde die Umkehr erwogen und dann wieder der Aufstieg erprobt. Wochenlang wollte ich nicht glauben, dass es kein Durchkommen gab.

Fünf Kilometer breit und vier Kilometer hoch ist diese Südwand des Dhaulagiri. Sie ragt unmittelbar über den tropischen Dschungelwäldern Nepals auf: formschön, unnahbar und gefährlich. Eine senkrechte Eiswüste. Sie ist immer noch nicht durchstiegen.

Als ich 1972 vom Gipfel des Manaslu abstieg, raste mit mehr als hundert Stundenkilometern der Sturm über das 7400 Meter hoch gelegene Nordwestplateau. In wenigen Stunden fielen zwei Meter Neuschnee. Andi Schlick und Franz Jäger starben im Orkan. Ich kam durch. Denken konnte ich dabei nicht mehr. In den schlimmsten Momenten waren es nur noch die Gefühle für Uschi, die mich durchhalten ließen. Wenige Wochen nach der Rückkehr heirateten wir. Fünf Jahre später, als ich vom Dhaulagiri heimkehrte, trennte sie sich von mir. Mir blieb nichts als die panische Ratlosigkeit, die mich auch umtreibt, wenn ich längere Zeit nicht in der Wildnis war.

Es ist in unserer Welt, in der die Irre-Gewordenen die Mehrheit bilden, unmöglich, das Gebirge als jene *ultima terra* zu verteidigen, die keinen Ausgang kennt. Der Gipfel ist leer. Als gemiedene Hölle über dem Himmel, in dem die Menschheit sich eingerichtet hat, vereinnahmt er alles, was Anstrengung, Verzweiflung, Einsamkeit auslösen. Und niemand kommt sich selbst aus, wenn er allein dort ist.

Es war schon Nachmittag, als ich über steile Felsplatten, immer wieder Schründe überkletternd, zu den Felsklötzen emporstieg, die den Gipfel bildeten. Im Gebirge dahinter hallten meine Gedanken wider: mein Dasein, eine Stille und Leere bis zum Horizont. Wie Traumsequenzen beim langen Alleinsein als reale Erinnerungsbilder erscheinen, stiegen jetzt Gedanken aus der Vergangenheit auf und waren schon wieder undenkbar, kaum dass sie Schärfe angenommen hatten. Dieses Bergsteigen, dieses Nicht-mehr-fertig-Denken ist wie der Gipfel des Daseins.

Wenn aber die Menschen in Hundertschaften auf den Mount Everest steigen, tun alle das Gleiche und nehmen somit auch dem höchsten Berg und ihrem Dasein die Spitze.

Die Funktionäre der alpinen Vereine zerbrechen sich heute weltweit den Kopf darüber, wie sie das Tun ihrer Mitglieder verteidigen können gegen so viel Unverständnis von Politikern, die ganze Klettergebiete sperren lassen, von Umweltschützern, die Zäune um Biotope errichten, von Journalisten, die jeden Alpinisten als Naturbenützer verspotten.

Mich hat auf den verwitterten Flanken der menschenleeren Berge noch nie einer aufgehalten. Und auf »gesperrte« Felsen steige ich nicht. Mich interessiert auch nicht, ob der Alpenverein in Meran überlebt oder die UIAA als Dachverband aller Bergsteigervereinigungen. Mich treibt nur eine letzte Welt um, die sich in mir auftut, und diese kann niemand verriegeln.

Wir überleben auf den Berggipfeln nicht als Alpenverein, nicht als Spezies der Grenzgänger oder Bergmenschen. Wir überleben als Einzelwesen, und als Einzelwesen gehen wir unter – in unserer eigenen Begrenztheit.

Und doch: dass ich in Südtirol blieb, obwohl mir dieses Land so eng erschien; dass ich mich nicht anpasste, obwohl ich nichts verändern konnte; dass ich weiter auf Berge stieg, ohne zu wissen, warum, erklärt mehr als der Entschluss, wieder abzusteigen, mein Verwurzeltsein in diesem Land mit seinen Menschen, seinen Bergen.

Drei Wochen vor meiner Bergtour war ich in Meran mit lauter wichtigen Leuten zusammengewesen, um ein Stück aus unserer jüngeren Vergangenheit als Fernsehfilm zu sehen. Ich freute mich darüber, endlich mit dem Autor der Filmreihe »Verkaufte Heimat«, Felix Mitterer, zu diskutieren, erkannte bei Gerd Bacher dieselbe Zuneigung zu diesem Land Tirol und seinen Einwohnern, die mich mit Weltschmerz und Wut quälte. Und doch, als man mich aufforderte, Stellung zu beziehen, schrieb ich mir den ganzen Ärger des Verschaukelten von der Seele und zog mir wieder einmal die Wut all jener zu, die sich haben verkaufen lassen.

Jetzt, hoch über Meran, konnte ich nur den Kopf schütteln über so viel Engagement. Unten im Tal aber war ich offensichtlich ein anderer, einer, der nicht anders konnte als sich einmischen, Stellung beziehen, für ein anderes Südtirol streiten.

In ein paar Tagen, am Sonntag, würde ich mit den Kindern auf Juval das »Herz-Jesu-Feuer« abbrennen, ihnen all die anderen Bergfeuer zeigen und erzählen, dass es immer so gewesen ist am ersten Sonntag nach Fronleichnam und so bleiben muss. Berge waren auch dazu da, Signalfeuer abzubrennen, die weitum sichtbar sein sollten.

Inzwischen geht es mir weniger ums Steigen im Gebirge als ums Bleiben. Mit der Möglichkeit, ein Museumsmosaik über Südtirol zu streuen, habe ich mein Erbe eingebracht und kann allen Neugierigen erzählen, was passiert, wenn Mensch und Berg sich begegnen. Auch all jenen, die nie etwas Höheres bestiegen haben als einen Barhocker. Meine fünf Museen, in der Summe MMM (Messner Mountain Museum) genannt, sind um Schloss Sigmundskron bei Bozen angeordnet und haben das Eis (MMM Ortles in Sulden), den Fels (MMM Dolomites bei Cibiana di Cadore in der Provinz Belluno), die heiligen Berge (MMM Juval im gleichnamigen Schloss im Vinschgau) und die Bergvölker (MMM Ripa im Schloss Bruneck) zum Thema. Im MMM Firmian – wir nennen den Felsaufbau im Westen der Landeshauptstadt den verzauberten Berg – schlägt das kreative Herz der Begegnungsstätte Mensch – Berg, die mir ebenso viel bedeutet wie meine Reiseerlebnisse oder meine extremen Erfahrungen an den Polen, in den Wüsten, auf den Achttausendern. Und weil es so schwierig war, meine Museumsidee umzusetzen, nenne ich sie meinen 15. Achttausender. Nun endlich kann ich bleiben und meine Erkenntnisse teilen, mit allen, für die Berge mehr sind als ein Sportgerät. Jedes dieser fünf Museen bietet eine Art Bergtour nach innen und nach außen, mit prächtigem Rundblick und der Notwendigkeit zu suchen, zu steigen und zurückzukommen in das eigene Leben. Die vielen Fragen, die wir uns stellen, sind nicht zu beantworten, nur aufzuheben mit dem Tun, vor allem wenn es mit Begeisterung getan wird.

Ich habe das Privileg, ein Leben lang meinen Leidenschaften nachgehen zu dürfen, voll ausgeschöpft und dabei zahlreiche Möglichkeiten entdeckt, mich auszudrücken. Im Alter will ich all das weitergeben an die vielen anderen, die vielleicht nicht Mittel, Zeit und Know-how haben, Grenzgänge zu unternehmen. Sie gingen – im Gegensatz zu mir, der ich der „Eroberer des Nutzlosen" war – einer nützlichen Tätigkeit nach und haben deshalb meinen ganzen Respekt. Die Frage ist nämlich nicht, welche Sensationen wir liefern, sondern welche Erfahrungen wir vermitteln können. Denn wir alle sind, was wir tun.

Reinhold Messner